U0938320

中華當代教育文庫

主編 李子建

教育神經科學：理論與應用

李輝 陶沙 盧春明 吳丹丹 著

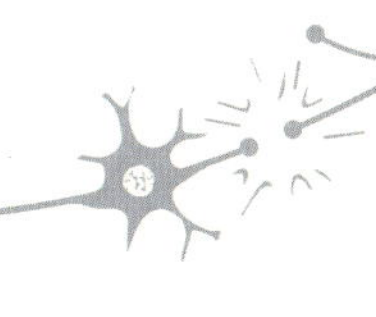

中華書局

中華當代教育文庫

金耀基

（印章）

《教育神經科學：理論與應用》

作者簡介

李輝　LI Hui Philip

香港教育大學教育與人類發展學院講座教授。學術研究跨越認知神經科學、心理語言學、語言習得與雙語教育、課程與教學法、教育政策、學校領導和教師教育等多個領域。在近紅外研究方面開創了多項式二次方程類比大腦血氧反應新範式。現擔任 *AI, Brain & Child*（Springer-Nature）聯合總編，曾任 *Journal of Research in Childhood Research* 聯合主編，現任 *Early Education and Development* 和 *Frontiers in Psychology* 副主編，以及 6 份國際同行評審期刊的編輯委員會成員。已發表 322 篇（本）學術著作，被學界廣泛引用或使用。自 2021 年以來，一直被斯坦福大學評為全球前 2% 科學家，並在 2023 年躋身前 1%。同年，被《澳洲人報》(*The Australian*) 評為澳洲社會工作領域全國第一的研究員。

陶沙　TAO Sha

北京師範大學心理學部、認知神經科學與學習國家重點實驗室教授，曾任兒童青少年腦智研究中心主任。目前擔任中國心理學會常務理事、發展心理專業委員會主任委員、中國教育學會腦與學習分會常務理事，以及《心理科學》副主編、*Reading & Writing*、《中國臨床心理學雜誌》《心理學通訊》編委。主要研究領域為認知發展與兒童語言學習、中英文閱讀困難，以及腦發育與學校功能之間的關係。研究獲得了國家科技部、自然科學基金、國家社會科學基金、教育部和北京市科技委員會的支持。在 *Psychological Bulletin*、*American Psychologist*、*Journal of Educational Psychology*、*Biological Psychiatry*、*Developmental Cognitive Neuroscience* 等國際期刊和多個國內期刊上發表 100 多篇論文，出版 4 本書，並獲得國家新聞出版署優秀圖書獎、北京市哲學社科學優秀研究成果獎、北京市科技進步獎、北京師範大學優秀研究生導師等多個獎項和榮譽。負責協調中國兒童青少年心理發育特徵研究，並建立了學齡兒童學校適應與腦發育追蹤北京隊列。

盧春明　LU Chunming

北京師範大學心理學部、認知神經科學與學習國家重點實驗室教授，博士生導師，課題組長，IDG/ 麥戈文腦科學研究院副院長。目前擔任中國神經科學學會認知神經生物學分會副主任委員、中國教育學會腦科學與教育分會理事、中國語言現代化學會神經語言學分會理事、中國高等教育學會學習科學研究分會理事等。入選國家高層次青年人才計劃，先後承擔國家自然科學基金優秀青年科學基金以及重大研究項目課題等，參與科技部重點研發專項、國家社科基金重大項目等多項。近年來致力於教育神經科學的基礎理論研究，系統揭示了教學情境下人際互動的交互機理及其神經同步基礎，提出了人際互動的認知層級模型，在 *Nature Communications*、*Advanced Science*、*PNAS* 等期刊發表 SCI 論文 60 餘篇，獲北京市科學技術獎自然科學二等獎（排名第一）等。

吳丹丹　WU Dandan

澳洲悉尼麥考瑞大學哲學博士，香港教育大學幼兒教育系助理教授，目前擔任香港教育大學教育神經科學理學碩士課程總監，教育與人類發展學院社群心理健康研究中心聯合主任。研究興趣包括發展認知神經科學、幼兒語言習得和多語言能力、空間語言和認知的早期發展、學齡前 STEM 活動正式和非正式學習。擔任多個國際同行評審期刊的編委和審稿人，包括 *AI, Brain & Child*、*Children and Youth Services Review*、*Early Education and Development*、*Journal of Research in Childhood Education*、*NeuroImage* 等。獲得香港教育大學多項研究基金資助。參與修編及編寫香港及內地幼稚園故事綜合教學法教材及其教師用書 2 套，在國際同行評審期刊發表學術論文 50 餘篇。近年來主要探索早期數碼使用經驗和數碼環境如何塑造幼兒的大腦功能，以及數碼環境下的多元學習需求。

目　錄

序一

「中華當代教育文庫」(下簡稱「文庫」)叢書的出版,對我作為主編而言,是一份光榮而厚重的責任。它源於 2023 年 5 月初由原任香港中華書局總經理兼總編輯的侯明女士安排的與金耀基教授(金公)的飯局討論出來。金耀基教授是德高望重的大先生和學術泰斗,也是我在香港中文大學教育學院出任院長時的校長和上司,他一直鼓勵和支持我在學問和事業方面的進步,對此我十分感謝和感激。經討論後,我十分榮幸邀得金公出任「文庫」的總顧問。及後周建華博士接任香港中華書局總經理兼總編輯,與金公以及聯合出版集團副總裁趙東曉博士都對「文庫」提供了不少寶貴的意見和指導。

「文庫」包括兩位總顧問,分別為金耀基教授和顧明遠教授。顧明遠教授是中國教育學會名譽會長,曾任北京師範大學副校長,亦是香港教育學院首位名譽教育博士(2001 年頒授),獲獎無數,是我國當代著名的教育學家。「文庫」並設有學術委員會及編輯委員會,均以我作為主席,成員包括內地學者、港台學者和海外學者,他們都是研究中國教育或華人社會脈絡下教育議題的傑出專家,在教育學領域各具專長和專業經驗,我對他們願意加入「文庫」的學術和編委會,感到十分榮幸和表示衷心的感謝。

「文庫」於 2024 年 4 月 26 日在香港教育大學舉行啟動典禮暨第一次編者會議，大家一致同意以《中國教育：議題與展望》作為「文庫」的首部獻禮作品，更難得的是得到金公的書法題字。另外，在會議上金耀基教授指明「文庫」的根本使命是「真善美」，要寫「真善美」的知識，追求「求真，求善，求美」的教育，三個度向缺一不可。「文庫」不是一個普通的項目，其價值要超越科學知識，直指人的道德與心靈。金耀基教授對「文庫」寄予厚望，期待「文庫」在當今科學大浪潮下，警醒人們認識人文知識的重要性與學校的首要任務是教育。

《教育神經科學：理論與應用》是「中華當代教育文庫」的第二部作品，由李輝教授、陶沙教授、盧春明教授和吳丹丹博士撰寫。神經科學對腦部功能和心智研究有一定的作用，進而促進教育學習科學和學習研究的發展。教育神經科學是一門新興的交叉科學（嚴梓洛、馬曉靜、馬瑾，2023，頁 85），對教師教育領域的發展有一定的啟示（劉麗莎、洛桑扎西、丁穎，2024）。英國著名學者保羅．霍華德．瓊斯教授（Paul Howard-Jones）指出教育神經科學可以信息技術以及跨學科整合研究，把研究成果應用於教育遊戲中（周加仙，2016，頁 4），我國學者周加仙（2013，頁 42–43）指出教育神經科學一方面運用教育神經科學的相關知識設計教育方案，另一方面運用神經影像和不同研究方法促進教育研究和知識創新。中國在教育神經科學的發展可說是處於起步階段（黃藍紫、周琬琦、周凌儀，2023，頁 45）。《教育神經科學：理論與應用》一書涵蓋教育神經科學的核心概念和相關的基本理論，也介紹研究方法，在心理與教育、特殊與包容教育以及科技與媒體教育中的應用等範疇討論神經科學，內容豐富，相信對讀者了解這個新興領域有一定的幫助。

「中華當代教育文庫」主編
香港教育大學課程與教學講座教授
李子建

聲明

本文僅代表李子建的個人看法，並不代表香港教育大學以及聯合國教科文組織的立場及觀點，部分參考文獻從略。

參考文獻

周加仙（2013）。〈教育神經科學：創建心智、腦與教育的聯結〉。《華東師範大學學報（教育科學版）》，31（2），頁 42—48。

周加仙（2016）。〈教育神經科學與信息技術的跨學科整合研究 —— 訪英國著名教育神經科學家保羅・霍華德・瓊斯教授〉。《開放教育研究》，22（6），頁 4—10。

黃藍紫、周琬琦、周凌儀（2023）。〈英國教育神經科學：緣起、發展與反思〉。《現代大學教育》，4，頁 39—47。

劉麗莎、洛桑扎西、丁穎（2024）。〈連接教師教育與神經科學：價值、內容、路徑及行動 —— 基於 2000-2022 年 67 篇核心英文文獻的範圍綜述〉。《教師教育研究》，36（1），頁 105—114。

嚴梓洛、馬曉靜、馬瑾（2023）。〈國際教育神經科學在教師教育領域應用研究取向 —— 基於核心實證研究的範圍綜述〉。《比較教育研究》，6，頁 85—95。

序二

2023年歲末，承蒙中華書局盛情邀請，並經「中華當代教育文庫」總編李子建校長約稿，我很榮幸能夠參與此世紀盛事，主編該文庫第二本著作——《教育神經科學：理論與應用》。對此，我既感興奮，也覺惶恐。皆因「中華當代教育文庫」是由中華書局傾力打造的全新頂級學術品牌。它致力於匯聚當代中國教育領域最具影響力和學術價值的優秀著作，旨在為推動中國教育改革與發展、實現教育強國提供理論支撐和實踐指導。文庫涵蓋教育學、心理學、教育管理學等多個學科領域，內容豐富，大腕雲集。我們能夠忝列其中，榮莫大焉！

首先，文庫的入選評審非常嚴格、謹慎。學術委員會預先書面評審了我們的出版計劃，然後是到會進行現場答辯。特別感謝文庫總顧問金耀基教授、學術委員會主席李子建教授，以及雷萬鵬教授、尹弘飈教授、李軍教授等，在現場對每一章的內容和結構都給出了詳細的指導意見，讓我們收穫良多，也增添了信心。

此書作為我回歸香港教育大學主持的第一本著作，實在是寄託了校長以及各位專家指導委員的殷切期望。內容必須前沿，質量必須最好。為此，我們匯聚了北京和香港兩地四位教育神經科學專家，用盡一年時間，拼盡全力，方能完成此書。

這裏，我要特別感謝我的三位合著者：陶沙教授、盧春明教授和吳丹丹博士。第一位合著者陶教授是我的北師大師妹，畢業後留校任教，一直致力於兒童認知發展與語言學習研究，曾任兒童青少年腦智研究中心主任，現任北京師範大學心理學部、認知神經科學與學習國家重點實驗室教授。她第一個爽快答應我參與此書寫作計劃，並主動承擔了本書第四、五兩章的撰寫。但是，天有不測風雲，因為父母病危，整個 2024 年她一直在北京和綿陽兩邊奔走，無法安心撰寫。因此，原定她撰寫的第五章最後便由我捉刀完成。而她依然堅持完成了第四章。感謝師妹！

第二位合著者盧春明教授是國內認知神經科學領域的傑出學者，師從國內認知神經科學開拓者彭聃齡教授，現任北京師範大學心理學部、認知神經科學與學習國家重點實驗室教授、課題組長、主任助理，IDG/ 麥戈文腦科學研究院副院長。他關於師生互動與腦間同步的近紅外研究，一直走在國際前列，其創新性研究成果為我們團隊提供了寶貴的經驗和學習的榜樣，我們也一直與盧教授保持着密切的合作。2025 年 1 月，他還親自來香港教育大學講學，為我們的教育神經科學理學碩士課程教授教育神經科學研究方法，收獲了大量粉絲，成為學生們心目中的「學術男神」。

本書第三位合著者吳丹丹博士，是我在澳洲悉尼麥考瑞大學培養的博士，品學兼優。2021 年她甫一畢業，便被香港教育大學錄用為幼兒教育系助理教授。作為我們團隊在腦科學方向的學術帶頭人，她的研究興趣集中在發展認知神經科學、早期語言習得等領域，並為我們的腦科學實驗開創了很多有用的實驗範式及設計。她在早期數字經驗對幼兒大腦影響方面的研究引起 400 多家國際媒體的廣泛報導。作為香港教育大學教育神經科學理學碩士課程的第一任課程統籌主任，她為本課程的落地與推廣立下了汗馬功勞。

正是以上三位合著者的專業背景互補，令我們共同完成了這部力作。此書的出版，是教育神經科學領域的一件大事。教育神經科學乃一門新興交叉學科，融合了神經科學、心理學與教育學的知識與方法，為理解學習與教學的腦機制提供了嶄新視角。教育神經科學以實證研究為基礎，探討大腦結構與功能如何影響學習過程，並為未來教育改革與教學創新提供重要的科學依據，具有廣闊的應用前景。這門學科的蓬勃發展，將深刻改變我們對學習與教學的理解，並為構建更有效的教育模式提供堅實的理論支撐。本書系統地梳理了教育神經科學的理論基礎和研究方法，並結合了最新的研究成果，對教育實踐具有重要的指導意義。書中內容涵蓋了教育神經科學的核心概念、基本理論、研究方法，以及在不同教育領域的應用，對於從事教育研究、教學實踐和教師培訓的專業人士而言，無疑是一本不可多得的參考書籍。

本書也可用作相關專業本科與碩士課程的教材。尤其值得一提的是，我們香港教育大學於 2024 年 9 月推出了「中國首創、全球唯一」的普通話授課的教育神經科學理學碩士課程。這標誌着中國教育神經科學研究和人才培養進入了一個新的階段。而本書的出版，無疑將為這一課程的教學和研究提供堅實的理論基礎和實踐指導。

再次感謝中華書局和李子建校長為推動中國教育神經科學發展所做出的貢獻。相信此書的出版，將有力地促進中國教育神經科學領域的蓬勃發展，為中國教育的現代化建設提供重要的智力支持。最後，謹向本書的總顧問金耀基教授和顧明遠教授，學術委員會主席李子建教授以及各位委員靳玉樂教授、王鑒教授、姜添輝教授、陳霜葉教授、檀傳寶教授、于澤元教授、虞永平教授、雷萬鵬教授、尹弘飈教授，境外通訊委員李軍教授、許世靜教授、黃政傑教授，編輯委員會主席李子建教授以及各位委員宋萑教授、趙東曉博士、周建華博士、侯明女士、吳黎純女士表示衷心的感謝！他們的悉心指導、大力支持和辛勤付出，為本書的順利完成奠定了堅實的基礎。

本書得以付梓，離不開各位專家學者的大力幫助，再次致以最誠摯的謝意！最後，特別感謝吳黎純女士的耐心等待與細心編輯，讓我們在速度和品質之間找到了平衡，合作愉快！

香港教育大學講座教授

李輝

2025 年 3 月 11 日於八仙嶺下

第一章

教育神經科學基礎：核心概念與基本理論

李輝

本章導讀

在教育神經科學這一新興交叉學科的研究中，理解大腦的結構及功能是至關重要的環節。本章旨在清晰介紹大腦的基本構成、各部分如何協同工作以及影響大腦發展的多種因素，以幫助讀者更深入地理解人類學習行為的形成和運行方式。

首先，我們將對大腦的基本結構展開介紹。大腦雖然不是身體內最大的器官，但它是最耗能的器官。大腦由數以億計的神經元組成，負責信息傳遞和處理，其中，神經元通過軸突和樹突形成複雜的網絡，突觸則是神經元之間交流的重要接口。理解這一物質基礎後，我們將探討不同認知功能在大腦中的實現機制，以及它們如何影響我們的學習與思維。

隨後，我們將討論大腦的早期發育及其對學習能力的影響，探知神經影像學技術對於新技能學習過程中大腦變化的觀察與分析方法。通過引入先進的成像技術與分析方法，我們能夠觀察到大腦各區域在學習過程中的動態適應。

最後，我們將介紹教育神經科學的主要理論基礎：神經可塑性與神經多樣性。這一框架將為教育從業者提供維度廣泛的見解，幫助他們在實際教學中更有效地運用這些理論成果，以促進學習過程的優化和提升。

通過對本章內容的系統學習，讀者將能夠更好地理解大腦的基本功能和結構，以及這些知識如何轉化為教育實踐中的策略與方法，從而提升學生的學習質量與效率。

教育神經科學是一門全新的交叉學科，是教育學與神經科學的雜交產物。它研究如何通過理解大腦的功能，來幫助我們理解各類學生的學習過程，以及教育工作者如何從中獲得啟示，以提升教學和學習的質量與效率。本章旨在簡要介紹大腦的基本結構與組成，解釋各部分如何協同工作，並討論影響大腦發展的相關因素，進而探討人類學習行為的形成。首先，我們將概述大腦的結構組成。接着，我們將簡要總結不同認知功能在大腦中的實現方式。然後，我們將討論大腦的早期發育以及神經影像學方法，這些方法可用於評估個體在學習新技能時大腦功能的表現。最後，我們將介紹神經可塑性與神經多樣性及其在教育實踐當中的應用。

第一節　大腦的結構與功能

儘管大腦不是我們身體中最大的器官，但它是消耗能量最多的器官，約佔身體總能量消耗的 20-25%。大腦的總體功能是從我們的環境和身體中獲取信息並產生各種行動，包括但並不限於：感知、記憶、理解、分析、判斷、聯想、思考等。在微觀層面上，大腦由不同類型的細胞組成，這些細胞通過電和化學信號進行通信和交流。在宏觀層面上，大腦半球可見四個主要的腦葉：額葉、頂葉、顳葉和枕葉。額葉位於前部，主要與決策、計劃、問題解決和運動控制相關；頂葉位於額葉後面，參與感覺信息的整合和空間定位；顳葉位於兩側，主要負責聽覺處理、語言理解和記憶功能；枕葉位於後部，主要處理視覺信息。此外，小腦是大腦下方的重要結構，負責調節運動協調和保持平衡。大腦及其各個部分在人體的日常生活中起着至關重要的作用，影響着我們的思維、情感和行為。

一、大腦的物質基礎

（一）神經元

神經元就是神經細胞，俗稱「腦細胞」，是大腦的基本功能單元，通過其結構和連接裝置實現腦內信息傳遞（詳見圖 1）。典型的神經元包括以下部分：（1）細胞體：包含細胞核和主要的細胞器，負責神經元的代謝和功能。（2）樹突：從細胞體伸出的小分支，接收來自其他神經元的信號。（3）軸突：從細胞

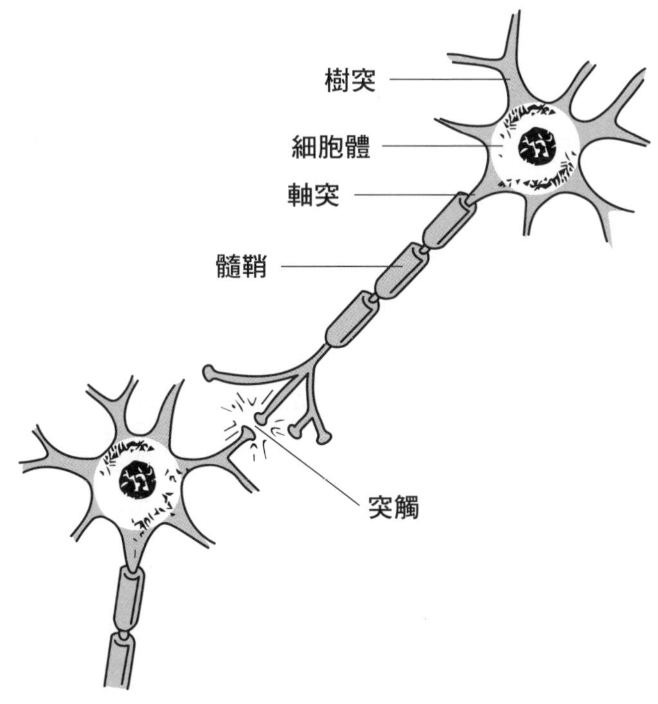

圖 1

體伸出較長的纖維，通過電信號傳遞信息給其他神經元。軸突末端分支形成突觸，連接到其他神經元的樹突或細胞體。神經元類型多樣，包括感覺性神經元、運動神經元和中間神經元，每種類型具有特定功能和結構特點。

（二）突觸

突觸是神經元之間進行信息傳遞和交流的關鍵結構。它通常包括突觸前膜、突觸間隙和突觸後膜。突觸前膜位於發送信號的神經元末端，包含神經遞質的小泡，當電信號到達時，這些小泡會釋放化學遞質進入突觸間隙。突觸間隙是兩個神經元之間的微小空間，化學遞質跨越這個間隙，傳遞信息。突觸後膜位於接收信號的神經元上，包含特定的受體，這些受體與化學遞質結合，引發響應，如產生新的電信號。突觸的存在使得神經系統能夠高效、精確地處理複雜的信號和指令，是學習和記憶等高級腦功能的基礎。突觸傳遞的過程涉及以下幾個步驟：（1）動作電位傳導至突觸前膜：當神經元受到足夠強的刺激時，電信號會沿着軸突傳導至突觸前膜。（2）神經遞質釋放：電信號到達突觸前膜時，觸發突觸小泡釋放含有神經遞質的化學物質進入突觸間隙。（3）神經遞質綁定受體：這些神經遞質跨越突觸間隙，綁定在突觸後膜的特定受體上。（4）後突觸反應：受體與神經遞質結合後，觸發突觸後膜上的電信號，繼續沿着下一神經元傳導，或者引發其他生理響應。（詳見圖 2）

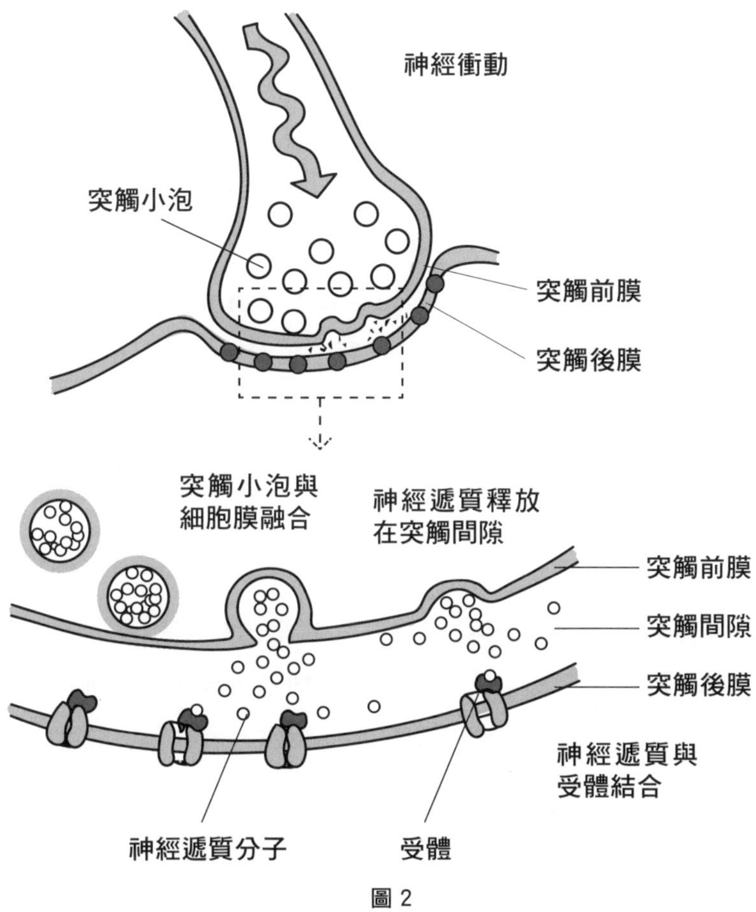

圖 2

（三）神經遞質

在突觸處，信息是通過神經遞質進行交換的。已確定的神經遞質超過 200 種。大多數神經遞質是小化學分子。神經遞質分為兩種：一種是興奮性，即它們增加後突觸神經元沿其軸突產生動作電位的可能性；另一種是抑制性，即它們減少後突觸神經元產生動作電位的可能性。最常見的神經遞質是谷氨酸，它在 90% 以上的突觸中是興奮性的。其次是 γ- 氨基丁酸（GABA），它在 90% 以上的非谷氨酸突觸中是抑制性的。其他神經遞質通常在認知背景下被研究，比如多巴胺，它涉及獎賞系統、運動控制以及各種激素的釋放；血清素調節情緒、食欲和睡眠，並參與記憶和學習；去甲腎上腺素增加覺醒和警覺性，促進注意力的集中，可能增強記憶並增加不安和焦慮。

（四）髓鞘

髓鞘是包裹在某些神經纖維（軸突）周圍的脂肪質層，其主要作用是加速神經衝動的傳導。髓鞘由特定類型的細胞組成，在中樞神經系統中，由少突膠質細胞生成，而在外周神經系統中，由施旺細胞生成。髓鞘不僅提供絕緣作用，還允許神經衝動以跳躍的方式沿着軸突傳播，這種跳躍式傳導（又稱朗飛節點傳導）大大增加了信號傳輸的速度和效率（詳見圖 3）。髓鞘的損傷或退化會導致許多神經系統疾病，如多發性硬化症，這種疾病會嚴重影響運動、感覺和其他神經功能。髓鞘的存在和健康對神經系統的正常功能至關重要。

（五）大腦皮層

大腦皮層的摺疊使其巨大的表面積能夠適應我們的顱骨。

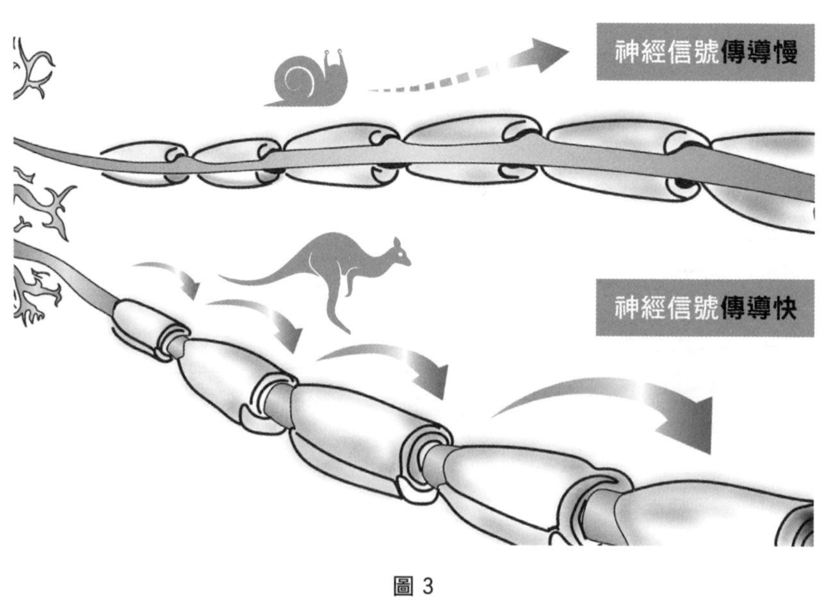

圖 3

凸起稱為「迴」，凹陷稱為「溝」。儘管每個人皮層的摺疊都是獨特的，但主要的摺疊和大腦的分區大致一致。基於這些摺疊，每個大腦半球被分為四個腦葉，每個葉又被分為主要的迴和溝（詳見圖 4）。例如，顳葉通過顳上溝和顳下溝被分為顳上中下迴。這些通用術語使研究人員能夠分享大腦圖譜，以便比較和討論他們的發現。每個半球的皮層區域通過多條白質束（像捆綁在一起的電纜）相連接。此外，左右半球通過胼胝體連接，胼胝體是包含兩億軸突的白質束。在兩個半球背部的下面是小腦，這一結構的外觀不同於大腦的其餘部分，其神經元的組織也不同。

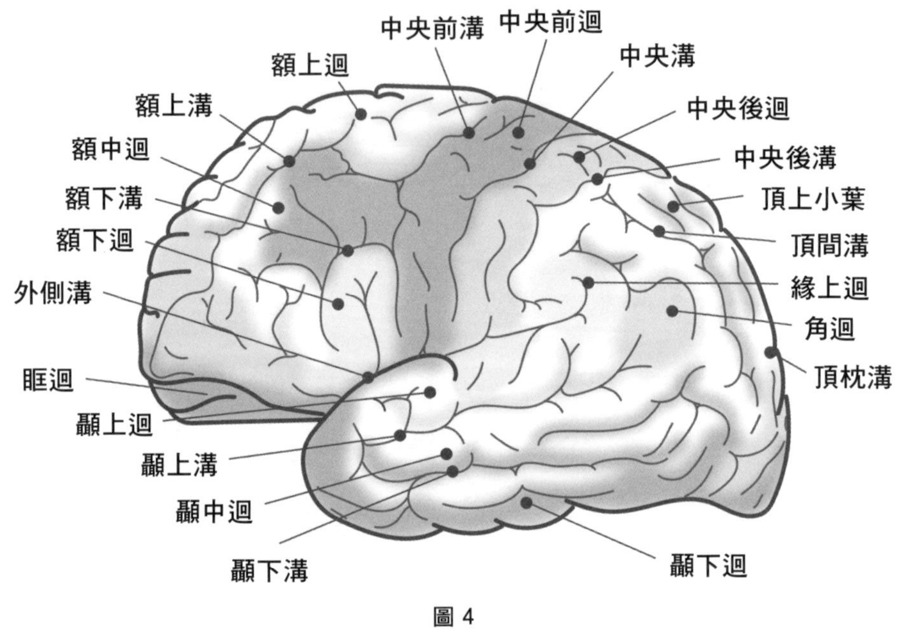

圖 4

（六）溝迴

大腦皮層的溝迴是指大腦表面的一系列褶皺和隆起，其形成不僅極大地增加了大腦皮層的表面積，還允許更複雜和更高效的信息處理。溝（Sulci）是大腦皮層表面的凹陷部分，而迴（Gyri）則是這些凹陷之間的隆起部分。這種複雜的形態使得大量神經元能夠緊密排列在有限的顱骨空間內，從而增強大腦的認知能力和功能。主要的溝包括中央溝（將額葉和頂葉分開）和外側溝（將顳葉與額葉和頂葉分開）。一些重要的迴如中央前迴和中央後迴分別負責運動和感覺功能。其他特定的迴與語言、視覺、聽覺以及高級認知功能等相關。溝迴的結構是神經系統中高度組織化的特點之一，連接不同的功能區域，使得大腦能夠執行複雜的任務，如記憶、感知、決策和情感處理。大腦皮層的這種獨特構造對於理解人類行為與高級腦功能具有重要意義。

（七）大腦神經通路

大腦神經通路是指由腦神經元組成的複雜網絡，通過電與化學信號傳遞信息，協調神經系統的各項功能。神經通路起始於特定的神經元，經過一系列突觸連接，到達最終的目的地神經元。這些路徑不僅在大腦內連結不同的功能區，還延伸至脊髓與外周神經系統，形成一個高度集成的信息傳輸網絡。

神經通路可以分為幾種主要類型：感覺神經通路、運動神經通路和聯絡通路。感覺神經通路傳遞來自感官（如視覺、聽覺、觸覺）的信息到大腦的相應處理區域；運動神經通路則將大腦或脊髓的指令傳遞至肌肉，控制身體的運動；聯絡通路則連接大腦不同區域，協調高級認知功能和情緒處理。

一個典型的神經通路實例是「皮層脊髓通路」，負責從大腦皮層傳遞運動指令至脊髓，控制精細的自願運動。這條通路從大腦皮層的運動區出發，經過中腦、腦橋，最終抵達脊髓的前角細胞，然後通過外周神經到達肌肉。神經通路的健康與髓鞘

（包裹軸突的脂肪質層）有密切關係。髓鞘的完整性可以顯著提高信號傳導速度，不完好的髓鞘可能導致如多發性硬化症等疾病，影響信號的快速、有效傳遞。

總之，大腦神經通路是神經系統功能實現的特質基礎，它們構成了從感覺信息處理到運動控制，再到複雜認知功能的傳輸網絡。理解和研究神經通路對於神經科學、心理學和醫學有着重要意義。

二、大腦的基本功能

（一）區域功能專門化

神經心理學和後來的認知神經科學的一個關鍵發現是，大腦區域和大腦區域網絡專門化。大腦的每個區域或網絡各有特定的功能，簡單來講：（1）小腦（Cerebellum）主要負責運動控制，調節動作的精確性、協調性和時機。（2）前額皮質（Prefrontal cortex）承擔高級認知功能，如決策、計劃、解決問題和社會行為。（3）頂葉（Parietal lobes）整合感覺信息，並處理空間和導航相關的任務。（4）顳葉（Temporal lobes）處理聽覺信息，參與語音理解和記憶。（5）枕葉（Occipital lobes）負責視覺處理。

（二）社會認知加工功能

「社會大腦」是支持社會認知的大腦區域網絡，即我們如何處理、存儲和使用有關他人的信息來影響我們的行為、感情和社會互動（Frith & Frith, 2010; Van Overwalle, 2009）。社會認知包括面孔的處理，這部分由位於大腦底部顳下皮層的梭狀面部區（FFA）支持。FFA 是視覺處理流的一部分，使我們能夠識別人的面部身份。更廣泛地說，FFA 被認為支持對具有相似配置的刺激的專家識別。例如，當汽車和鳥類專家分別識別汽車和鳥類時，發現 FFA 被激活。活體和動作由顳上溝後部識別。

杏仁核是情緒和獎勵網絡的一部分，參與面部情緒的識別。內側前額皮質和顳上溝接收來自視覺和聽覺皮層的信息，視覺和聽覺皮層分別處理視覺和聲音，並能識別人的感受，無論情感線索來自面部、身體還是聲音。內側前額皮質和顳頂聯合區更廣泛地涉及心智化，即我們根據他人的行為、話語、語氣以及面部和身體表情推斷他們的思想、感受和意圖的能力。例如，作為一名幼稚園老師，我們在班上看到一個男孩搶走了一個女孩的玩具。我們看到後者嘴唇顫抖，可以推斷她因為發生的事情而感到悲傷。而另一個孩子可能會站起來走向我們，我們可以推斷：一是他可能是來幫忙「告狀」的，二是他希望我們幫女孩拿回玩具。這就是「社會大腦」的認知加工反應。

（三）認知控制功能

認知控制是通過協調認知過程來靈活適應行為以追求內在目標的能力。執行功能——就像公司中的「執行官」，負責做出重要決策——是我們在面對新的或意外情況時運用的認知過程的另一個術語，這些情況下常規行為或自動思維不適用。目前關於認知控制是一個獨特的認知功能還是由一組子功能組成的爭論依然存在，這情況就有點像是有一個董事會而不是一個單一的執行官在運行公司（Duncan, 2010; Friedman & Miyake, 2017; Shallice, Stuss, Picton, Alexander & Gillingham, 2008）。當人們被要求執行一項具有挑戰性的任務時，涉及的共同網絡包括外側前額皮質、前島葉、上頂葉皮質和頂間溝，以及大腦中線的前補充運動區和前扣帶迴皮質，這些區域的活動都比在執行一項較容易的任務時更強烈。該系統的部分作用在於保持當前目標（例如任務規則）在連續時間段內集中注意力，並在不同刺激或任務規則之間快速轉換注意力。當響應方案不明確需要更多的刺激處理時，該系統也能增加資源的投入和專注度。

一般來講，有三種基本的執行功能。一是抑制控制，它是阻止不適當的顯性或自動反應並忽略干擾的能力。抑制控制幫助我們在一輛車突然到來時停止過馬路，或嘗試在公共汽車上閱讀時忽略周圍的說話聲音。二是工作記憶，它是暫時監控、保持和操縱信息的能力。它使我們能夠進行心算，並在到達一個長句子的末尾時記住開頭。三是認知轉換，它是指在不同的心理狀態、規則集或任務之間轉換並靈活思考的能力。轉換使我們能夠與成人或孩子以不同的方式交談。這三種能力是密切相關的認知過程，也由先前描述的前頂葉網絡實現。更複雜的執行功能包括以上基本執行功能的各種組合，例如計劃或多任務處理，其大腦反應網絡也是非常複雜的。

（四）情緒與動機加工功能

我們如何決定要實現甚麼目標？甚麼會阻礙我們實現目標？這涉及到情緒與動機（Goschke & Bolte, 2014）。有各種動機類型：有些由生理需求驅動，如渴和飢餓，或者與他人進行社交互動的欲望。這一類型的動機與初級獎勵有關。此外，一般還將動機一分為二：一是內在動機，即進行的活動本身是愉悅的（例如作為愛好的園藝）；二是外在動機，即進行一項活動是為了獲得與活動本身分離的獎勵（例如為了獲得零用錢而修剪草坪）。

在人類和大多數動物物種中，一個主要的行為驅動因素是趨利避害，也即接近和最大化獎勵與回報，同時避開有害刺激。位於大腦深處的紋狀體，尤其是腹側紋狀體，是決策和獎賞相關行為通路的關鍵部分。紋狀體似乎充當選擇合適行為以最大化獎勵 / 愉悅結果並最小化損失 / 有害結果的選擇器。一個關鍵的神經遞質涉及獎賞決策的是多巴胺；紋狀體是大腦中多巴胺受體濃度最高的區域。

邊緣系統是皮層下的一部分，由幾個專門的結構組成，處理三項關鍵功能：情緒、記憶和喚醒 / 刺激。杏仁核是邊緣系統中的一個小結構，連接到腹側紋狀體，並能驅動對獎勵刺激的動機。杏仁核對與迴避行為相關的刺激也有強烈反應，例如恐懼或憤怒的面孔，或蛇的圖片。前島葉也是邊緣系統的一部分，據信其在情緒相關的身體體驗（所謂的「直覺」）以及我們的自我意識和對各種情緒的主觀體驗（例如母愛和浪漫愛情、厭惡、悲傷、信任、同情）中扮演重要角色。眼眶前窩皮質的主要功能包括參與眼球運動、視覺處理以及臉部表情的調節。此區域接收來自視覺路徑的訊息，分析和整合光線、顏色、運動及物體位置，同時與記憶和空間感知相關聯。此外，它承擔情感和社交行為的任務，如面部表情的識別與模仿，展示了它在視覺訊息處理以及情感和社交互動中的重要性。眼眶前窩皮質在調節情緒、決策和獎賞系統方面也發揮關鍵作用，透過與大腦其他區域的緊密連接，幫助個體在複雜環境中做出理性選擇。（Stalnaker, Cooch & Schoenbaum, 2015）。

（五）記憶功能

記憶是信息在時間上的保留，以影響未來的行為。一般研究將記憶分成兩種：一種是陳述性或顯性記憶，這可以有意識地回憶；另一種是非陳述性或隱性記憶，這是無意識的。陳述性記憶包括語義記憶，它對應具有特定意義的記憶，如詞語、概念及其定義。例如：我記得「鯨」這個詞，它指的是一種大型海洋哺乳動物，幾世紀前被大量捕獵。陳述性記憶還包括情境記憶，即在某個時間和空間中的事件記憶，並具有豐富的背景。例如：我記得幾年前在澳洲海岸邊的一條船上看到了一條鯨，但我當時有點暈船，難以拍到鯨的好照片。海馬體在邊緣系統中，是支持顯性記憶形成的關鍵大腦區域。記憶本身則儲存在整個皮質中，而特定類型的信息被保存在專門的大腦區域。例如，聽覺記憶保存在處理聲音的聽覺皮質中；視覺記憶則保存在處理視覺信息的視覺皮質中；空間記憶則保存在顳葉中。前額皮質參與記憶的檢索，並在工作記憶中保持檢索到的信息以進行進一步處理。前額皮質、海馬體和分佈的皮質區域也參與記憶的鞏固，當回憶一個記憶時，大腦會對其進行整合。杏仁核可以加入到這個系統中，提供情感成分並促進那些具有高度情感內容的記憶的形成。

非陳述性記憶包括啟動效應以及程序性記憶。啟動效應和程序性記憶是心理學中的重要概念。啟動效應指的是某個刺激（如詞彙或圖像）的呈現會影響個體對後續相關刺激的反應速度和準確度。這現象通常在日常生活中顯現，如廣告影響消費者的購買選擇。實驗顯示，啟動效應不僅在外顯記憶中存在，也在內隱記憶中扮演重要角色。程序性記憶則是透過反覆練習所獲得的技能和習慣，通常與技能的緩慢和逐步學習有關，如彈鋼琴。這種記憶在執行時不需要有意識的回憶，往往體現在自動的行為上。典型的例子是學習如何駕駛汽車或騎自行車。一旦掌握了這些技能，它們就變成動作的自動化記憶，即幾乎不需要進行有意識的思考。例如，初學者司機在換擋、踩離合、檢查後視鏡和找到轉向燈時都需要集中注意力；他們通常不能同時進行對話。相比之下，熟練司機會下意識地完成這些動作，同時還能進行對話或進食。當然，小腦與精細控制動作有關，也在隱性記憶形成中扮演了重要角色。啟動效應和程序性記憶之間的關聯體現在，啟動效應能提高對特定語意訊息的處理效率，而程序性記憶則增強了對環境刺激的自動反應。這兩者的結合在技能學習和應用中極為重要，有助於理解學習和記憶的複雜性，並為教育與心理研究提供指導。

（六）語言加工功能

人類語言的功能包括表達、理解、閱讀和書寫等，而這些功能在大腦中的分佈各不相同。最早關於語言腦功能定位的研究源於布羅卡對失語症患者進行的屍體解剖，他發現語言功能主要集中在左半球，並且與特定腦皮層區域密切相關。隨後，卡爾．韋尼克提出了語言高級功能分離的理論，強調信息在大腦不同區域間的傳遞。而格什溫德則提出，語言功能需要多個腦區的相互協作，盧里亞則結合認知科學與神經科學進一步闡述了語言功能與大腦皮層神經網絡的緊密關係。在工作和日常生活中，使用兩種或多種語言的人被稱為雙語者或多語者。對於人腦如何處理語言的機制，特別是多語言系統如何並存與協作，已引發了科學界的廣泛關注。功能性磁共振成像（fMRI）技術的快速發展為無創方式觀察正常人腦功能提供了新手段，且已獲得了眾多重要發現。當前，利用 fMRI 深入探討雙語和多語言的發生機制，以及語言與大腦內部神經網絡之間的關係，已成為研究熱點。

近年來，隨着科技發展，許多研究工具也開始應用於大腦語言功能的探討，比如在開顱手術中對大腦的直接刺激、腦磁圖（MEG）、正電子發射斷層掃描（PET）對言語思維的研究等，豐富了對語言功能的理解。fMRI 以其高空間分辨率，在複雜心理實驗中具有獨特優勢，能清晰展示腦部活動，並為人腦語言功能的研究提供了寶貴的發現。例如，譚力海團隊關於漢語和西方語言的對比研究表明，當大腦處理語言時，不同語言的激活模式各異。在英語的語義處理中，左側額下迴是一個重要且持續激活的區域；而在語音加工時，顳上迴則顯著活躍。針對漢語的研究也指出，左側頂後迴和額中迴對漢語語音處理至關重要。此外，不同語言的處理往往涉及廣泛的腦區，這已經超出了經典的布羅卡區和韋尼克區的二分說法。

近年來腦科學研究進一步證實了雙語習得優勢。腦成像技術發現，雙語者的兩種語言通常是共同激活的，這要求雙語者時刻注意兩種語言的選擇。此外，第二語言的學習是一個持續的過程，可能對大腦產生深遠的影響。而新興的觀點認為，這種多語言處理的終身體驗會導致大腦結構和功能的最終改變。多項研究發現，雙語者的灰質體積通常比單語者更大，而認知能力與大腦結構之間也存在複雜的關係。雖然很多研究確認了雙語者在認知控制方面的優勢，但並非所有研究都達成一致。部分研究認為雙語者在特定條件下並未表現出認知優勢，個體差異和研究設計可能是造成結果不同的因素。因此，未來研究需要更加優化方法，確保樣本量足夠大並進行縱向追蹤。

第二節　大腦成像核心技術

磁共振成像（MRI）允許對人類大腦進行非侵入性研究。參與者被要求躺在類似豎直甜甜圈形狀的掃描儀內，頭部置於甜甜圈的孔中，而身體大多在外部。通過鏡子系統，參與者可以看到顯示刺激的屏幕，並且有按鈕可以進行響應。這個甜甜圈實際上是一個 1.5-7 特斯拉強度的超導磁鐵，大約是地球磁場強度的 100 倍。MRI 完全安全，只要參與者體內或身上沒有金屬（例如牙箍、胰島素泵等）。因此，所有年齡段的參與者都可以使用，同一參與者也可以多次掃描。這允許跟蹤大腦結構在一段時間內的發展，包括灰質和白質體積的變化（從兒童、青少年到年輕成人），也可用於對衰老的研究。MRI 的一個主要限制是，參與者需要在掃描時靜止不動，這對於 2-5 歲的兒童非常困難；嬰兒則可以在睡眠期間進行掃描。這意味着關於幼兒的 MRI 數據有限。

一、結構性成像

用於跨生命週期追蹤大腦結構發展的方法主要有兩種。首先，結構性 MRI 提供關於灰質和白質、皮層的厚度和摺疊及皮質下區體積的信息。第二種方法是擴散張量成像（DTI），這是一種不同的 MRI 技術，允許更詳細地研究白質束的結構屬性，就好比是腦中的電纜。

結構性 MRI 數據可以在一次 5-10 分鐘的掃描中收集。參與者除了保持頭部靜止外，不需要做其他事情，他們可以閉上眼睛，可以放鬆或看一部短片。結構性 MRI 記錄在掃描期間不斷變化的磁場中腦中質子的方向變化。質子的方向變化取決於其所在的組織，這允許研究人員區分和研究白質、灰質和皮質下結構的屬性。巧合的是這些圖像中，白質呈白色，灰質呈灰色。這些圖像最高可以 1×1×1 毫米的分辨率（相當於砂糖大小的分辨率）獲取，而新的掃描器和掃描序列類型可以提供更高的空間分辨率，即可以看到更小的細節。各種統計技術可用於分離灰質和白質，以計算它們各自的體積或測量皮層的厚度和表面積。

然而，MRI 研究中一個主要的障礙是，儘管先前描述的大腦的一般組織形態在個體之間是一致的，但不同個體的大腦形態和大小存在顯著差異。由於大腦幾乎填充了顱骨內的所有空間，因此，如果某人的顱骨整體較大，他們的大腦也可能較大；然而，如果他們的顱骨狹窄且高或非常圓，則大腦的形狀也會有所不同。這意味着，為了對參與者群體進行統計分析或在研究間進行比較，需要將結構性大腦圖像拉伸或縮小以匹配一個通用模版。遺憾的是，這些變換並不完美，這意味着一定程度的空間細節會丟失。

屍檢研究表明，在出生後的最初幾個月至幾年，大腦體積以及樹突和突觸的數量迅速增加（Huttenlocher & Dabholkar, 1997）。結構性 MRI 數據顯示，在兒童、青少年和年輕成人時期，皮層厚度或皮層中的灰質量開始減少（Mills et al., 2016），而且這種減少的時間點是在特定區域的。特別是，支持認知控制的額葉和支持社會認知的顳葉經歷了最長的發育期，青少年期發生顯著變化（Gogtay et al., 2004; Shaw et al., 2008）。這些變化部分被認為反映了突觸修剪的過程，即不常使用的神經元之間的連接被清除，使得發育中的大腦能夠根據個體的經驗和環境進行精細調整，從而優化最常使用的神經通路。雖然皮質變薄被認為是適應性的，促使更高效的大腦功能，但神經發育過程中這種異常現象可能導致發育障礙，如注意缺陷多動障礙（ADHD）在額葉尤其存在皮質變薄的延遲（Shaw et al., 2007），以及與青少年和青年期加速皮質變薄相關的精神分裂症（Penzes, Cahill, Jones, VanLeeuwen, & Woolfrey, 2011）。儘管大多數研究側重於皮層的發育變化，涉及情緒和獎勵處理及記憶方面的皮質下區域的發展也已被研究。研究發現，杏仁核和海馬體在青春期體積增加，而紋狀體的某些區域在青春期體積減少；這些發育變化的重要驅動因素是年齡和青春期階段的組合，表明青春期的激素變化對皮質下結構的發展有影響（Goddings et al., 2014）。

雖然結構性 MRI 可以提供灰質和白質總體或區域體積的信息，但擴散張量成像可以更詳細地了解白質束。擴散張量成像測量腦中質子移動的主方向。由於軸突被髓磷脂（一種脂肪物質）覆蓋，水分子中的質子不容易橫向移動穿過軸突和白質，而是沿着它們移動（就像油和醋的區別）。如果質子在一個方向上移動非常一致，這表明該區域的白質束具有高軸突直徑或高髓磷脂化。擴散張量成像的圖像還可以進行分析，重建個體大腦的白質束。縱向結構性 MRI 和 DTI 研究表明，白質體積在 20 歲左右前增加，這反映了軸突直徑增加和髓磷脂化（Lebel

& Beaulieu, 2011; Mills et al., 2016）。這些變化使得隨着年齡增加，大腦網絡的信息交換速度加快，例如，從兒童到成年，運動反應速度變快。與灰質變化類似，白質變化也是區域或束特異的，有些束顯示出到 20 歲更長期的各向異性增加（估計反映髓磷脂化增加），而其他束則較早穩定（Lebel & Beaulieu, 2011）。白質發育結構變化在個體之間亦有顯著差異（Lebel & Beaulieu, 2011）。然而，目前尚不清楚「最優」腦發育的特徵是甚麼，即使這一概念存在。

除了發展之外，結構性 MRI 研究也探討灰質和白質體積或皮質厚度是否與個體認知技能差異有關。例如，有證據表明，發展性計算障礙兒童在支持數值大小比較和算術的腦區頂間溝中，灰質體積較低（Ansari, 2008）。儘管有許多研究調查了這種個體差異，但目前仍不清楚更少或更多灰質哪個是最優的（Kanai & Rees, 2011）。較少灰質可能反映了更高效、更成熟的皮質，而更多灰質則可能反映了較高的處理能力。另一個例子是，儘管先前的研究結果不一致（Moreau, Stonyer, McKay & Waldie, 2018），最近的一項研究顯示，學前兒童後期發展閱讀障礙的傾向在閱讀之前左弓形束白質異常，這條束連接在顳葉後部、支持語言理解的韋尼克區，和在額下葉、支持語言表達的布羅卡區（Vanderauwera, Wouters, Vandermosten & Ghesquière, 2017）。

二、功能性成像

（一）fMRI

功能性 MRI（fMRI）使用與結構性 MRI 相同的掃描儀，並且可以在同一個測試會話中收集。fMRI 允許在參與者執行任務時記錄大腦活動。fMRI 是大腦活動的間接測量，因為它測量與神經元活動相關的血液氧合和血流變化。當神經元通過其突觸接收更多的信號輸入時，後突觸化學反應和樹突膜電位的變化消耗能量，即葡萄糖和氧氣。由於大腦不儲存任何氧氣，並且只儲存很少的葡萄糖，通過一系列信號增加局部血流以向被激活的神經元族群提供更多的葡萄糖和氧氣。不幸的是，血流和氧合的變化速度緩慢，神經元活動後大約 5 秒鐘達到峰值。這意味着儘管 MRI 擁有非常好的空間分辨率（數據通常以 1×1×1 毫米的單元［稱為體素］記錄），但時間分辨率較差，難以準確識別刺激呈現後大腦區域激活的順序。

MRI 已被用於研究大多數認知功能，並確定了前面介紹的大腦神經網絡。在發育方面，兒童和青少年期的激活動態變化是混合的，具體取決於實驗任務和研究的認知方面。與結構性 MRI 類似，目前尚不明確特定任務中某一區域的較低或較高活動水平是否反映更優化或更成熟的功能。MRI 幾乎可以用於所有年齡段的個體，只要他們能夠保持靜止 5-10 分鐘並在此時執行認知任務。條件掃描內環境對小孩或心理健康問題有影響。儘管運動最小化，不同年齡組間的運動差異（例如兒童與成人，或 ADHD 與一般的兒童）仍然影響對這些組比較解讀活動的結果。

功能性磁共振成像（fMRI）在神經科學研究中扮演着至關重要的角色，主要體現在以下幾個方面：（1）認知神經科學：fMRI 廣泛應用於探討大腦在執行各種認知任務時的活動模式，如注意力、記憶、語言處理、知覺等。這使研究人員能夠識別出特定認知功能所關聯的腦區及其相互作用，從而深化對大腦訊息處理機制的理解。（2）臨床應用：fMRI 在精神疾病和神經退化性疾病的研究上具有重要意義。透過觀察患者在不同情境下的腦部活動，研究者能夠識別與疾病相關的腦區功能異常，為臨床診斷和個人化治療提供重要數據支持，特別在抑鬱症、阿爾茨海默病和帕金森病等領域。（3）計算神經科學：fMRI 的研究也促進了計算模型的開發與驗證，幫助科學家更了解神經活動模式，為人工智慧的進步提供靈感。（4）神經可塑性研究：fMRI 能夠揭示大腦在學習和記憶中如何改變其結構與功能，推動對神經系統適應能力的理解，對教育和復健方法的改進有深遠影響。（5）市場研究與神經行銷：fMRI 越來越多地應用於行為經濟學和行銷研究，透過分析消費者決策過程中的腦部活動，幫助理解情緒與動機背後的神經機制。綜上所述，fMRI 作為一種非侵入性、高時空解析度的腦部影像技術，為神經科學的各個領域提供了強而有力的研究工具，不僅推動了基礎科學的進展，還在臨床和應用研究方面展示了巨大的潛力。

（二）EEG

腦電圖（EEG）是一種透過在頭皮上安置電極來記錄腦電活動的技術，主要原理基於神經元的電訊號。這些訊號能反映大腦在不同狀態下的活動，尤其是認知過程、情緒和行為反應等。與 MRI 相對，EEG 空間分辨率較差，時間分辨率較好，以毫秒為單位，可以精準識別認知過程的時間順序。例如使用 EEG 可以告訴我們大腦區分單詞和非單詞（隨機字母組合）的速度。EEG 通過在頭皮表面使用電極測量電壓，這些電極被封裝在類似洗浴帽的裝置中，或以高密度記錄網格排列（例如 128 個電極或更多）。

頭皮上的電壓反映了特定類型神經元（錐體神經元）沿樹突膜的電壓總和，這些神經元整齊排列且垂直於皮層。由於這些神經元排列整齊，它們的電壓得以通過許多神經元的總和形成足夠大的信號，能夠在頭皮上檢測到（儘管以微伏為單位測量）。

研究腦功能的兩種主要方法是：首先，將電信號的波動分離成不同的頻率（α 波、β 波等），並評估參與者在執行特定認知功能（例如關注運動或位置）或處於不同覺醒狀態（例如警覺、分心、睡眠）時哪些頻率佔優勢。第二種方法涉及識別事件相關電位（ERPs）。ERPs 通過在多個試驗中平均刺激呈現後或反應後的電信號波動，最大限度地檢測一致的神經反應，消除噪音。特定波動的 ERPs ——「成分」—— 與特定認知過程相關。例如，刺激呈現後約 170 毫秒的負性波動（稱為 N170）與面部加工相對於其他視覺刺激相關，並對面部是否正立或倒置及其情感表達敏感。收集在多個電極中的 EEG 數據，統計分析可有限推斷檢測到信號的來源。N170 的來源在顳葉後部，包括梭狀迴，梭狀面部區所在（見 P.13「社會大腦」部分）。

EEG 比 MRI 便宜很多，且更方便移動。因此，可以用於嬰兒（坐在父母膝上）、幼兒（3-6 歲）和兒童（6-18 歲），以及成人。使用 EEG 研究嬰幼兒具有顯著的優勢和挑戰。首先，EEG 是一種非侵入性技術，能夠即時監測大腦電活動，這對於了解嬰幼兒的認知和情緒反應至關重要。EEG 的高時間解析度使得研究者能在嬰兒自然活動時捕捉其腦部反應。此外，它的靈活性與便攜性便於在多種環境中進行研究，這增強了研究的代表性並降低了成本。然而，EEG 在嬰幼兒研究中也面臨挑戰。嬰幼兒活潑好動，難以保持安靜，可能影響資料收集的準確性。小頭圍使得電極的固定和訊號穩定性受到限制，而訊號雜訊較大則增添了解析的難度。此外，解讀神經活動時需要考慮嬰幼兒的發展階段和注意力，這增加了研究的複雜性。總之，儘管 EEG 為研究嬰幼兒腦部發展提供了豐富的資訊和極大的潛力，研究者仍需妥善應對其固有的問題，以獲得可靠的結果。

（三）fNIRS

功能性近紅外光譜成像（fNIRS）是一種非侵入性的大腦成像技術，用於監測腦活動。它以近紅外光為基礎，利用光子的吸收和散射特性來測量大腦中的血氧變化，從而反映神經活動的動態變化。fNIRS 通過在頭皮上放置近紅外光源和探測器，發射和接收光信號，當光穿過大腦皮層時，部分被氧合和去氧血紅蛋白吸收，剩餘的光信號被探測器接收並加以分析。通過比對氧合血紅蛋白（HbO）和去氧血紅蛋白（HbR）的不同吸收光譜，可推導出腦區血氧水平的變化。

fNIRS 的發展源於 1970 年代對光子在生物組織中傳播特性的研究。最早主要應用於成人腦研究，後隨着技術進步和設備小型化，逐漸擴展到新生兒和兒童的研究中。相比功能性磁共振成像（fMRI），fNIRS 具有更好的時間分辨率和便攜性，雖然空間分辨率較低，但它沒有對運動的嚴格限制，使其在研究嬰幼兒、受試者自由活動時的腦活動以及教育實踐中的應用頗具優勢。

隨着技術的發展，fNIRS 的探測器數量、靈敏度和數據分析算法都有了顯著提升，能夠提供更高精度和更詳細的腦功能地圖。目前，fNIRS 被廣泛應用於認知神經科學、心理學、康復醫學和教育學等多個領域，用於研究語言處理、注意力機制、情緒調節以及各種神經心理疾病的病理機制。未來，隨着技術的進一步改進和多模態成像方法的整合，fNIRS 有望在更廣泛的應用場景中提供更豐富的腦活動信息，為腦科學研究和實際應用帶來更多可能性。

（四）TMS 和 tDCS

MRI 和 EEG 可以幫助追蹤大腦活動，研究腦與行為相關性及時間關係的研究。然而，這些研究是相關性的，並不能確定某個大腦特定區域活動是否導致特定的認知功能。這限制了了解大腦和認知功能機制的能力。神經心理學，通過腦損傷對認知影響的研究有很長的歷史，對建立早期理論關於大腦組織如語言網絡側化很有幫助（如布羅卡區和韋尼克區，19 世紀 60 至 70 年代提出）。但病變研究有若干限制，患者稀少且大腦損傷部位難以控制。此外，大腦可塑性可能會造成補償，即某認知功能可能最初因腦損傷喪失後在其他區域恢復。因此，我們需要全新的、更為直接的、即時的神經科學研究技術，例如正在興起的經顱磁刺激（TMS）和經顱直流刺激（tDCS）。

TMS 是一種安全的非侵入性腦刺激技術，透過電磁場在頭皮上方產生短暫的磁脈衝，直接刺激大腦皮質的神經元。這項技術用於腦科學研究的原因包括其能夠靈活且即時地調節特定腦區的活動，幫助研究人員深入理解大腦功能、神經迴路及相關心理健康問題的機制。TMS 的主要優點在於其非侵入性和對特定腦區功能的直接干預能力，能夠與其他神經影像技術結合應用，並增強研究的可靠性。然而，使用 TMS 也面臨一些挑戰，例如刺激的精準控制、個體差異導致的效果不一致，以及刺激深度的限制，這些因素可能影響實驗結果的可重複性與普適性。此外，儘管 TMS 通常被認為是安全的，但仍可能出現某些副作用。綜上所述，TMS 在研究大腦功能及治療精神疾病方面提供了新的視角和方法，但研究者需謹慎應對其限制和挑戰。

tDCS 是一種非侵入性腦刺激技術，透過在頭皮上施加微弱的直流電流，調節大腦神經元的興奮性，從而改變化大腦的功能。這種方法在腦科學研究中廣泛應用，有助於探索大腦不同區域在認知、情緒和行為中的作用。使用 tDCS 進行腦科學研究的主要原因包括其相對安全和操作簡便，能夠有效調節大腦活動，提供關於神經機制的重要線索。此外，tDCS 的便攜性使其適用於大規模實驗，並在臨床上顯示出改善某些心理狀態和神經精神疾病的潛力。然而，tDCS 也面臨挑戰，個體差異可能導致其刺激效果不一致，這使得實驗結果的穩定性受到影響。此外，關於最佳刺激參數（如電極位置、刺激強度和時長）的研究仍未完全確定。tDCS 的效果通常是短期的，且如何在不同個體和腦區中更準確地理解其機制仍需進一步研究。儘管如此，tDCS 在腦科學研究中仍被視為具有重要應用價值的潛力工具。

第三節　教育神經科學理論基礎：神經可塑性

神經可塑性（Neuroplasticity）是指大腦在面臨環境變化、學習經歷和損傷時，其結構與功能能夠自發調整與重組的能力。這一重要的生物學現象不僅是學習和適應的基礎，也是教育實踐中提升學習效果的重要因素。近年來，隨着對神經可塑性研究的深入，神經多樣性（Neurodiversity）這一概念逐漸受到重視，強調了大腦功能的多樣性及其對教育實踐的深遠影響。本節將深入探討神經可塑性的相關概念、機制及其在不同生命週期階段的表現，並討論如何將這一知識有效運用於教育實踐，以支持不同類型學習者的需求。

一、神經可塑性的概念與機制

神經可塑性是一個多維的概念，涵蓋了各種機制，使得大腦能夠依據經驗和環境刺激進行自我調整。可塑性大致可以分為以下兩類：

（1）短期可塑性：這種可塑性涉及突觸連接的動態變化，主要表現在突觸強度的增強或減弱上，與學習和記憶的形成有直接聯繫。例如，研究表明，年輕人經過幾個月的技能訓練後，特定大腦區域的灰質密度顯著增加。

（2）長期可塑性：長期可塑性涵蓋了更為持久的變化，如新神經元的生成（即神經發生）、突觸的形成與修剪，以及白質的逐步變化。這些變化通常發生在長期的學習和經驗積累的基礎上，使得大腦在面對更複雜的任務時具備更高的適應能力。

二、發育可塑性

發育可塑性主要出現在大腦的關鍵期或敏感期，這些時期通常限於生命早期。發育可塑性來源於以下幾個方面：（1）神經發生及神經元數量的控制：新神經元的形成、遷移和分化是大腦正常發育的基礎。（2）連接的形成：包括軸突的延伸、突觸的生成與修剪，這些過程依賴於活動性與環境刺激的影響。（3）細胞結構的分化：如皮層區域的細胞柱狀組織形成，及大腦特定區域的特化，均受經驗和感官輸入的直接影響。例如，兒童在關鍵期內接觸到豐富的感官刺激與語言輸入，將促進神經連接的形成與優化，從而支持其認知和情感的發展。

三、成年期的可塑性

成年大腦的神經可塑性相對有限，主要體現在突觸強度的調節和局部連接的重組。其主要機制包括：（1）突觸強度的調節：通過增強或減弱突觸傳遞效率，促進學習和記憶的功能。（2）神經網絡的重組：通過形成之前未被激活的連接，恢復損傷後的功能。儘管成年人的神經可塑性不如兒童期明顯，但成年人依然具備通過實踐改善學習能力和支持功能恢復的潛力。

成年人的神經可塑性可分為兩類表現：（1）適應性可塑性：促進個體適應環境變化，提高學習與記憶能力。（2）不良適應性可塑性：可能導致神經系統功能紊亂，增加患上神經及精神疾病的風險，如自閉症、阿爾茨海默病等。因此，促進適應性可塑性的同時，抑制不良適應性對於提高認知功能和心理健康具有重要意義。

四、跨越生命週期的神經可塑性

（一）胎兒期

在胎兒發育過程中，母體的營養與環境因素（如壓力和毒素）顯著影響神經可塑性。例如，妊娠期間的壓力與後代的神經發育問題（如注意缺陷多動障礙和自閉症譜系障礙）相關聯。此外，產前接觸酒精等毒素會干擾神經遞質的功能，損害正常的神經可塑性發育。

（二）嬰兒期和童年期

這一階段是神經可塑性最為明顯的時期，語言能力、執行功能和社交情感技能均顯著發展。提供豐富的感官刺激和積極的社交互動有助於促進神經連接的形成，優化認知發展。

（三）青春期

青春期大腦經歷顯著變化，尤其是前額葉的重組發育和突觸的修剪過程。這一過程不僅影響高階認知功能，還與社交能力和情感管理密切相關。青春期的發展，對個體的社會適應和情感健康至關重要。

（四）成年期

儘管成年期的神經可塑性減緩，大腦仍具備形成新神經元和連接的能力。研究顯示，體育鍛煉和學習新技能能夠促進成年人的神經發生，進而提升認知功能。

五、影響神經可塑性的因素

（一）產前因素

主要有兩大類，一是母體營養：孕期良好的營養狀況有助於胎兒大腦的健康發育；相反，營養不足則會導致認知能力的下降。二是毒素接觸：如酒精和藥物等物質的接觸，會對胎兒的神經發育產生長期負面影響。

（二）出生後因素

也可簡單劃分成兩大類，一是社會互動和環境因素：高質量的早期教育與良好的社會支持能夠促進神經可塑性；相反，缺乏刺激和忽視會產生不良影響。二是生活方式：如通過體育鍛煉和新技能的學習，有助於提升大腦的神經可塑性。

六、依賴經驗的神經可塑性：學習與記憶

學習過程是神經可塑性的直接體現，它通過賦予大腦適應新信息和經驗的能力，使得個體能夠在不斷變化的環境中生存和發展。在這一過程中，神經元的連接因經驗的積累而不斷重組，這一機制被稱為「神經可塑性」。研究已經表明，經過長期的技能訓練，參與者的大腦特定區域的灰質和白質會顯著變化。灰質主要包含神經元的細胞體，而白質則由神經纖維（如軸突）構成，這些變化反映出學習和記憶過程中的生理機制。

例如，運動技能訓練使得大腦的運動皮層和小腦區域的灰質密度增加，這表明隨着技能的熟練度提升，相關神經網絡會得到強化。同樣，在語言學習過程中，大腦的布羅卡區和韋尼克區等語言相關區域也會出現顯著的結構性變化。這種結構上的改變為信息的儲存與提取提供了更高效的通路，促進了語言能力和表達能力的發展。

此外，依賴經驗的神經可塑性並非僅限於技能和知識的習得，它也影響情感和社交能力的塑造。舉例來說，積極的社交

互動和情感支持能夠促進大腦中涉及情緒調節和社交理解的區域（如杏仁核和前額葉皮層）的可塑性變化。這表明，環境和經驗在決定神經可塑性方面起着關鍵作用。

這種依賴經驗的神經可塑性為教育實踐提供了重要的科學依據。它強調了個性化學習的必要性，指出不同個體由於其獨特的經歷和背景，需按照特定的需求進行學習。因此，教師和教育工作者應重視根據每位學生的學習方式和興趣來調整教學策略，以最大程度地促進學習效果。

在實際應用中，教育者可以通過創建豐富的學習環境，提供多樣化的學習材料與方式，以激發學生的興趣和動機，並結合多種感官的刺激（如視覺、聽覺與觸覺等）來增強學習體驗。例如，結合運動和遊戲的學習活動可以有效提高學生的參與度，同時促進相關腦區的可塑性變化。研究還表明，複習和實踐的重複性也是提高記憶和掌握能力的重要因素，這一過程能進一步加強突觸之間的聯繫，鞏固學習效果。

總的來說，依賴經驗的神經可塑性不僅揭示了學習和記憶的機制，也對教育理論與實踐提供了深刻的啟示。通過理解神經可塑性的動態特性，教育工作者能夠更有效地設計教學方案，並為學生創造一個支持、激勵和適合他們發展的學習環境，從而推動他們在認知、情感和社會能力上的全面成長。

七、結論

神經可塑性是理解和促進學習的核心概念。無論在早期發展階段還是成年期，合適的環境刺激都能促進大腦的適應與成長。通過深入理解神經可塑性的動態特性及其生命週期的變化，教育工作者和心理健康專業人士能夠優化教學策略，提高干預效果，為不同學習者提供針對性的支持，最終推動健康與學習的綜合發展。

第四節　融合教育的理論基礎：神經多樣性

神經多樣性（Neurodiversity）是指在神經發展狀態中存在的廣泛多樣性，包括自閉症譜系障礙（ASD）、注意缺陷多動障礙（ADHD）、學習障礙等。這一概念的提出，挑戰了以往將這些狀態視為病理的傳統觀點，強調這些差異是人類正常基因多樣性的一部分。神經多樣性的理論基礎為融合教育的實踐提供了重要視角，促進教育工作者在課堂教學中採用更具包容性的方法，確保所有學生均能獲得平等的學習機會。

一、神經多樣性概述

神經多樣性是一個日益受到重視的概念，強調個體在認知和行為特徵上的多樣性以及對這些差異的尊重和接納。該理論認為，人的大腦並非以一種固定的、統一的方式運作，而是存在着多種不同的思維方式和學習風格，這些差異是人類生存和發展的重要組成部分。具體而言，神經多樣性涵蓋了多種神經發展狀況，例如自閉症譜系障礙、注意缺陷多動障礙、閱讀障礙等。這些狀況不僅影響個體的學習和社交能力，還塑造了他們對世界的看法和處理信息的方式。因此，神經多樣性強調，這些差異不是「缺陷」的體現，而是對社會和文化生態系統的重要貢獻。

在更廣泛的社會文化層面上，神經多樣性有助於促進社會的多元發展。不同的思維方式和解決問題的能力往往能夠帶來創新和多樣性的解決方案。例如，自閉症個體通常在某些領域具備超常的能力（如記憶力、專注力及邏輯思維），這在科技、藝術和數學等行業中尤為突出。認知差異能夠為團隊合作提供多樣化的視角，進而推動整體創造力與生產力的提升。

在教育實踐中，關注神經多樣性至關重要。教育工作者應意識到，每個學生都是獨一無二的，具有其特定的學習方式和需求。因此，教育策略的制定應當基於對學生個體特點的尊重與理解。這意味着教育工作者需要：

（1）制定個性化的學習計劃：根據不同學生的技能、興趣和需求來調整課程內容與教學方法，使之更具適應性。

（2）創造包容性的學習環境：營造一個支持性強、包容性高的學習氛圍，讓每個學生都能感受到被接納和關心，從而願意表達自己，提高參與度。

（3）使用多樣化的教學方法：運用視覺、聽覺和動手操作等多種教學方式，來適應不同學習風格的學生，增進他們的理解與掌握。

（4）鼓勵多元思維與協作：通過小組討論或項目學習等形式，鼓勵學生分享不同的觀點和思維方式，促進創新思維的培養。

綜上所述，神經多樣性不僅提出了一種新的理解個體差異的視角，也為教育改革提供了重要的理論依據。唯有尊重和欣賞每位學生的獨特性，教育實踐才能真正體現出其層次與深度，為學生的全面發展提供更為堅實的基礎。

二、神經多樣性的教育影響

在教育實踐中，理解神經多樣性意味着承認每個學生在學習方式、思維模式和情感反應上的獨特性。基於個體差異的教學策略有助於滿足不同學生的需求，進而促進全面的課堂參與。具體影響包括：

（1）增加參與度：通過識別和尊重神經多樣性，教師能夠創造一個更加包容的學習環境，使每位學生都能感受到被接納，從而積極參與課堂討論和活動。

（2）促進個性化學習：教師可以根據每位學生的特點和需求，設計個性化的學習計劃，幫助學生在他們擅長的領域獲得成功，並減輕他們在其他領域遇到的挫折感。

（3）改善學習成績：研究表明，理解和接納學生的神經差異可顯著提高他們的學業成績和社交技能，減少行為問題的發生。

三、神經可塑性與神經多樣性之間的關係

神經可塑性與神經多樣性之間的關係是相輔相成的，兩者共同作用於個體的學習與適應過程。神經可塑性指的是大腦在經驗和環境變化的影響下，能夠進行結構和功能的調整，這種能力是個體學習和發展的基礎。而神經多樣性則體現了這種適應性變化的多樣性，因此，兩者的結合不僅影響個體的認知和行為，還對教育實踐產生深遠影響。

首先，神經可塑性為神經多樣性的存在提供了生物學基礎。例如，研究發現雙語者的大腦結構表現出顯著的可塑性，某些腦區的體積與其雙語能力呈正相關。這種現象表明，雙語者在語言處理和認知功能方面具備獨特的適應模式，能夠靈活

地在兩種語言之間轉換。這樣的適應不僅是生理上的變化，也是認知策略的一種多樣性表現。這說明，神經可塑性和神經多樣性並不是孤立存在的，而是通過共同的機制影響着學習過程。

其次，理解神經可塑性在神經多樣性教育實踐中的重要性，可以幫助教師設計出更加靈活且支持性強的教學策略。當教師認識到每個學生在大腦可塑性方面的獨特性時，他們就能制定出個性化的教學方式，更好地滿足學生的學習需求。教師可以根據學生的不同背景、興趣和能力，提供多樣化的學習任務。這種做法不僅能夠激發學生的內在動機，也能提高他們的學習效率。例如，教師可以允許學生根據個人興趣選擇學習內容，如選擇不同的主題、項目或學習方式。這種選擇的靈活性能夠促進學生的參與感與歸屬感，從而增強學習的效果。此外，專業培訓也至關重要，可以提升教師應對神經多樣性學生的能力與信心。通過提供有關神經多樣性的教育和培訓，教師能夠更好地理解不同學生的需求，從而實施適合他們的教學策略和有效的課堂管理方法。

教師還可以進一步利用現代科技工具與資源來支持神經可塑性和神經多樣性需求。例如，應用適應性學習軟件可以根據學生的表現實時調整難度，以最大限度地促進學習進程。此外，使用多媒體和互動學習工具，如在線課程與遊戲化學習，能夠為不同類型的學習者提供多樣化的學習體驗。

總之，神經可塑性與神經多樣性之間的關係為教育實踐提供了深刻的啟示。通過理解這兩者的相互作用，教育工作者可以更全面地制定教學策略，從而促進學生的個性化發展與全面成長。這樣的教育理念不僅有助於提高學生的學業成就，還能促進他們的社會適應能力，使他們在未來的學習與生活中都能更加自信與成功。

四、包容性教育的策略

在教育教學中引入神經多樣性和神經可塑性的理念，關鍵在於採取包容性教育策略，以實現真正的教育公平。這些策略可以幫助教師更好地滿足不同學生的需求，促進他們的全面發展。以下是幾種有效的包容性教育策略：

（1）建立積極的師生關係：教師應主動與學生建立信任關係，以增強課堂學習效果。積極的師生關係能夠創造一個安全和支持性的環境，使學生願意分享他們的想法和感受。教師通過傾聽學生的意見，理解他們的需求和困難，能夠更好地調整教學方式，從而提高學生的參與度和學習動機。此外，教師可以通過鼓勵與表揚提升學生的自信心，幫助他們在學習中更好地克服挑戰。

（2）支持自主性發展：通過給予學生更多選擇權，增強他們對學習內容的歸屬感，使學生感受到個體的價值和尊重。例如，教師可以讓學生在項目或作業主題上進行選擇，或允許他們決定學習安排的某些方面，如學習節奏和評估方式。這種自主性的增強不僅能激發學生的興趣，還能改善他們的內在動機，使他們更加積極主動地參與學習。此外，學生在學習過程中的主動參與也有助於培養他們的決策能力和自我管理技能。

（3）創建友好的學習環境：減少課堂中的焦慮和壓力因素，為神經多樣性學生提供一個友好的學習空間，是提升參與度和學習效果的重要手段。教師可以通過調整課堂環境（如改善座位安排、使用柔和的色彩、提供安靜的休息區等）來創造一個舒適的學習氛圍。此外，實施靈活的教學方法，確保課堂活動多樣化且富有趣味性，有助於迎合不同學生的需求。例如，結合遊戲、實踐活動和小組討論等互動方式，可以有效降低學生的焦慮，促進積極的學習體驗。

（4）制定個性化學習計劃：根據每位學生的特點和需求，量身定制學習支持計劃，確保所有學生都能在自身的優勢領域得到發展。這可以通過對學生進行全面的評估，了解他們的學習風格、興趣、優勢與挑戰，進而為他們設計個性化的學習目標和評估標準。個性化學習計劃不僅有助於學生在各自領域內發揮潛力，還能提升他們的自信心與自主學習能力。此外，教師還可以定期與學生和家長進行溝通，以調整和優化學習計劃，確保其有效性。

（5）強化家校合作：建立家庭與學校之間的緊密聯繫，對於實施包容性教育至關重要。教師應與家長積極溝通，共同關注學生的學習與發展。定期舉辦家長會或工作坊，向家長介紹神經多樣性和神經可塑性的理念，以便家長能夠理解和支持學校的教育策略。同時，家庭環境的支持也能顯著提升學生的自信心與學習動機，使他們在學校與家庭之間形成有效的學習支持網絡。

總之，通過採用以上包容性教育策略，教育工作者能夠更全面地滿足神經多樣性學生的學習需求，從而促進他們的認知、情感與社會能力的發展。這不僅為每一位學生創造了公平的學習機會，也為建設一個更加包容、多元的教育體系奠定了基礎。

五、結論

神經多樣性與神經可塑性的結合，為教育實踐提供了重要的理論基礎。不僅能夠促進教育工作者設計出更具包容性和針對性的教學方法，還能夠推動教育改革，創造一個更加和諧高效的學習環境，使每位學生都能充分發揮其潛力。未來的研究應繼續深入探索神經可塑性與神經多樣性之間的相互作用，以更全面地豐富和完善教育神經科學的理論基礎和實踐應用。通過這一框架，我們能夠為每位學生提供更有力的支持，幫助他們實現全面發展。

章末小結

本章深入探討了教育神經科學這一新興學科，揭示了大腦結構、功能及其在學習過程中的重要作用。作為教育學與神經科學的交叉領域，教育神經科學旨在通過對大腦的理解，指導教育實踐，以提升學習效果和教育質量。

首先，我們對大腦的基本結構進行了系統的介紹。大腦由億萬神經元組成，這些神經元通過突觸相互連接，形成複雜的信息網絡。突觸是神經信號傳遞的關鍵，神經遞質則在這一過程中起到至關重要的作用。通過學習本章內容，讀者能夠直觀理解大腦是如何通過多樣的細胞和結構來處理信息和執行不同的功能。

接着，我們討論了大腦的不同功能區域及其專門化作用。大腦內的不同區域對應特定的認知功能，從運動控制、感知處理到社會認知、語言加工等都有其獨特的神經結構支持。這種專門化不僅提升了大腦處理信息的效率，也為理解複雜的學習與行為提供了基礎。例如，前額皮質在計劃和決策中的作用，顳葉在語言理解中的重要性，這些都顯示了大腦區域之間的協作與互補。

我們還探討了大腦的發育過程，特別是早期發育對學習能力的影響。通過神經影像學技術的應用，研究人員得以觀察到大腦在不同學習階段的變化，包括神經元的發育、突觸的形成與修剪等。這強調了學習不是靜態的過程，而是一個動態的發展，反過來也會影響個體的認知能力和學習潛力。這一點在教育實踐中具有深遠的意義，要求教育者更好地理解和支持不同發展階段的學生。

此外，我們還回顧了幾種重要的神經成像技術，如 fMRI、EEG 和 fNIRS 等。這些技術的進展不僅擴展了我們對大腦的認識，也為教育神經科學提供了有力的工具，使教育研究者能夠更精確地分析和理解大腦活動與學習過程之間的關係。

在本章的最後，我們還介紹了教育神經科學兩大理論基礎：神經可塑性與神經多樣性。通過理解大腦的可塑性及其多樣性，我們能夠更清晰地認識到如何優化教學策略，以符合學生的個體差異和發展需要。

綜上所述，教育神經科學在教育領域的重要性愈發突出。通過掌握大腦的基本結構與功能，教育工作者能夠依據科學的原則來設計教育策略，從而提升學生的學習效果。未來的研究可以繼續深化這一領域，以更好地服務於教育改革與發展，為學生的全面成長提供更加精準的支持。

參考文獻

Ansari, D. (2008). Effects of development and enculturation on number representation in the brain. *Nature Reviews Neuroscience, 9*(4), 278-291. https://doi.org/10.1038/nrn2334

Duncan, J. (2010). The multiple-demand (MD) system of the primate brain: Mental programs for intelligent behaviour. *Trends in Cognitive Sciences, 14*(4), 172-179. https://doi.org/10.1016/j.tics.2010.01.004

Friedman, N. P., & Miyake, A. (2017). Unity and diversity of executive functions: Individual differences as a window on cognitive structure. *Cortex, 86,* 186-204. https://doi.org/10.1016/j.cortex.2016.04.023

Frith, U., & Frith, C. (2010). The social brain: Allowing humans to boldly go where no other species has been. *Philosophical Transactions of the Royal Society of London. Series B, Biological Sciences, 365*(1537), 165-176. https://doi.org/10.1098/rstb.2009.0160

Goddings, A.-L., Mills, K. L., Clasen, L. S., Giedd, J. N., Viner, R. M., & Blakemore, S.-J. (2014). The influence of puberty on subcortical brain development. *NeuroImage, 88*, 242-251.

Gogtay, N., Giedd, J. N., Lusk, L., Hayashi, K. M., Greenstein, D., Vaituzis, A. C., ... & Thompson, P. M. (2004). Dynamic mapping of human cortical development during childhood through early adulthood. *Proceedings of the National Academy of Sciences, 101*(21), 8174-8179.

Goschke, T., & Bolte, A. (2014). Emotional modulation of control dilemmas: The role of positive affect, reward, and dopamine in cognitive stability and flexibility. *Neuropsychologia, 62*, 403-423. https://doi.org/10.1016/j.neuropsychologia.2014.07.015

Huttenlocher, P. R., & Dabholkar, A. S. (1997). Regional differences in synaptogenesis in human cerebral cortex. *Journal of Comparative Neurology, 387*(1), 167-178.

Kanai, R., & Rees, G. (2011). The structural basis of inter-individual differences in human behaviour and cognition. *Nature Reviews Neuroscience, 12*(4), 231-242. https://doi.org/10.1038/nrn3000

Lebel, C., & Beaulieu, C. (2011). Longitudinal development of human brain wiring continues from childhood into adulthood. *Journal of Neuroscience, 31*(30), 10937-10947.

Mills, K. L., Goddings, A.-L., Herting, M. M., Meuwese, R., Blakemore, S.-J., Crone, E. A., Dahl, R. E., ... & Giedd, J. N. (2016). Structural brain development between childhood and adulthood: Convergence across four longitudinal samples. *NeuroImage, 141*, 273-281.

Moreau, D., Stonyer, J. E., McKay, N. S., & Waldie, K. E. (2018). No evidence for systematic white matter correlates of dyslexia: An activation likelihood estimation meta-analysis. *Brain Research, 1683*, 36-47. https://doi.org/10.1016/j.brainres.2018.01.014

Penzes, P., Cahill, M. E., Jones, K. A., VanLeeuwen, J.-E., & Woolfrey, K. M. (2011). Dendritic spine pathology in neuropsychiatric disorders. *Nature Neuroscience, 14*(3), 285-293.

Satterthwaite, T. D., Wolf, D. H., Loughead, J., Ruparel, K., Elliott, M. A., Hakonarson, H ., ... & Gur, R. E. (2012). Impact of in-scanner head motion on multiple measures of functional connectivity: Relevance for studies of neurodevelopment in youth. *NeuroImage, 60*(1), 623-632. https://doi.org/10.1016/j.neuroimage.2011.12.063

Shallice, T., Stuss, D. T., Picton, T. W., Alexander, M. P., & Gillingham, S. (2008). Mapping task switching in frontal cortex through neuropsychological group studies. *Frontiers in Neuroscience, 2*(1), 79-85. https://doi.org/10.3389/neuro.01.013.2008

Shaw, P., Eckstrand, K., Sharp, W., Blumenthal, J., Lerch, J. P., Greenstein, D., ... & Rapoport, J. L. (2007). Attention-deficit/hyperactivity disorder is characterized by a delay in cortical maturation. *Proceedings of the National Academy of Sciences, 104*(49), 19649-19654.

Shaw, P., Kabani, N. J., Lerch, J. P., Eckstrand, K., Lenroot, R., Gogtay, N., ... & Giedd, J. N. (2008). Neurodevelopmental trajectories of the human cerebral cortex. *Journal of Neuroscience, 28*(14), 3586-3594.

Stalnaker, T. A., Cooch, N. K., & Schoenbaum, G. (2015). What the orbitofrontal cortex does not do. *Nature Neuroscience, 18*(5), 620-627. https://doi.org/10.1038/nn.3982

Van Overwalle, F. (2009). Social cognition and the brain: A meta-analysis. *Human Brain Mapping, 30*(3), 829-858. https://doi.org/10.1002/hbm.20547

Vanderauwera, J., Wouters, J., Vandermosten, M., & Ghesquière, P. (2017). Early dynamics of white matter deficits in children developing dyslexia. *Developmental Cognitive Neuroscience, 27*, 69-77. https://doi.org/10.1016/j.dcn.2017.08.003

第二章

教育神經科學研究方法

盧春明

本章導讀

在教育神經科學這一跨學科的新興領域，理解大腦的運作及其對學習和教學的影響日益受到重視。為此，科學研究的方法和工具成為推動這一領域發展的核心動力。本章將深入探討教育神經科學中主要的研究方法，強調這些方法在教育環境中的實際應用意義與價值。

首先，章節將介紹教育神經科學的研究範式，特別是在實證研究中如何通過假設驅動的方法來確定大腦活動和教與學之間的對應關係。我們將討論如何設計實驗，利用減法設計和共性邏輯來排除干擾因素，從而得到更準確的結果。此外，因子設計和參數設計的使用將幫助研究者揭示複雜認知過程與神經活動之間的關係。

接着，章節將探討傳統任務態研究、自然刺激研究以及自然互動研究等多種研究範式。每種範式都在不同程度上反映了教育實踐的情境，能夠提供豐富的實證數據，以支持教育實踐中的決策。

此外，本章也將關注教育神經科學研究中的數據採集技術，如功能性磁共振成像（fMRI）、腦電圖（EEG）以及新興的功能性近紅外光譜成像（fNIRS）等，但是本章重點聚焦在fNIRS技術，因為該技術更適合自然場景下的認知神經機制研究。該技術能夠有效地捕捉教學場景下大腦活動的動態變化，為教育研究提供強大的技術手段。

接下來，本章將對教育神經科學中的人工智能應用進行討論，以自然語言處理技術為代表回顧其發展歷史和算法原理，並對表徵相似性、編碼和解碼這些常用的方法進行講解。借助自然語言處理技術，能夠對教學場景下靈活多變的語言進行有效量化，進一步與大腦活動進行多模態數據分析，為教育研究提供重要的啟示。

最後，本章將對教育神經科學研究中的倫理問題進行討論，強調研究對參與者權益的保護，確保科學研究在倫理道德上的合理性。

通過本章的學習，讀者將對教育神經科學的研究方法有更深入的了解，從而在今後的研究與實踐中，更有效地運用這些方法來應對教育神經科學領域的各種挑戰，推動該領域的創新與發展。

第一節　教育神經科學的研究範式

在教育神經科學這一新興交叉學科的研究中，理解大腦的結構及功能是至關重要的。顯然，僅僅通過傳統思辨或者個人經驗總結的方式難以實現上述目標。因此，開展假設驅動的實證研究或大數據驅動的探索研究是未來教育神經科學實現變革的重要槓桿。本節將以假設驅動的實證研究為主，介紹教育神經科學領域主要的研究範式和方法邏輯，同時簡要涉及一些大數據驅動的探索範式。

一、實證研究的基本邏輯

在假設驅動的實證研究中，為了確定神經活動與某個教育教學行為之間的對應關係，需要通過一定的外部刺激來激發我們所關心的心理過程或行為，同時測量伴隨心理過程和行為出現的大腦功能變化。但是，在很多時候，我們關心的心理過程和行為並不只受到單一刺激的影響，而是同時受到多種因素的作用。例如，學生學習的成績不僅跟教師教學有關，還會受到家庭環境、學習興趣等因素的影響。因此，為了更明確地確定教師的教學如何影響學生的學習，就需要排除其他無關因素的干擾，但是同時不能丟棄真實教學這一核心情境。可見，教育神經科學的研究既不同於傳統教育科學，也不同於現有的腦科學和認知科學。為了實現上述目標，教育神經科學的實證研究需要遵循一些基本的研究邏輯，這些邏輯體現在不同的研究設計中。

（一）減法設計

在所有的實驗設計中，唐德斯提出的減法邏輯影響最為深遠。這種方法最早從經典的「唐德斯反應時」實驗中提出，即如果任務 A 具有任務 B 缺少的額外認知過程，那麼就可以讓兩個任務相減來測量這一額外的認知過程。例如，如果看到光並按下按鈕所需要的時間為 T1，而當光是綠色而不是紅色時按下按鈕所需要的時間是 T2，那麼 T2－T1 的時間就是區分光的顏色所需要的時間。與此類似，如果看到光是綠色時按下左邊的按鈕，當光是紅色時按下右邊的按鈕，所需的時間是 T3，那麼 T3 比 T2 多出的時間就是做出決策的時間。「唐德斯反應時」很好地體現了減法設計的基本邏輯。

這種方法的有效性建立在線性假設的基礎上。該假設的含義是：我們可以把一個新的認知過程插入到現有的認知任務中，而不會干擾其他已有的認知過程。換句話說，我們假設每個認知過程都是獨立的，增加或刪除某個認知過程不會改變其他認知過程的表現。然而，該假設在實際情境中往往難以完全滿足。因為在很多時候，認知過程之間是相互依賴的，彼此可能會產生交互作用。

（二）共性邏輯

我們已經討論了減法設計的局限性，這裏我們來看一種減法設計的改進方法，即共性設計。共性設計通過整合多個不同的減法實驗，尋找結果中共同的部分，從而提高對特定認知過程測量的準確性。在每個減法實驗中，不同的認知過程可能相互作用，導致每個實驗單獨分析時可能包含較多混淆因素。而共性設計的思路是將多個減法實驗中共同的部分取出來，這樣可以更有效地抵消單一實驗中的隨機誤差和認知過程相互作用帶來的干擾。例如，將多個實驗的結果進行交集分析，這樣就可以找到更具穩定性的結果，幫助我們更加準確地理解特定認知過程的特徵和神經基礎。共性設計就是通過尋找多個實驗中的相同成分來減少「線性假設」帶來的問題，這使得共性設計相比傳統的減法設計更加穩健，適合在複雜認知任務中應用。

（三）其他設計

很多實驗會同時操縱多個自變量（因素），而且每個因素會設置多個水平。這種設計被稱為因子設計或者因素設計。因子設計通過操縱多個獨立變量並測量其交互作用，可以揭示不同認知過程在大腦激活中的複雜關係。這種方法在研究社會認知、情緒處理等複雜心理現象時尤為有用。

此外，如果我們關心的是某個自變量與神經響應之間關聯的具體模式（比如線性或倒 U 形關係），而不僅僅是某兩個特定條件下神經響應是否存在差別，可以採用參數設計的方法。參數設計將感興趣的變量視為連續變量而非類別變量。這種設計的優點在於，它不僅能揭示變量變化對大腦或行為的總體影響，還能幫助我們找到某些變化點或臨界點——比如在壓力達到適度水平時，大腦的響應最強。這種方法特別適合用於研究那些與變化幅度和梯度有關的認知或情緒過程。例如，在壓力、獎勵強度或任務難度不斷變化的情況下，大腦如何做出梯度反應。參數設計使我們可以更深入的理解變量的連續變化如何影響神經活動和行為表現，揭示出特定變量水平下的最優狀態及其可能的神經機制。

二、研究範式

根據變量的特徵、操縱變量的方法以及條件比較遵循的原則等維度，我們把可以用於教育神經科學的研究範式分為以下幾類。

（一）傳統任務態研究範式

在傳統任務態研究中，研究者通常會事先指定被試需要完成的任務，通過測量被試的反應時間或正確率以及大腦活動模式來理解內在的認知過程和神經機制。在這種範式中，有幾個非常重要的時間概念：絕對時間（Absolute time）、試次間時間（Inter-time）和試次內時間（Intra-time）。絕對時間是整個實驗的時間線，而我們特別關心的是試次間時間和試次內時間的控制。試次間時間，也就是兩個連續刺激之間的間隔時間，是為了避免前一次刺激對後一次的干擾，使得每次刺激的反應能夠獨立地被測量。而試次內時間則是控制每次刺激的持續時間。我們希望每次刺激的持續時間足夠長，能有效激活大腦，但是刺激的持續時間又不能太長，以致於讓被試感到疲勞或產生適應。

由於任務態研究範式對刺激的呈現時間和節奏有非常嚴格的要求，並且通常需要被試嚴格按照要求完成指定的任務，因此很難應用於真實的教育情境，特別是低齡兒童。例如，有人對1992-2014 年期間考察兒童語言能力的任務態 fMRI 研究進行了總結，發現絕大部分研究中的被試都是 8 歲以上的（Weiss-Croft & Baldeweg, 2015）。只有一篇文章在 2-3 歲嬰幼兒處於睡眠狀態時考察了其言語知覺能力（Redcay & Courchesne, 2008）。

此外，在傳統任務態研究範式中，研究者在實驗前嚴格規定了實驗過程中每一個時間點應該出現甚麼樣的刺激，被試需要做出甚麼樣的規定動作以及不能做甚麼等等。如果刺激出現的時間或者類型出現偏差，或者被試沒有按照要求完成規定動作，並達到一定的比例，則被標記為實驗失敗。因此，雖然這種範式能夠很好地控制無關變量，更加嚴格地確定刺激或任務與觀測到的神經活動之間的關係，但是並不符合日常生活中的大多數情形，因而生態效度並不高。特別是對於教學活動來說，很難按照要求嚴格地完成規定動作，而更多的時候是「自由發揮」，如教師根據學生的反應來組織問題，逐步引導學生進行思考。可見，由於被試的年齡特點和實驗生態效度的要求，傳統任務態研究範式在教育神經科學研究中的應用受到一定的制約。

（二）自然刺激研究範式

針對傳統任務態研究範式的局限，近年來逐漸興起了一些具有較高生態效度，特別適合教育神經科學研究的新範式。其中，自然刺激範式是指用豐富的、多模態的動態刺激表徵日常生活經歷的一種範式，其中最常見的刺激為電影和敘事（Jääskeläinen et al., 2021）。儘管這些範式的使用仍然停留在實驗室環境中，但它為我們在日常生活中遇到的自然刺激提供了一個合理的近似值，因此被稱為自然刺激範式。近年來，研究者通過自然刺激範式對人類記憶、注意、語言、情感和社會認知等領域開展了大量的研究。例如，在 2021 年發表的一項自然刺激研究中，研究者用 fMRI 記錄了學生觀看教學視頻時的神經活動，考察了在教學環境中學生間的神經活動模式相似性能否預測課程學習效果這一問題。結果發現，在知識編碼過程中，大腦的默認網絡（Default mode network, DMN）和海馬區域的神經活動相似性可以顯著地預測學生的學習效果。該研究還發現，學生個體對知識的神經表徵與班裏其他人越一致，學習效果越好，說明成功的學習需要形成正確的神經表徵（Meshulam et al., 2021）。該研究為開展自然刺激範式的教學研究提供了示範。

然而，需要注意的是，自然刺激雖然接近自然場景，但依然是被動地靠近日常生活的「近似值」，缺乏真實教學情境中的互動性（Saarimäki, 2021），因此還不足以完全捕捉到與現實生活中社會互動相關的豐富信息。

（三）自然互動研究範式

隨着認知神經科學技術的發展，特別是群腦超掃描技術（Hyperscanning）的出現，真實情境下實時考察互動群體的腦活動成為可能（Montague et al., 2002）。自然互動研究範式是指讓被試在自然情境中進行互動（如面對面對話、合作解決問題等），考察大腦如何在真實情境下處理複雜的人際交互信息（Schilbach et al., 2013）。群腦超掃描技術是指同時對多人的腦活動進行測量，並通過計算互動中的兩人或多人的腦活動在時域和頻域上變化模式的一致性來量化人際互動中是否存在人際神經同步（Interpersonal neural synchronization, INS）。測量

INS 常用的技術手段有 fMRI、EEG，以及 fNIRS 等。Montague 等（2002）首次使用兩台 fMRI 在一個協作遊戲中測量了兩個人的大腦活動和行為反應。Babiloni 等（2006）最先用 EEG 測量了四個人玩棋牌活動的神經電活動。Funane 等（2011）第一次使用基於 fNIRS 的超掃描技術測量了兩個人在簡單的按鍵合作任務中的表現。此後，大量研究運用自然互動範式和群腦超掃描技術，探討自然情境中人際互動的神經機制（Babiloni & Astolfi, 2014）。這些研究為教育神經科學領域帶來了革命性的突破。（見第三章）

（四）非任務態研究範式

與任務態研究範式相反，靜息態腦功能研究範式和腦結構研究範式不需要給被試呈現外部刺激，也不需要被試完成指定任務。該範式的目的是測量與外部具體刺激無關的大腦活動模式。

具體來說，即便沒有具體刺激或認知任務，大腦仍然會消耗能量。因此，研究者很想知道，在沒有外部刺激或者具體任務的時候，大腦的自發神經活動有甚麼意義。對這種沒有具體任務或者特定外部刺激時的腦活動進行測量和描述的研究就被稱為靜息態腦功能研究範式（Biswal et al., 1995; Lv et al., 2018）。

靜息態腦功能研究主要考察低頻（<0.1Hz）的自發神經活動。Biswal 等（1995）首次揭示了低頻自發神經活動的功能

性意義。在該研究中，首先對被試進行安靜休息狀態的掃描，不要求被試完成認知、語言或者運動等任務。接着，在第二次掃描中要求被試完成一個基於傳統任務態範式的任務，如雙手手指敲擊任務，基於該任務的腦激活模式來定位左側感覺運動皮層。最後，將找到的感覺運動皮層與除該腦區以外其他所有腦區的活動進行相關分析。結果發現，該腦區與右側同源區的活動存在高度相關，兩個腦區與經典的運動神經系統分佈模式相對應。此後的研究表明，靜息態下腦區之間的相關不僅出現在感覺運動皮層，在其他腦皮層也存在，因而是一種普遍現象（Biswal et al., 2010）。人們將靜息態下自發神經活動相關的腦區組成的網絡稱為靜息態神經網絡。

與任務態腦功能成像研究相比，靜息態腦功能成像研究不要求被試完成特定的任務，因而可以用於無法較好配合任務要求或者根本無法完成任務的特殊被試，包括年齡較小的嬰幼兒、精神病人、服用鎮靜劑的病人、偏癱病人、失語病人以及在睡眠或麻醉狀態下的特殊病人等。而且，與基於任務的實驗範式相比，靜息態範式可以同時考察多個神經網絡。例如，Smyser 等對早產兒的靜息態神經網絡進行了縱向研究，發現在妊娠第 26 週時嬰兒就出現了多個靜息態神經網絡。足月嬰兒和早產嬰兒的靜息態神經網絡存在顯著差異（Smyser et al., 2010）。並且，這些靜息態神經網絡與兒童的多項認知能力有關聯，比如閱讀能力

（Koyama et al., 2011）、數學能力（Bäuml et al., 2017）等。

腦功能成像主要考察的是神經細胞對內部或外部認知過程的響應模式，而腦結構成像則以腦灰質和腦白質等結構特徵為測量對象。對腦結構的研究主要集中在腦的灰質和白質兩種成分上。其中，灰質主要由神經細胞組成；而白質則是由數百萬條神經纖維束構成。腦結構反映的是神經細胞以及軸突等組織長期的生長發育狀況，與特定時間範圍的特定刺激或任務沒有直接的關係。腦結構成像研究不僅不需要特定的任務，而且可以在被試處於睡眠狀態甚至是麻醉狀態時進行測量。因而，基於腦結構的研究範式對於兒童、青少年的腦發育研究有特別的優勢。例如，有研究通過彌散張量成像（Diffusion tensor imaging, DTI）技術測量不同年齡的兒童和成人（6-20 歲）腦白質的個體變異水平，並作為「腦齡」來預測其工作記憶和數字加工能力（Ullman & Klingberg, 2017）。結果發現 6-11 歲兒童的「腦齡」能夠很好地預測其認知能力，但是青少年和成人的「腦齡」則不能準確預測其認知能力，表明與成人相比，青少年腦發育的時間進程與兒童的認知發展之間有更為密切的關聯。

總之，不同的研究範式分別有各自的優點和缺點，研究者需要結合具體的科學問題和需求，充分發揮不同範式的優勢。因此，並沒有最先進或最好的研究範式，只有與科學問題最適應的範式。

第二節　教育神經科學研究的測量技術

研究範式提供了科學研究的框架，但是還需要可靠、有效的測量技術獲得觀測數據，為實證研究提供支持。那麼，教育神經科學研究中的數據是甚麼？如何進行測量呢？

神經細胞受到激發後會產生兩種效應：一種是生理電效應和與之伴隨而生的電磁效應；另一種則是血氧動力學效應。前者是由神經活動直接產生的，是直接效應；後者則是與神經活動伴隨而生的，屬於間接效應。無論是直接效應還是間接效應，都在某種程度上表明神經細胞的活動水平與心理行為有關。當前主流的無創人腦功能成像技術大都是基於上述神經生理過程發展起來的，並構成了本領域觀測數據的神經生物學基礎。

根據測量數據的生理機制的不同，本領域的測量技術大致可以分為兩大類：一類是直接測量技術，對與神經活動直接相關的神經電效應和磁效應進行測量，主要包括 EEG/ERP 和 MEG；另一類是間接測量技術，對伴隨神經活動發生的血氧動力學效應進行測量，主要包括 fMRI 和 fNIRS。

相比血氧信號的測量，在真實的教育教學場景下測量神經電和磁信號仍然面臨很多難題，比如生理噪聲的污染、難以進行腦區的定位等。在測量血氧信號的技術中，fMRI 對測量環境有嚴格要求，目前仍然無法在自然場景下使用。相比傳統的腦成像技術，fNIRS 是近二十年來發展起來的一種新技術。跟 fMRI 和 EEG 相比，fNIRS 技術具有獨特優勢。例如，與 fMRI 相比，其較高的時間採樣率能夠幫助剔除心率、呼吸等生理噪聲；與 EEG 相比，其較高的空間定位能力能夠較好的進行腦區定位和腦網絡連接分析。更重要的是，與 fMRI 和 EEG 相比，該技術成本低，設備方便移動，噪聲小，對被試沒有過多的限制，不容易受頭動等運動偽跡的影響，對實驗環境也沒有特殊要求，在測量通道所覆蓋的腦區位置、範圍和方式等方面均可以靈活定制。因此，相比其他測量技術，fNIRS 具有更廣泛的應用場景和潛力，尤其適合教育神經科學的研究。但是，目前國內少有專門的書籍對其進行介紹。本節將結合教育神經科學的特點，專門對這一技術的基本原理和分析方法進行介紹。

一、fNIRS 的基本原理

（一）光與人體組織的相互作用

如前所述，大腦神經細胞的活動會引起耗氧量的增加。根據血氧動力學原理，耗氧量的增加會進一步引起大腦皮層血流速度和血流量的增加，表現為局部氧合血紅蛋白（Oxyhemoglobin, HbO）和去氧血紅蛋白（Deoxyhemoglobin, HbR）濃度的變化。如果把一束特定波長的光照射入腦組織，雖然頭皮和頭蓋骨等媒介會降低射入光的強度，但是這些光仍然能夠進入頭部幾厘米的深度，並到達大腦的外皮層。經過腦組織中不同大小的粒子吸收和散射以後，一部分沒有被吸收或散射掉的光會返回到頭皮表面。如果在距離光的入射點幾厘米的位置放置一個光強檢測器，就能夠檢測到返回頭皮表面的光強。在與入射光距離不同的檢測點上，光所經過的路徑有所區別。其中，距離較近（如小於 2 厘米）的檢測點檢測到的光只經過了頭皮、頭蓋骨或者腦脊液，並沒有到達大腦皮層；距離較遠（如 2-3 厘米）的檢測點檢測到的光則不僅經過了上述表層組織，還會到達大腦皮層。後者由於波長的原因，光強的變化主要是由大腦皮層中血紅蛋白的吸收導致的。因此，可以根據光強的變化計算腦組織中血紅蛋白濃度的變化，進而間接反映認知活動誘發的神經活動水平。

在近紅外光譜段中，水、血紅蛋白、膠原蛋白以及蛋白質對光的吸收率較低，使光能夠在大腦組織中傳播相對較長的距離（達到幾厘米），因而這個波段（大約是在 650-950 納米範圍）被稱為「光學窗口」。在這個窗口裏，HbO 和 HbR 對光的吸收率是不同的，並且二者的吸收率變化曲線在大概 800 納米左右發生交叉。雖然在這個波長範圍裏，也存在對光有更高的吸收率的其他物質，但是它們在大腦組織中的濃度相對較低，可以忽略。因此，HbO 和 HbR 可以看作在這個波長範圍內吸收光的主要物質，採用這個波長範圍的光就能夠較好地測定大腦組織中 HbO 和 HbR 的相對濃度。

（二）通過光強變化測量人腦功能

為了使光照射到頭部，並把返回來的光再傳遞到檢測器，光源和檢測器可以直接放在頭皮上，也可以通過光纖做成光極探頭，然後將探頭放置在頭皮上。入射點和檢測點之間的位置以下，大約 1-2 厘米深度的大腦外皮層是能夠被測量的腦區位置，稱為測量通道（Measurement channel）。光在發射器、檢測器和光纖之間的無損傳遞稱為光耦合效應。這裏的光耦合在很大程度上取決於頭髮的顏色、密度以及皮膚色素等因素（Strangman et al., 2002）。

由於 fNIRS 的光檢測器或光極探頭是放置在頭皮上的，所以無法準確獲得大腦內部的結構信息，也無法準確獲知每一個測量通道對應的腦區位置，從而給測量位置的跨被試一致性、組間比較、不同研究之間的可重複性等問題帶來挑戰。目前，比較通用的做法是先把頭皮上的 10-20 或 10-10 國際標準坐標與大腦皮層的標準空間坐標進行相互轉換，然後根據 10-20 或 10-10 系統的坐標放置光極探頭。此外，還有研究通過採集被試的 MRI 結構像，或者在標準 MRI 腦結構模板的大腦皮層表面進行圖像重建，進一步補充和完善腦結構信息。但是，由於

fNIRS 的空間分辨率只有 1-2 厘米，所以即便光極探頭的放置在被試之間存在一定的差異，也不會對結果產生很大的影響。

二、fNIRS 數據的分析方法

（一）fNIRS 信號的預處理

目前許多廠商的 fNIRS 設備已經可以直接提供血氧數據。但在一些情況下，研究者拿到的原始數據是光強數據。在這種情況下，我們需要根據修正的比爾—朗伯定律（Modified Beer-Lambert law, MBLL）將光強數據轉化為光密度（Optical density, OD），隨後再計算出血氧濃度的相對值。這裏需要額外提醒的是，求解出來的是血氧濃度相對於基線的變化值，而非血氧濃度的絕對值。

fNIRS 數據的清洗是數據預處理的重要環節，其目的是去除由於各種原因（如儀器故障、運動偽跡、生理噪聲等）引起的異常信號，以保證後續分析的準確性和可靠性。數據清洗的過程包括人工審查、跳變（Spike）值檢測以及心跳檢測等。人工審查是 fNIRS 數據清洗中的首要步驟，主要目的在於識別數據中存在的問題並進行手動標註。人工審查通常是由實驗者手動觀察數據，標記出因為儀器故障導致的空白信號或者極端異常信號。在 fNIRS 數據中，跳變值通常是由於短時間內信號劇烈波動而產生的，這些異常值可能來自設備的噪聲、被試的運動偽跡或外界環境的干擾。在檢測獲取某一通道的跳變值比例後，可以根據一定的標準（如 30%）來標記壞導（Bad channel，即無法正常使用的測量通道），並在後續進行插值替換。

但是，人工檢查只能剔除一些明顯存在問題的異常數據。fNIRS 信號噪聲來源廣泛，有一些噪聲無法或者不能可靠地通過人工檢測到。首先，信號漂移是 fNIRS 腦成像信號中普遍存在的一種噪聲，通常表現為信號在較長時間範圍內的緩慢波動。引發信號漂移的原因比較複雜，主要包括信號採集過程中成像系統的硬件噪聲以及實驗過程中肉眼難以察覺的被試緩慢頭動等。信號漂移分為線性漂移和非線性漂移。在信號預處理的過程中需要根據指定的線性或非線性模型，通過回歸的方式將其從信號中去除。

其次，被試頭動可能導致光極與頭皮接觸不良。這種頭動噪聲是 fNIRS 信號中一種常見的噪聲，往往體現為信號中的大幅跳變。研究者提出了不同的去除運動偽跡的方法。在硬件方面，可以通過在被試的頭部放置陀螺儀來記錄頭動軌跡，進而將其從 fNIRS 信號中去除。但是這種方法僅限於大幅度的整體頭動，並且對硬件要求很高。近年來，越來越多的研究者希望通過直接採集噪聲信號來將其去除。其中最有代表性的一種方法是在距離光源發射器的不同位置上分別放置兩個檢測器，從而構成了一個長距離測量通道（如 3 厘米）和一個短距離測量通道（如 1.5 厘米）。其中，長距離通道測量的是正常的神經活動信號加上其他來源信號，而短距離通道光路較淺，一般僅經過淺層組織，而不會到達大腦皮層，因此能夠測量到除腦皮層神經活動以外的其他來源信號。用短距離通道的信號作為回歸變量，採用線性最小二乘估計，可以將其測量到的噪聲從長距離通道的信號中去掉。

再次，由於頭皮、顱骨和腦膜等淺層組織中含豐富的毛細血管，呼吸、心跳等生理波動及任務相關的自主神經活動都會引起這些毛細血管中血紅蛋白濃度的變化。當近紅外光經過這些淺層組織時，血管中血紅蛋白濃度的變化也會導致 fNIRS 光強的變化（即淺層生理噪聲）。淺層生理噪聲對 fNIRS 信號影響較大，但是同樣可以通過短距離測量通道去除。同時，考慮其在全腦上的全域性，還可以通過獨立成分分析（ICA）和主成分分析（PCA）等方法去除。

最後，很多非實驗任務引發的血氧變化是具有週期性的，我們可以通過濾波的方法去除這些週期性的噪聲。具體而言，fNIRS 信號中的週期性噪聲有：工頻干擾（50Hz）、心跳（約 1Hz）、呼吸（約 0.2-0.3Hz）、Mayer 波（約 0.1Hz）以及低頻生理波動（低於 0.01Hz）等。一般通過帶通濾波的方法同時去除 fNIRS 信號中高於指定上截止頻率和低於下截止頻率的信號成分，只保留特定頻率範圍內的信號成分。在濾波過程中要注意不能破壞任務相關的成分。通常來說，對於靜息態數據，常用的濾波範圍是 0.01-0.1Hz，對於任務態數據，常用的濾波範圍是 0.01-0.5Hz 或 0.01-0.2Hz。

（二）單腦分析

在得到乾淨的信號後，就要想辦法建立實驗任務與 fNIRS 信號的聯繫。如果實驗是單人範式，就需要進行 fNIRS 單腦分析，確定與特定認知過程對應的大腦區域或網絡。fNIRS 的單腦分析基於兩個有關假設。第一個假設就是我們預期刺激會誘發標準的血氧動力學反應。第二個假設是線性系統假設，認為多個刺激造成的響應等於這些刺激對應響應的線性疊加。通過這兩個假設，我們就可以對任務與 fNIRS 信號的變化進行建模。

在一般線性模型中，y 為被解釋變量，也就是 fNIRS 中某個測量通道的信號。我們需要去看真實信號的變化有多少是可以被刺激引發的理想響應模式所解釋的。因此 x 為解釋變量，代表由不同類型刺激所誘發的個體血液動力學響應（任務參考波）以及能引起 fNIRS 觀測數據變化的其他因素，比如生理多導儀記錄到的呼吸頻率等數據。x 前面的係數代表了每個解釋變量對 fNIRS 觀測信號的貢獻程度，而 fNIRS 信號中無法由解釋變量解釋的部分則稱為殘差。通過變成矩陣的形式，我們可以發現，Y 是觀測數據矩陣，G 是設計矩陣（即很多個 x）。其中設計矩陣是 fNIRS 數據建模的核心，是決定我們建模效果的關鍵。根據回歸係數 β 的大小和正負我們就可以直觀看到該任務設計能夠解釋 fNIRS 信號的程度和方向。

$$Y = G\hat{\beta} + \varepsilon$$

經過建模，我們得到了每個解釋變量的回歸係數 β。在拿到多名被試的回歸係數後，我們需要用推論統計的方法來檢驗回歸係數是否顯著，進而回答通道對應的腦區是否在統計上被任務所激活。除此之外，我們還可以在條件間進行比較，來回答在不同任務中的激活是否有差異的問題。最簡單直接的方法就是進行獨立樣本 t 檢驗和配對樣本 t 檢驗。

當測量通道數過多時，直接進行 t 檢驗會存在多重比較的問題。如果存在 100 個通道，以置信度為 95% 進行檢驗，那麼在 100 次 t 檢驗中就會預計出現 5 次由於隨機性而出現的假陽性結果。我們需要採取多重比較校正來解決這個問題。Bonferroni 校正是一種嚴格的多重比較校正方法。假設所有通道彼此獨立，其校正邏輯如下：

（1）假設單個通道不出現假陽性的概率為 $1-\alpha$。

（2）如果有 n 個通道，所有通道都未出現假陽性的概率為 $(1-\alpha)^n$。

（3）至少有一個通道出現假陽性的概率為 $1-(1-\alpha)^n$，約等於 $n*\alpha$。

所以，為了讓整體的「至少有一個通道出現假陽性」的概率保持在可接受範圍內（如小於 0.05），即 $n*\alpha<0.05$，只需要根據通道的數量調整單個通道的顯著性閾值即可。Bonferroni 校正的優點在於校正非常保守，可以有效控制假陽性率。缺點在於通道數量過多時，校正的閾值非常小，很難通過校正得到顯著的結果。

另一種常用的校正方法是 FDR（False discovery rate, FDR）校正。FDR 校正的核心思想在於控制所有陽性結果中假陽性的比例，而非完全消除假陽性。該方法將所有比較結果的 p 值從小到大排列，對於排名為 k 的值 p_k，若將其作為通過檢驗的閾值，有 k 個通道通過檢驗，錯誤發現率 FDR 為 $n*p_k/k$。因此，只需要將 FDR 控制在某個值內，就可以在 p 值序列中找到一個合適的位置作為滿足條件的 p 值最大水平。FDR 校正更加靈活，也更適用於多測量通道的腦功能成像數據的校正。

（三）雙腦分析

群腦超掃描技術主要通過構建腦同步指標來描述、解釋和預測人們在互動情境下的認知神經過程。在腦同步計算中，主要有兩種常見的計算方法：一是跨個體相似性（Inter-subject correlation, ISC）分析，通常使用 Pearson 相關性進行計算；二是人際神經同步（Interpersonal neural synchronization, INS）分析，通常使用小波變換相干性（Wavelet transform coherence, WTC）來計算。在文獻中，前者主要用於自然刺激範式，而後者則主要用於自然互動範式。但是實際上，兩者作為通用的計算方法，都可以用於自然刺激和自然互動範式，上述區別只是研究者的使用習慣造成的。

其中，ISC 方法最早由 Hasson 等（2004）提出，現已成為衡量神經活動相似性的常用方法之一。ISC 通過計算不同被試之間大腦血氧活動的相似性，反映個體間神經活動的耦合程度。有研究發現，觀看教學視頻時的 ISC 能夠預測個體的學習效果：個體觀看教學視頻時的 ISC 越高，學習成績越好（Cantlon & Li, 2013; Cohen et al., 2018; Meshulam et al., 2021）。此外，Cohen 等（2018）發現，對於不同教學視頻而言，ISC 對學習表現有正向預測作用；Cantlon 與 Li（2013）通過給兒童和成人播放相同的數學教學視頻，發現兒童在觀看視頻時的大腦活動與成人越相似，學習效果越好；另一項研究則讓學生在磁共振掃描儀中完成了連續六週的課程學習，結果發現，不僅新手間的腦活動相似性能夠預測新手的學習表現，而且新手與專家之間的腦活動相似性也能預測新手的學習效果（Meshulam et al., 2021）。

WTC 是一種用來分析兩個信號之間的同步性及其動態變化

模式的有效方法。在小波變換中，小波基可以根據信號的特性進行縮放和平移，從而在時間和頻率上捕捉信號的變化。WTC的計算過程主要包括以下步驟：首先對兩個信號進行連續小波變換（Continuous wavelet transform, CWT），得到小波係數。在得到小波係數後，計算信號的自小波譜和交叉小波譜，最終求得小波平滑相干性（WTC 值）。WTC 的結果通常用時頻圖表示，橫軸表示時間，縱軸表示頻率或週期，顏色代表兩個信號在不同時間和頻率下的相干程度。與傅里葉變換或短時傅里葉變換（Short-time Fourier transform, STFT）相比，WTC 能夠同時保留時間和頻率的信息。這使得 WTC 對於描述信號在特定時間點和特定頻段的同步性具有更高的精準度。此外，WTC 的時間窗口長度是自適應的，可以在不同頻段上實現更精確的時間和頻率平衡。

在 fNIRS 信號的雙腦分析中，首先從預處理後的數據中提取出每個被試對的信號，每一對數據可以來自於一對被試的相同通道，也可以來自不同通道。此外，由於實驗開始和結束時可能存在較大的噪聲，通常需要去掉數據開始和結束階段的部分數據（如 15 秒左右）。

對於絕大多數的社會互動情境，人和人之間幾乎不可能是瞬發同步的，這使得人和人之間的神經同步存在時間差。所以在腦同步中有時會引入時滯計算（Time-lag）腦同步。例如，如果我們關心 A 被試提前 B 被試 4 秒的腦同步關係，應該截取掉 B 被試的前 4 秒數據，然後與 A 被試的數據進行對齊。同時為了保證數據等長，還需要去掉 A 被試最後多出來的 4 秒數據。在完成數據的裁剪和對齊工作後可以使用 WTC 來計算不同通道配對的小波變換相干值，以此作為腦同步指標。值得一提的是，如果沒有特別的數據分段或時間鎖定的先驗假設，在之後群體水平的分析中，往往會在時間上將相干值進行平均。

在群體水平的推論統計中，為了解決多重比較問題，可以採用基於簇的置換檢驗方法（Cluster-based permutation test）。具體而言，該方法包括以下四個步驟：

（1）生成隨機配對來計算 WTC 值。將真實互動的被試對打亂，並進行隨機配對。隨機配對的兩個被試之間並沒有進行真實互動。

（2）抽取樣本組進行統計分析。從隨機配對生成的總體中，抽取出與實際樣本大小一致的樣本，然後進行前面的統計分析過程，如進行 t 檢驗。重複這個過程 1000 次，將獲得 1000 個 t-map 和 p-map。如果考慮 time-lag，則每一個 time-lag 都會同樣生成 1000 個 t-map 和 p-map。

（3）將 1000 次隨機抽樣得到的結果生成虛無分佈，劃定統計閾值。找出頻域方向上最長或者 t 值總和最大的簇，計算該簇

t 值的總和來作為該虛無樣本的代表值。其含義為在該虛無樣本中，所有配對所能出現的最強同步性的強度。通過將所有虛無樣本的最大 t 值匯總起來，我們就可以得到虛無樣本的虛無分佈。

（4）將真實樣本中的統計量與虛無分佈對比來尋找顯著的通道配對和頻段簇。

總之，fNIRS 作為一種近年來新出現的技術，由於其獨特的優勢，尤其適用於教育神經科學。但是由於教育神經科學研究的複雜性，目前尚缺少標準化的 fNRIS 數據處理流程或規範。

第三節　教育神經科學中的人工智能應用

當前，人工智能在教育中的應用已經成為推動教育教學變革的重要驅動力之一。

人工智能是能夠模擬、延伸和擴展人類智能的理論、方法、技術及應用系統（譚鐵牛，2019），其目標是促使智能機器會聽（語音識別、機器翻譯等）、會看（圖像識別、文字識別等）、會說（語音合成、人機對話等）、會思考（人機對弈、定理證明等）、會學習（機器學習、知識表示等）、會行動（機器人、自動駕駛汽車等）。簡單來說，AI 發展的目標是讓機器能夠像人一樣解決問題（感知、思考、學習、行動）。

從功能上來看，人工智能可分為弱人工智能和強人工智能。弱人工智能指的是經過訓練並專注於執行特定任務的人工智能。但是實際上，弱人工智能在這些特定任務上的能力並不弱，因此弱人工智能也可稱為「狹義人工智能」。目前大部分人工智能都屬於弱人工智能，它們暫時不能像人一樣，作為多面手來解決多個不同類型的任務。例如蘋果的 Siri、汽車自動駕駛、ChatGPT 等都屬於狹義人工智能。強人工智能可以進一步分為通用人工智能（Artificial general intelligence, AGI）和超人工智能（Artificial super intelligence, ASI）。AGI 是 AI 發展的下一個重要目標，它將具有與人類相同的智能，有自我意識，有能力解決問題、學習和規劃未來。ASI 將擁有超越人腦的智力和能力，但距離實現仍有相當漫長的路。

AI 的發展始於 20 世紀 50 年代，1956 年的達特茅斯會議標誌着 AI 領域的誕生。2010 年以後，隨着大數據、雲計算、互聯網、圖形處理器等技術的發展，以深度神經網絡為代表的人工智能技術飛速發展，大幅跨越了科學與應用之間的技術鴻溝，迎來爆發式增長的新高潮。如今，人工智能的發展已經具有了相當高的實用性。例如在遊戲領域，2019 年騰訊公司王者榮耀遊戲中訓練的「絕悟」AI，戰勝了由職業選手組成的隊伍。在科研領域，2021 年 AlphaFold 2 模型正確預測了 98.5% 的人類蛋白質結構（Jumper et al., 2021），2024 年 AlphaFold 3 以前所未有的精度預測了生命分子（蛋白質、DNA、RNA 等）的結構和相互作用（Abramson et al., 2024）。在面向大眾的內容生成方面，Midjourney 可以根據文字生成對應的圖片；OpenAI 公司的 ChatGPT 和 DeepSeek 等提供了高質量的對話功能，Sora 可根據文字生成對應的視頻。

如今，我們正處於人工智能的時代，這個看似科幻的詞語離我們並不遙遠。了解人工智能的基本原理，學習如何有效地使用人工智能工具，對於開展教育教學研究具有重要意義。

一、自然語言處理技術

自然語言處理（Natural language processing, NLP）是人工智能中的一個重要研究方向和典型代表。人類日常生活中使用的語言被稱為自然語言，具有複雜性、模糊性、多樣性等特點，通過分析文本符號的語法、語義、語用等多方面信息，自然語言處理技術旨在從文本中找到語言的模式、規律與變化趨勢，從而對人類所用的語言進行量化分析，並讓機器像人類一樣能夠理解、運用和產生語言。

（一）統計語言模型

早期的自然語言處理採用統計計數的方式記錄詞與詞之間的關係，這一類模型被稱為統計語言模型。如果聽到一句話，你能猜到下一個字或詞語是甚麼嗎？例如「床前明月__」。相信你能夠很容易說出「光」這個字，因為你已經見過這句古詩許多遍了，這五個字也總是共同出現。現在請你猜猜看「怕上火，喝____」的下一個詞語是甚麼？這時候可能有人說「王老吉」，有人會說「加多寶」，還有人會說「涼茶」。之所以出現這種差異，是因為每個人平時接觸的信息不完全相同，使詞語之間共同出現的關係不同，進而影響了聯想的差異。N-gram 能夠在一定程度上解決這一問題（Goodman, 2001）。N-gram 是一種統計語言模型，它假設一個詞出現的概率依賴於上文語境中的其他詞語，從語料庫中統計每個句子後面出現各個詞語的概率。上文語境越長，預測越準確。並且，詞語的依賴關係可以通過增大語料的數據量來進一步完善。

統計語言模型中的另一個典型算法是潛在語義分析（Latent semantic analysis, LSA），主要解決了長文本主題表示的問題（Deerwester et al., 1990; Landauer et al., 1998）。LSA 假定一個文本包含若干主題，每個主題可以由若干個詞語來表示，通過潛在主題空間將文本和詞語聯繫起來。如此一來，兩段文本的相似度可以由主題的相似度來反映，可以進一步定義一個主題向量空間模型，用這個主題空間中的一個向量來表示文本。假設有 m 個不同的單詞，n 段文本，k 個潛在主題，LSA 首先統計每個文本中單詞的出現頻率，得到單詞向量空間 $A_{m \times n}$，隨後對

它進行奇異值分解 $A = U\Sigma V^T$，得到單詞—主題矩陣 $U_{m\times k}$ 和文本—主題矩陣 $V^T_{n\times k}$，它們的每一行或列就是在主題空間中的向量表示。

LSA 雖然基於主題的思想，使用主題向量對文本和詞語進行表示，但具體到每一個主題有怎樣的特點和內容並不是非常清楚。LDA（Latent Dirichlet analysis）對 LSA 進行了拓展，假設一篇文檔可以包含多個主題，而每一個主題可以用詞語的分佈來描述（Blei et al., 2003）。即，一篇文檔有一定概率屬於某個主題，而每個主題又分別有一定的概率包含某些詞語。通過將單詞—文檔矩陣轉化為單詞—主題分佈和主題—文檔分佈，LDA 能夠給出一篇文檔的主題和詞語的概率分佈，使得「文檔—主題—詞彙」的關係更加直觀。此外，LDA 在文本信息分析和主題建模中的效果比 LSA 更好（Bellaouar et al., 2021），能夠實現對文本生成過程的解釋。但是，LDA 也有一些缺點，例如文本中相鄰的單詞可能會被分到不同的主題當中；由於使用了概率分佈，有可能出現主題重合等情況。

（二）神經語言模型

與基於計數的統計語言模型不同，神經語言模型使用了人工神經網絡對語言進行建模，將詞語、句子乃至文檔的表示嵌入到一個向量空間中。神經語言模型提出之後，隨着計算機算力的提升，人們越來越意識到其自動學習和通用性的優勢，基於神經網絡的神經語言模型得到了迅速的發展。

研究者在 2003 年提出了第一個使用神經網絡來解決語言建模問題的模型（Bengio et al., 2003）。該模型的主要功能與 N-gram 類似。後來，研究者設計了一個更加高效的建模詞語表示的方法，即 Word2Vec（Mikolov, Chen, et al., 2013）。該模型是一個簡單的三層神經網絡，主要有兩種訓練方式：詞袋模型（Continuous bag-of-word，CBOW，用上下文來預測中間的詞語）和跳字模型（Skip-gram，用中間的詞語預測上下文）。在訓練完成後，詞向量具有良好的表示能力，能夠對不同的詞語類別和關係做出區分。相比於早期模型，Word2Vec 在訓練過程中同時考慮了詞語的上下文窗口，使詞語的向量表示更加準確。此外，Word2Vec 取消了隱藏層的非線性 tanh 計算，優化了輸出層的 softmax 計算。具體來說，它使用 hierarchy softmax，把 n 分類問題轉化為 $\log_2 n$ 次二分類；或進行負採樣，將任務從 n 分類改為二分類，判斷詞語是否相鄰，從而使模型的訓練速度更快（Mikolov, Sutskever, et al., 2013）。Word2Vec 算法提出後，詞向量（或詞嵌入，Word embedding）受到了廣泛的重視，在多種 NLP 任務、信息抽取和推薦系統中都得到了使用。

接着，受到人類注意力的啟發，研究者將注意力機制引入到了自然語言處理當中。在這個方面，研究者的第一個嘗試是將以往機器翻譯的 Encoder-Decoder 結構（Sutskever et al., 2014）中的語境向量替換成注意力（Bahdanau et al., 2014）。在帶有注意力機制的 Encoder-Decoder 結構中，解碼器（Decoder）可以訪問編碼器（Encoder）中每一個輸入的向量表示，並根據相關性為每個輸入分配不同程度的注意力（或稱權重），從而使 Decoder 的輸出得到具體的、語境化的表示。例如，在使用了注意力機制的 Encoder-Decoder 翻譯模型當中，在把「知識就是力量」翻譯成英文的時候，輸出第一個詞語前會更多地關注「知識」，輸出「power」前會更多地關注「力量」。注意力機制的引入，使 Decoder 進行輸出時可以同時「看見」所有的輸入信息，相比於經過壓縮的語境向量能夠保留更多的信息。

注意力不僅可以發生在生成目標（例如 Decoder）和信息源（例如 Encoder）之間，在目標和信息源內部也可以發揮注意力機制的作用。例如，我們在閱讀時（類似 Encoder）會同時根據語境信息來理解當前正在看的詞語，在演講者說出每一個詞語的時候（類似 Decoder）會考慮先前說過的話，以保證話語連貫性。因此，研究者提出了自注意力機制（Self-attention），在計算每個詞語的向量表示時，同時考慮它和其他詞語的關係，根據相似性分配注意並進行加權求和，從而獲得詞語的語境化表示（Vaswani et al., 2017）。例如，在句子「The animal didn't cross the street because *it* was too tired」當中，「it」為「the animal」分配的注意較高，「it」的表徵中含有「the animal」的信息比重也就較高，指代的很可能就是「the animal」而非「the street」。自注意力機制提出後，其在自然語言處理中的應用場景越來越廣泛，可以同時「看」到其他的詞語而不需要經過像 RNN 那樣的時序結構，模型訓練和推理的過程大大加速。

Encoder 和 Decoder 也可以堆疊隱藏層模塊，從而增強對數據的抽象表徵提取能力。著名的 Transformer（Vaswani et al., 2017）就是這樣的模型，它堆疊了多個使用自注意力機制的 Encoder 和 Decoder。每一個 Encoder 由一個自注意力層（整合上下文信息）和一個非線性前饋網絡層（提取深層次特徵）組成，每一個 Decoder 由一個自注意力層（整合已經產生的輸出）、一個 Encoder-Decoder 注意力層（對最後一層 Encoder 的特徵分配特徵）和一個非線性前饋網絡層（提取深層次特徵）組成。值得注意的是，Transformer decoder 層的自注意力中，每個位置只能考慮該位置之前的其他位置，這種掩碼（Masked）注意力保留了自回歸（Auto-regressive）屬性，確保模型的預測僅依賴於已經生成的輸出信息。

由於採用了自注意力機制，Transformer 可以並行訓練，大大加速了訓練和推理速度，並且解決了長距離依賴問題，層的堆疊也增強了特徵提取能力，模型對語言的建模效果比較好。Transformer 提出後成為了自然語言處理中的核心框架，後續的神經語言模型大部分都採用了與 Transformer 相似的架構。後續基於 Transformer 架構的模型大致可分為三類：（1）Encoder-only：僅使用 Encoder 模塊，例如 BERT（Bidirectional encoder representation from transformers）模型（Devlin et al., 2018）；（2）Decoder-only：僅使用 Decoder 模塊，例如 GPT（Generative pre-trained transformer）模型（Radford et al., 2019）；（3）Encoder-Decoder：與 Transformer 結構相似，同時採用 Encoder 和 Decoder，例如 T5（Text to Text Transfer Transformer）模型（Raffel et al., 2019）。

二、自然語言處理技術的應用

（一）獲取文本表徵

自然語言處理技術將離散的、難以客觀量化的語義信息轉變為統一的、可計算的向量形式，極大提高了語義信息的刻畫精度，提供了有效量化語境和句法等信息的工具。一般情況下會採用公開的預訓練模型進行詞向量提取，從而增強研究結果的可比性。

詞向量大致可分為兩類：靜態詞向量和動態詞向量。靜態詞向量常用於獲取單個詞語的表徵，可以使用 Word2Vec、GloVe 等模型，從訓練好後的模型中檢索詞語對應的向量即可。動態詞向量則常用於獲取語境化的詞語或句子表徵，可以使用 BERT 和 GPT 等模型，輸入一段文本後取出詞語在某一層的向量。如果要獲取句子的表示，則可以對每個詞語的向量取平均，也可以在 BERT 模型中使用特殊標記「[CLS]」的向量作為句子的表示（Miaschi & Dell'Orletta, 2020）。

除了詞向量以外，教育神經科學中還有兩個常用的計算指標：熵（Entropy）和驚訝度（Surprisal）。熵的計算公式為 $\sum_i - p_i \log p_i$，p_i 是每個詞語的概率。熵反映了當前預測、選擇的不確定性，詞語或選項的概率分佈越均勻（即沒有偏向），熵越高。驚訝度的計算公式為 $-\log p_i$，反映了預期和實際出現內容之間的偏差。當一個出現概率較低的詞語出現的時候，驚訝度會比較高。

（二）表徵相似性分析

在探究大腦活動是否包含某種語義信息時，需要用到大腦的活動數據和語言模型得出的詞向量。它們來自不同的模型與模態，數據的維度和數值代表的含義也不同，對這兩類維度不同的多變量數據進行有效建模是一個具挑戰性的問題。

表徵相似性分析（Representational similarity analysis, RSA）是處理這類問題時常用的方法之一。它通過比較兩個對象的刺激表徵模式是否相似，從而探究關注的對象是否表徵某一類信息（Kriegeskorte et al., 2008; Popal et al., 2019）。例如，要探究大腦某一個腦區是否表徵了不同概念的語義信息，可以採集被試閱讀這些詞語時的大腦活動，將一組大腦活動模式作為神經表徵（如果有 n 個體素，則為 n 維向量），隨後計算不同概念對應的神經表徵的相似性（例如 Pearson 相關性），得到神經相似性矩陣（Representational similarity matrix, RSM）。與此同時，使用語言模型獲取各個概念對應的語義向量表示，並計算語義相似性矩陣（常用餘弦相似性）。隨後，分別提取神經相似性矩陣和語義相似性矩陣的上三角向量，它們的 Spearman 相關係數即為神經活動和語義向量之間的表徵相似性。如果某個腦區的表徵相似性顯著，則說明該腦區的表徵模式與語言模型相似，即有可能表徵了不同概念之間的語義信息。計算相似性矩陣時，也可以用表徵不相似性矩陣（Representational dissimilarity matrix, RDM）作為代替，例如用 1 減相似性或距離度量指標，只需要保持神經和待檢驗模型都一致地使用相似性或不相似性即可。

表徵相似性分析的待檢驗模型較為靈活。通過調整其信息含義，可以檢驗大腦表徵不同信息內容的成分（Popal et al., 2019）。RDM 可以根據假設直接設定數值。例如，根據刺激是否涉及社會屬性將 RDM 設為 0、1 二值矩陣，此時檢驗的問題是腦區是否（只）表徵了社會性和非社會性的差異。RDM 也可以根據刺激的屬性計算得到。例如，使用被試主觀報告的刺激社會性程度，將刺激之間的評分差值作為 RDM 中的元素，此時檢驗的問題是腦區是否表徵了社會性強弱信息。此外，也可以同時製作多個待檢驗的 RDM，通過比較表徵相似性係數的大小，判斷腦區更有可能以哪種表徵結構進行加工。除了每個刺激短暫出現的事件相關設計，RSA 也可以運用到組塊設計和連續的自然刺激當中。例如，在一項研究當中，被試觀看無聲的模稜兩可的視頻之後，回憶視頻內容。研究以被試作為 RSM 的單位，發現觀看視頻時默認網絡的被試間相似性越高，被試事後回憶的語義內容越相似，支持了 DMN 是高級意義構建網絡的觀點（Nguyen et al., 2019）。

總的來說，RSA 計算簡單且可解釋性高。通過構建相似性矩陣，可以解決不同模態的表徵維度不一致的問題，因而可以跨模態比較，且對於神經信號和刺激表徵的維度沒有限定。然而，RSA 主要基於相關的方法，即使神經 RDM 與模型 RDM 相關顯著，也難以反映刺激之間的全部變異，並且受到極端值的影響較大（Popal et al., 2019）。

（三）編碼與解碼

編碼（Encoding）與解碼（Decoding）是將 NLP 技術運用到教育神經科學的另一類常見方法（Frisby et al., 2023）。其中，編碼的主要目標是探究大腦如何表徵信息（即不同的刺激特徵是否會誘發對應的大腦活動）。從建模方向看，是使用刺激特徵來預測一個大腦單元（例如體素）的活動，如果能夠顯著預測，則表明該單元的活動與該刺激特徵有關。解碼的方向與編碼相反，目標是探究大腦正在加工甚麼信息（即當前的大腦活動模式最有可能由哪種刺激引起）。解碼器根據一組大腦活動模式解碼出潛在的備擇刺激特徵，隨後從已知的刺激特徵中找出匹配度最高的一項，得知大腦當前加工的刺激內容可能是甚麼。例如，在一項使用了編碼方法的經典研究中，研究者想要探究在自然語言理解過程中（即傾聽故事），大腦哪些部位編碼了語義信息（Huth et al., 2016）。研究者將故事中每個詞語和985個常用詞的共現頻率作為詞語的語義向量表示，隨後使用交叉驗證，在訓練集上用嶺回歸建立了語義向量和大腦每個體素活動的映射關係，在測試集中考察該映射關係對新數據的預測能力。結果發現，大腦顳葉、顳頂聯合區、外側前額葉和默認網絡（包含內側前額葉、楔前葉等）都編碼了語義信息。

與表徵相似性分析一樣，編碼方法也可以通過構建不同的刺激特徵來探究大腦如何加工信息。例如，一項研究使用特徵消除的方法，將不同的句法信息（詞性、命名實體、語義角色、詞語依賴）從詞語的語義信息中去除，分別建立編碼模型。如果消除某一個信息之後刺激特徵對大腦活動的預測表現顯著下降，則說明這個腦區可能加工了這一個信息。結果發現，不同句法結構在大腦中的加工位置相互交織，並都位於語言網絡當中（Zhang et al., 2022）。

最近的一項工作對自然語言解碼進行了嘗試（Tang et al., 2023）。研究者招募了 3 名被試分別傾聽 16 個小時的故事，用大部分數據訓練出一個編碼模型，剩餘的小部分數據作為待解碼的測試數據。在解碼過程中，研究者用 GPT-1 生成若干個備選詞，分別輸入到編碼模型中，得到預測的大腦活動，隨後選出與真實大腦活動最接近的一個詞語拼接到之前的句子中，以此循環，從而實現了對自然語言理解過程的解碼。

（四）其他應用

自然語言處理技術本身就有許多針對文本的傳統應用，例如文本分類和匹配（智能問答系統、情感分析、閱讀理解等）、知識圖譜（實體抽取、實體關係建立）、文本糾錯、機器翻譯等。如今，大預言模型技術正在快速地發展，許多文本相關的任務都能在一個模型當中完成。通過制定合適的提示詞（Prompt）並加入若干個示例，大語言模型在一定程度上能夠滿足文本分析的需求。最近的一項研究開發了一個開放式情境判斷測驗的自動化評分系統，使用語言模型提取文本特徵並與標籤建立對應關係，從而實現了基於文本預測教師勝任力的功能，準確率達到 70-88%，且人機評分一致性高達 0.95（徐靜等，2024）。其他新型應用還包括視頻總結等等，因篇幅有限且本文主要關注語言模型，有興趣的讀者可以自行檢索相關資料進行學習。

第四節　教育神經科學研究中的倫理問題

一、科研倫理的基本原則

教育神經科學的大部分研究都會涉及人類被試或人類的數據，因此必須遵循相應的倫理原則。這些原則是普適的，不因地理、文化、經濟、法律和政治差異而影響其適用性。這些原則包括：

（一）尊重

人類被試是作為具有獨立自主意識的個體參與研究的，因此首要原則就是要「尊重人的尊嚴」，尊重被試的自主選擇權和知情同意權。特別是對於不具備完全行為能力的未成年被試來說，其尊嚴更應該受到特別關注和保護。

（二）受益

研究的目的雖然重要，但是絕不能超越被試的健康和安全。被試的權益、安全和健康必須高於對科學和社會利益的考慮。例如，雖然顱內電極記錄技術相比無創的頭皮電極記錄更精準，但是對於健康兒童來說，不能為了獲得更加精準的數據而植入電極，損害他們的健康。同樣，即便是需要進行顱內電極記錄的癲癇兒童，在其個人和監護人同意參與研究的情況下，也要保證其獲得相應的權益，不能損害其利益。

（三）公正

這裏的公正是指個體作為被試參與研究時，其付出和受益之間應該是平衡的。例如，神經發育性障礙患者參與了研究，付出了時間和精力，那麼研究所取得的科學發現和治療方法也應該最大程度的讓參與者及其所代表的群體受益。同樣，教育神經科學的研究不僅要有理論上的價值，同時也要對教師的教學實踐和學生的學習有所幫助。

二、科研倫理審查的基本內容

所有涉及人類被試的研究方案都必須在研究開始前提交倫理委員會審查，並獲得批准。科研倫理審查的目的是為了在研究方案的科學性和倫理的合理性之間保持平衡。其最終目標是通過預先設置一種監督機制，保護被試的權益，為科學研究保駕護航。

倫理審查的流程一般包括研究者提交申請，倫理委員會受理、審查，做出決定並傳達，以及文件存檔等步驟。一般來說，申請和審查的內容主要包括研究方案的設計與實施，實驗的風險與受益，被試的招募，知情同意書告知的信息，知情同意的過程，被試的醫療與保護、隱私與保密，以及涉及弱勢群體的特殊內容等。總的來說，需要特別注意以下幾點：

（一）研究方案的設計與實施

教育神經科學研究的設計必須基於嚴謹的科學理論和方法，具備合理的假設、實驗設計和數據分析手段。科學性是確保倫理性的重要前提，因為不科學的研究可能會導致被試暴露於不必要的風險或浪費其時間與精力。研究方案應儘量減少被試的參與時間，尤其是未成年人，避免其因長時間實驗而產生疲勞或壓力。實驗任務和操作應符合被試的年齡和認知能力。在研究開始前，所有涉及人類被試的研究方案必須提交倫理委員會進行審查，確保設計符合倫理原則，保護被試權益。

（二）實驗的風險與收益

在教育神經科學研究中，尤其是涉及腦成像技術時，研究者必須保證設備和實驗過程的安全性，避免物理或心理傷害。例如，腦成像設備應經過嚴格檢測，確保儀器不會產生如輻射、機械故障等安全隱患。研究的潛在受益應大於風險。對於未成年被試，研究者必須慎重評估研究的價值和意義，確保不會對其健康和心理狀態產生負面影響。對於健康被試，不應為了追求更高的數據精確性而採用侵入性方法。對於臨床需求群體，也必須獲得充分的同意和保護。

（三）被試的招募

在招募被試時，研究者需要保證機會的公平性，避免因社會經濟地位、文化背景等因素導致不公正的選擇。被試參與研究必須是出於自願，研究者不得通過誘導性語言或經濟補償的方式迫使被試參與。特別是未成年被試，需確保監護人和被試本人的自主選擇權。在招募過程中，研究者需清晰、透明地解釋研究目的、過程和要求，確保被試及其家屬了解所需付出的時間、精力和可能面臨的風險。

（四）被試的知情權

知情同意書應詳細列出研究的目的、流程、參與條件、潛在風險、受益以及退出權利等內容，語言應清晰易懂，避免過度使用專業術語，特別是針對未成年人及其家屬。對於可能產生生理或心理風險的實驗，研究者必須清楚地告知被試及其監護人，確保其充分了解潛在後果。明確告知被試的權利，包括隨時退出研究、不影響其接受教育或其他服務的權利。知情同意書需以書面形式提供，並由被試、監護人和研究者簽署，確保過程的規範性和可追溯性。知情同意不僅僅是獲取簽名的過程，更是一個確保被試理解研究內容的溝通過程。研究者需耐心解釋，回答被試或監護人的疑問，給予他們充分的考慮時間。

（五）被試的醫療與保護

研究過程中需提供必要的醫療支持和保障，確保被試在實驗中出現不適時能夠得到及時救助。教育神經科學研究有時涉及認知、情緒等敏感任務，研究者應關注被試的心理狀態，避免對其自信心或情緒產生負面影響。研究團隊需制定緊急情況下的處理預案，確保被試在實驗過程中的身體和心理安全。

（六）隱私與保密

研究數據應進行去標識化處理，確保無法通過數據識別被試的個人信息。研究數據應妥善加密存儲，只有經過授權的研究人員才能訪問。公開研究結果時，必須避免披露能夠識別個體的信息，尤其是在涉及未成年人或特殊群體時更應如此。

（七）研究人員和場所

很多研究只關注了被試自身的倫理要求，而忽視了研究者也應具備相應的資質這個問題。在研究過程中，研究者是跟被試直接接觸的人，特別是在教育神經科學的研究中，研究者需要具備科學研究的資質，並需要經過專門的培訓，能夠與未成年人和教師進行有效的溝通和相處。同樣，完成實驗的場所和儀器設備不僅要符合研究本身的科學性要求，同時也要符合被試和實驗者的利益，不能以對其產生損害的方式進行研究。

章末小結

本章深入探討了教育神經科學研究方法的多種工具和技術，力求為讀者提供一個全面的框架，以理解如何在教育背景下運用這些方法開展實證研究。教育神經科學作為一門交叉學科，旨在通過科學的手段探討大腦功能與教學和學習行為之間的關係。這一領域的研究不僅需要理論基礎，更依賴於嚴謹的設計和相應的技術支持。

首先，章節詳細介紹了教育神經科學的研究範式，包括假設驅動的實證研究和大數據驅動的探索研究。假設驅動的實證研究強調通過系統的實驗設計，確定神經活動與教育行為之間的密切關聯。這種研究方法允許研究者在控制變量的基礎上，評估不同教育策略對大腦活動的影響。通過減法設計和共性設計，研究者能夠減少混淆因素的影響，從而更準確地測量認知過程。這些研究方法在教育科學的具體應用中顯得尤為重要，因為教育不僅涉及認知的變化，還受多種因素的影響，如教學環境和學習者的個體差異等。

本章還探討了不同類型的研究設計，包括自然刺激研究範式和自然互動研究範式，這些設計範式在生態效度上更貼近真實教學情境。特別是自然互動範式，利用群腦超掃描技術實現對多名被試大腦活動的實時監測，提供了深刻的洞察力，揭示了人際互動過程中潛在的神經機制，能夠為教育實踐提供新的視角，使得教育者能夠根據實證依據調整教學策略。

在數據採集技術方面，本章詳細介紹了 fMRI、EEG 和 fNIRS 等工具的優缺點。fMRI 能夠提供高空間分辨率的腦活動圖像，而 EEG 則在時間分辨率上具有優勢，能夠實時監測腦電活動。fNIRS 作為一種新興技術，以其高時間採樣率和靈活的使用環境，逐漸成為教育神經科學研究的熱門選擇。這些技術的結合使用為理解大腦在學習過程中的動態變化提供了豐富的數據支持。

在教育神經科學研究與人工智能結合方面，本章介紹了自然語言處理技術在該領域中的發展與作用。基於 Transformer 架構的神經語言模型能夠根據上下文動態整合信息，從而獲得語言的語境化表徵。隨後我們可以借助表徵相似性、編碼和解碼等方法，結合大腦活動數據進行跨模態分析，深入理解語義內容與神經活動之間的關係。自然語言處理技術為教育場景中的語言輸入和輸出提供了有效的量化手段，能夠量化師生在學習過程中如何處理語言信息，有助於揭示學習過程中的認知機制。

最後，章末部分強調了教育神經科學研究中的倫理問題。人類被試的保護以及研究者的責任是科學研究中不可忽視的一部分。尊重被試的知情權、確保研究的安全性和公正性，是教育神經科學研究必須遵循的倫理原則。倫理審查的實施確保了研究方案在科學性和倫理合理性之間的平衡，為推進教育神經科學的健康發展提供了保障。

綜上所述，本章為讀者描繪了教育神經科學研究方法的全貌，使其能夠理解如何有效運用這些工具和技術來解決教育領域中的實際問題。通過掌握教育神經科學的研究方法，教育工作者和研究人員將能夠基於可靠的證據指導教育實踐，從而推動教育改革與創新，提高學生的學習效果和發展潛力。未來，隨着技術的進一步發展和理論的不斷深化，教育神經科學在教育實踐中的應用前景將更加廣闊。

參考文獻

Abramson, J., Adler, J., Dunger, J., Evans, R., Green, T., Pritzel, A., Ronneberger, O., Willmore, L., Ballard, A. J., Bambrick, J., Bodenstein, S. W., Evans, D. A., Hung, C.-C., O'Neill, M., Reiman, D., Tunyasuvunakool, K., Wu, Z., Žemgulytė, A., Arvaniti, E., ... Jumper, J. M. (2024). Accurate structure prediction of biomolecular interactions with AlphaFold 3. *Nature*, *630*(8016), 493-500. https://doi.org/10.1038/s41586-024-07487-w

Babiloni, F., & Astolfi, L. (2014). Social neuroscience and hyperscanning techniques: Past, present and future. *Neuroscience & Biobehavioral Reviews*, *44*, 76-93. https://doi.org/10.1016/j.neubiorev.2012.07.006

Babiloni, F., Astolfi, L., Cincotti, F., Mattia, D., Mattiocco, M., Marciani, M. G., & Fallani, F. D. V. (2006). Hypermethods for EEG Hyperscanning. *2006 International Conference of the IEEE Engineering in Medicine and Biology Society*, 3666-3669. https://doi.org/10.1109/IEMBS.2006.260754

Bahdanau, D., Cho, K., & Bengio, Y. (2014). Neural Machine Translation by Jointly Learning to Align and Translate. *arXiv*. https://doi.org/10.48550/arXiv.1409.0473

Bäuml, J. G., Meng, C., Daamen, M., Baumann, N., Busch, B., Bartmann, P., Wolke, D., Boecker, H., Wohlschläger, A., Sorg, C., & Jaekel, J. (2017). The association of children's mathematic abilities with both adults' cognitive abilities and intrinsic fronto-parietal networks is altered in preterm-born individuals. *Brain Structure and Function*, *222*(2), 799-812. https://doi.org/10.1007/s00429-016-1247-4

Bellaouar, S., Bellaouar, M. M., & Ghada, I. E. (2021). Topic modeling: Comparison of LSA and LDA on scientific publications. *Proceedings of the 2021 4th International Conference on Data Storage and Data Engineering*, 59-64. https://doi.org/10.1145/3456146.3456156

Bengio, Y., Ducharme, R., Vincent, P., & Jauvin, C. (2003). A neural probabilistic language model. *Journal of Machine Learning Research*, *3*, 1137-1155. https://doi.org/10.1162/153244303322533223

Biswal, B. B., Mennes, M., Zuo, X.-N., Gohel, S., Kelly, C., Smith, S. M., Beckmann, C. F., Adelstein, J. S., Buckner, R. L., Colcombe, S., Dogonowski, A.-M., Ernst, M., Fair, D., Hampson, M., Hoptman, M. J., Hyde, J. S., Kiviniemi, V. J., Kötter, R., Li, S.-J., ... Milham, M. P. (2010). Toward discovery science of human brain function. *Proceedings of the National Academy of Sciences*, *107*(10), 4734-4739. https://doi.org/10.1073/pnas.0911855107

Biswal, B., Zerrin Yetkin, F., Haughton, V. M., & Hyde, J. S. (1995). Functional connectivity in the motor cortex of resting human brain using echo-planar mri. *Magnetic Resonance in Medicine*, *34*(4), 537-541. https://doi.org/10.1002/mrm.1910340409

Blei, D. M., Ng, A. Y., & Jordan, M. I. (2003). Latent Dirichlet Allocation. *Journal of Machine Learning Research*, *3*, 993-1022.

Cantlon, J. F., & Li, R. (2013). Neural Activity during Natural Viewing of Sesame Street Statistically Predicts Test Scores in Early Childhood. *PLoS Biology*, *11*(1), e1001462. https://doi.org/10.1371/journal.pbio.1001462

Cohen, S. S., Madsen, J., Touchan, G., Robles, D., Lima, S. F. A., Henin, S., & Parra, L. C. (2018). Neural engagement with online educational videos predicts learning performance for individual students. *Neurobiology of Learning and Memory*, *155*, 60-64. https://doi.org/10.1016/j.nlm.2018.06.011

Deerwester, S., Dumais, S. T., Furnas, G. W., Landauer, T. K., & Harshman, R. (1990). Indexing by latent semantic analysis. *Journal of the American Society for Information Science*, *41*(6), 391-407. https://doi.org/10.1002/(SICI)1097-4571(199009)41:6<391::AID-ASI1>3.0.CO;2-9

Devlin, J., Chang, M.-W., Lee, K., & Toutanova, K. (2018). BERT: Pre-training of deep bidirectional transformers for language understanding. *arXiv*. https://doi.org/10.48550/arXiv.1810.04805

Frisby, S. L., Halai, A. D., Cox, C. R., Lambon Ralph, M. A., & Rogers, T. T. (2023). Decoding semantic representations in mind and brain. *Trends in Cognitive Sciences*, *27*(3), 258-281. Q1. https://doi.org/10.1016/j.tics.2022.12.006

Funane, T., Kiguchi, M., Atsumori, H., Sato, H., Kubota, K., & Koizumi, H. (2011). Synchronous activity of two people's prefrontal cortices during a cooperative task measured by simultaneous near-infrared spectroscopy. *Journal of Biomedical Optics*, *16*(7), 077011. https://doi.org/10.1117/1.3602853

Goodman, J. T. (2001). A bit of progress in language modeling. *Computer Speech & Language*, *15*(4), 403-434. https://doi.org/10.1006/csla.2001.0174

Hasson, U., Nir, Y., Levy, I., Fuhrmann, G., & Malach, R. (2004). Intersubject synchronization of cortical activity during natural vision. *Science*, *303*(5664), 1634-1640. https://doi.org/10.1126/science.1089506

Huth, A. G., De Heer, W. A., Griffiths, T. L., Theunissen, F. E., & Gallant, J. L. (2016). Natural speech reveals the semantic maps that tile human cerebral cortex. *Nature*, *532*(7600), 453-458. https://doi.org/10.1038/nature17637

Jääskeläinen, I. P., Sams, M., Glerean, E., & Ahveninen, J. (2021). Movies and narratives as naturalistic stimuli in neuroimaging. *NeuroImage*, *224*, 117445. https://doi.org/10.1016/j.neuroimage.2020.117445

Jumper, J., Evans, R., Pritzel, A., Green, T., Figurnov, M., Ronneberger, O., Tunyasuvunakool, K., Bates, R., Žídek, A., Potapenko, A., Bridgland, A., Meyer, C., Kohl, S. A. A., Ballard, A. J., Cowie, A., Romera-Paredes, B., Nikolov, S., Jain, R., Adler, J., ... Hassabis, D. (2021). Highly accurate protein structure prediction with AlphaFold. *Nature*, *596*(7873), 583-589. https://doi.org/10.1038/s41586-021-03819-2

Koyama, M. S., Di Martino, A., Zuo, X.-N., Kelly, C., Mennes, M., Jutagir, D. R., Castellanos, F. X., & Milham, M. P. (2011). Resting-State functional connectivity indexes reading competence in children and adults. *Journal of Neuroscience*, *31*(23), 8617-8624. https://doi.org/10.1523/JNEUROSCI.4865-10.2011

Kriegeskorte, N., Mur, M., & Bandettini, P. (2008). Representational similarity analysis—Connecting the branches of systems neuroscience. *Frontiers in Systems Neuroscience*, *2*, 4. https://doi.org/10.3389/neuro.06.004.2008

Landauer, T. K., Foltz, P. W., & Laham, D. (1998). An introduction to latent semantic analysis. *Discourse Processes*, *25*(2-3), 259-284. https://doi.org/10.1080/01638539809545028

Lv, H., Wang, Z., Tong, E., Williams, L. M., Zaharchuk, G., Zeineh, M., Goldstein-Piekarski, A. N., Ball, T. M., Liao, C., & Wintermark, M. (2018). Resting-state functional MRI: Everything that nonexperts have always wanted to know. *American Journal of Neuroradiology*, *39*(8), 1390-1399. https://doi.org/10.3174/ajnr.A5527

Meshulam, M., Hasenfratz, L., Hillman, H., Liu, Y.-F., Nguyen, M., Norman, K. A., & Hasson, U. (2021). Neural alignment predicts learning outcomes in students taking an introduction to computer science course. *Nature Communications*, *12*(1), 1922. https://doi.org/10.1038/s41467-021-22202-3

Miaschi, A., & Dell'Orletta, F. (2020). Contextual and non-contextual word embeddings: An in-depth linguistic investigation. In S. Gella, J. Welbl, M. Rei, F. Petroni, P. Lewis, E. Strubell, M. Seo, & H. Hajishirzi (Eds.), *Proceedings of the 5th Workshop on Representation Learning for NLP* (pp. 110-119). Association for Computational Linguistics. https://doi.org/10.18653/v1/2020.repl4nlp-1.15

Mikolov, T., Chen, K., Corrado, G., & Dean, J. (2013). Efficient estimation of word representations in vector space. *arXiv*. https://doi.org/10.48550/arXiv.1301.3781

Mikolov, T., Sutskever, I., Chen, K., Corrado, G., & Dean, J. (2013). Distributed representations of words and phrases and their compositionality. *arXiv*. https://doi.org/10.48550/arXiv.1310.4546

Montague, P. R., Berns, G. S., Cohen, J. D., McClure, S. M., Pagnoni, G., Dhamala, M., Wiest, M. C., Karpov, I., King, R. D., Apple, N., & Fisher, R. E. (2002). Hyperscanning: Simultaneous fMRI during linked social interactions. *NeuroImage*, *16*(4), 1159-1164. https://doi.org/10.1006/nimg.2002.1150

Nguyen, M., Vanderwal, T., & Hasson, U. (2019). Shared understanding of narratives is correlated with shared neural responses. *NeuroImage*, *184*, 161-170. https://doi.org/10.1016/j.neuroimage.2018.09.010

Popal, H., Wang, Y., & Olson, I. R. (2019). A guide to representational similarity analysis for social neuroscience. *Social Cognitive and Affective Neuroscience*, *14*(11), 1243-1253. https://doi.org/10.1093/scan/nsz099

Radford, A., Wu, J., Child, R., Luan, D., Amodei, D., & Sutskever, I. (2019). Language models are unsupervised multitask learners. *OpenAI Blog*, *1*(8), 9.

Raffel, C., Shazeer, N., Roberts, A., Lee, K., Narang, S., Matena, M., Zhou, Y., Li, W., & Liu, P. J. (2019). Exploring the limits of transfer learning with a unified text-to-text transformer. *arXiv*. https://doi.org/10.48550/arXiv.1910.10683

Redcay, E., & Courchesne, E. (2008). Deviant functional magnetic resonance imaging patterns of brain activity to speech in 2-3-year-old children with autism spectrum disorder. *Biological Psychiatry*, *64*(7), 589-598. https://doi.org/10.1016/j.biopsych.2008.05.020

Saarimäki, H. (2021). Naturalistic stimuli in affective neuroimaging: A review. *Frontiers in Human Neuroscience*, *15*, 675068. https://doi.org/10.3389/fnhum.2021.675068

Schilbach, L., Timmermans, B., Reddy, V., Costall, A., Bente, G., Schlicht, T., & Vogeley, K. (2013). Toward a second-person neuroscience. *Behavioral and Brain Sciences*, *36*(4), 393-414. https://doi.org/10.1017/S0140525X12000660

Simmonds, D. J., Hallquist, M. N., Asato, M., & Luna, B. (2014). Developmental stages and sex differences of white matter and behavioral development through adolescence: A longitudinal diffusion tensor imaging (DTI) study. *NeuroImage*, *92*, 356-368. https://doi.org/10.1016/j.neuroimage.2013.12.044

Smyser, C. D., Inder, T. E., Shimony, J. S., Hill, J. E., Degnan, A. J., Snyder, A. Z., & Neil, J. J. (2010). Longitudinal analysis of neural network development in preterm infants. *Cerebral Cortex*, *20*(12), 2852-2862. https://doi.org/10.1093/cercor/bhq035

Strangman, G., Boas, D. A., & Sutton, J. P. (2002). Non-invasive neuroimaging using near-infrared light. *Biological Psychiatry*, *52*(7), 679-693. https://doi.org/10.1016/S0006-3223(02)01550-0

Sutskever, I., Vinyals, O., & Le, Q. V. (2014). Sequence to sequence learning with neural networks. *arXiv*. https://doi.org/10.48550/arXiv.1409.3215

Tang, J., LeBel, A., Jain, S., & Huth, A. G. (2023). Semantic reconstruction of continuous language from non-invasive brain recordings. *Nature Neuroscience*, 1-9. Q1. https://doi.org/10.1038/s41593-023-01304-9

Ullman, H., & Klingberg, T. (2017). Timing of white matter development determines cognitive abilities at school entry but not in late adolescence. *Cerebral Cortex*, *27*(9), 4516-4522. https://doi.org/10.1093/cercor/bhw256

Vaswani, A., Shazeer, N., Parmar, N., Uszkoreit, J., Jones, L., Gomez, A. N., Kaiser, Ł., & Polosukhiin, I. (2017). Attention is all you need. *Proceedings of the 31st International Conference on Neural Information Processing Systems*, 6000-6010.

Weiss-Croft, L. J., & Baldeweg, T. (2015). Maturation of language networks in children: A systematic review of 22years of functional MRI. *NeuroImage*, *123*, 269-281. https://doi.org/10.1016/j.neuroimage.2015.07.046

Zhang, X., Wang, S., Lin, N., Zhang, J., & Zong, C. (2022). Probing word syntactic representations in the brain by a feature elimination method. *Proceedings of the AAAI Conference on Artificial Intelligence*, *36*(10), 11721-11729. https://doi.org/10.1609/aaai.v36i10.21427

徐靜、駱方、馬彥珍、胡路明、田雪濤（2024）。〈開放式情境判斷測驗的自動化評分〉。《心理學報》，56（6），831。https://doi.org/10.3724/SP.J.1041.2024.00831

譚鐵牛（2019）。〈人工智能的歷史、現狀和未來〉。《智慧中國》，87—91。

第三章

教育神經科學研究進展

盧春明

本章導讀

在教育神經科學的不斷發展中，認知神經科學的研究成果正逐步與教育教學理論和實踐相結合，部分內容進一步轉化為教學技術和理論的實際應用。本章將深入分析教育神經科學這一交叉領域誕生的緣起，結合其獨特的研究邏輯、理論框架和歷史使命，分析近年來該領域取得的重要研究進展，重點探討學習過程中的主動建構和遷移、教學互動及其促進學習的底層機制等相關重要議題。通過審視這些最新研究成果，讀者將能夠更全面地理解認知神經科學如何影響教育實踐，並獲得提升教學效果和促進學生學習的有力啟示。

首先，本章將回顧學習的基本規律，並探討如何從認知神經科學的角度理解學習過程。這些規律包括新知識的建構、長時記憶的形成及其與已有知識結構的相互影響，強調學習是一個多層次、動態變化的過程。隨着認知科學的發展，傳統的學習理論逐漸被現代的學習理論所取代，後者強調學習者對知識的主動構建，而非被動接受。

然後，本章將介紹學習的神經機制，特別是在自然情境下進行學習時大腦內部發生的加工過程，了解知識建構如何通過大腦不同區域之間的協作來實現。

接下來的內容將聚焦於教學的基本規律，探討教師在教學互動中所扮演的核心角色。通過對教學模式的轉變進行分析，讀者將了解到現代教育將教學視為一種互動活動，理解師生之間的互動如何促進學生的學習。研究顯示，有效的教學互動能夠提升學習質量，而教師的引導和反饋在這一過程中至關重要。

本章的最後一部分將介紹有效教學的神經基礎，探索如何通過神經影像技術觀察大腦在教學過程中的變化，揭示教師與學生之間的人際神經同步現象。這一同步性不僅反映了教學互動的質量，也為理解學習過程的認知機制提供了新的視角。

在這條探索之路上，教育神經科學的研究進展將為教育改革提供科學依據，推動教學方法的創新。本章旨在向讀者展示教育神經科學如何為理解和改進教育實踐提供深遠的理論支持和技術指導。

第一節　學習的認知規律

一、甚麼是學習？

學習是教育的核心議題。但是，以往學習理論對學習的定義並不一致。早期，經典行為主義學習理論強調，學習就是在外界刺激（Stimulus）和行為反應（Response）之間建立聯結的過程，聯結的建立還會受到重複次數、重複間隔時間等多種因素影響（Frings et al., 2024; Molinero et al., 2021）。例如，在巴甫洛夫（Pavlov）的經典條件反射實驗中，通過研究狗對鈴聲與食物的聯結反應，展示了刺激通過反覆配對，建立行為反應模式的過程（Baum, 2017）；斯金納（Skinner）的操作性條件反射實驗則進一步研究了獎勵和懲罰如何強化特定行為的現象，從而為教育中「正強化」策略的應用奠定了理論基礎（Skinner, 1965）。這些研究為早期學習理論提供了操作性極強的指導，也引發了關於學習本質的進一步思考。

儘管行為主義的研究奠定了學習理論的基礎，但是其局限性也逐漸顯現。研究發現，刺激與反應並非總是存在簡單的因果關係。一些行為現象，比如語言學習的複雜性和人類解決問題時湧現的創造力，難以通過行為主義的刺激—反應理論進行全面解釋。尤其是，著名語言學家喬姆斯基（Chomsky）對行為主義在語言學習中的解釋進行了批評，認為語言學習不僅依賴於環境刺激，還需要內部的認知結構，他的語言習得裝置（Language acquisition device, LAD）和普遍語法（Universal grammar）理論為認知主義的誕生奠定了重要的理論基礎（Touqir et al., 2022）。

認知學習理論認為，人類學習的過程包含感知、記憶、注意、理解等多種認知活動，這些活動構成了學習的核心。托爾曼（Tolman, 1948）的「認知地圖」（Cognitive map）實驗表明，老鼠在迷宮中的學習並非完全依賴外界刺激，還包括通過構建內部的空間認知圖來完成任務（Schiller et al., 2015）。這些研究挑戰了行為主義的核心假設，顯示了認知在學習中不可或缺的作用。學習不僅是對外界行為的反應，更是內部認知過程的綜合作用，其關鍵在於學習者如何編碼、存儲、檢索信息（Neisser, 2014）。

近年來的統計學習理論則認為，學習是基於有限樣本尋找規律，並進行預測的過程（Mohri et al., 2018; Shalev-Shwartz & Ben-David, 2014）。過去經驗在學習過程中可能並不具有決定性作用。相反，貝葉斯統計機器學習理論則進一步強調了先驗知識在學習中的重要性，將先驗概率作為學習規律推斷的重要參考之一（Neal, 2012）。

以上觀點都將行為背後的認知規律視為學習的核心過程。可見，對學習背後內隱認知規律的研究是理解學習規律的關鍵。

二、學習的認知過程

就學習的認知過程而言，以往學習理論有很多的爭論。例如，信息加工理論用計算機處理信息的過程類比人腦的學習過程，將人腦的認知過程分解為一系列階段，系統地揭示了知識在學習中加工、存儲和提取的過程，從而闡明了學習過程中信息的流轉機制（Eysenck & Keane, 2020）。該理論認為，學習始於感受器對外界刺激的接收，隨後經歷了感覺記憶、短期記憶和長時記憶三個主要階段。每個階段在信息的過濾、編碼和存儲中各自扮演了特定角色，其理論框架不僅具有嚴密的邏輯性，還得到了多項實證研究的支持（Dinsmore & Alexander, 2012; Luck & Vogel, 2013; Norris & Kalm, 2021; Rademaker et al., 2019; Renoult et al., 2019; Sperling, 1960）。

首先，感覺記憶作為信息進入認知系統的第一站，其容量巨大，但保持時間極短（通常不足 1 秒）。例如，斯伯靈（Sperling, 1960）的實驗發現，儘管被試能夠在短時間內感知大量信息，但僅能記住其中的一小部分，表明注意在將信息從感覺記憶向短期記憶的轉移過程中發揮了關鍵作用。此外，視覺皮層能夠同時表徵感官輸入和短期記憶信息，這種多任務處理機制有助於在記憶保持期間繼續處理新的感官輸入（Rademaker et al., 2019）。短期記憶又稱工作記憶，是信息加工的核心環節，其容量較小，通常為「7±2」個信息單元，且存在很大的個體差異（Luck & Vogel, 2013）。為了提高短期記憶的效率，信息可以通過組塊（Chunking）和複述（Rehearsal）來增強編碼效果（Norris & Kalm, 2021）。

其次，長時記憶被認為是存儲信息的穩定倉庫，其容量幾乎無限，存儲時間可以持續一生。長時記憶的存儲和提取過程受到編碼深度的影響。深度加工理論指出，與淺層加工相比，語義之間的聯結和對語義的深層理解能更有效地將信息存儲到長時記憶中（Dinsmore & Alexander, 2012）。此外，長時記憶還可以被進一步區分為兩種類型：情境記憶和語義記憶，前者記錄具體事件，後者存儲知識體系（Renoult et al., 2019）。可見，信息加工理論在記憶分類和認知機制上的細化解釋具有強大的解釋力。

但是，建構主義學習理論對信息加工理論提出了挑戰。該理論認為，學習並不是對原有知識的真實反映和靜態存儲；相反，學習過程是在新知識和已有知識結構之間建立聯繫的過程（AlDahdouh et al., 2015）。建構主義認為，世界是客觀存在的，但是每個人都會基於個人經驗對客觀世界進行解釋，從而形成個性化的知識體系。學習的過程即為知識建構的過程。

建構主要是通過「同化」（Assimilation）和「順應」（Accommodation）兩個過程完成的。同化是指將新知識整合到已有知識結構的過程，而順應則是指根據新知識對已有知識結構進行更新和調整的過程。通過同化和順應，學生可以對個人知識結構進行實時整合和更新，從而完成新知識的學習。即使面對相同的學習材料，由於個人知識結構以及同化和順應的認知能力各異，學生的學習表現也會存在較大差異（Corkill, 1992; Cutrer et al., 2011; Gurlitt et al., 2012）。因此，建構主義理論認為，學生應當從實踐中進行學習，從已有經驗出發，獨立地對學習材料進行推斷、歸納和總結。

總之，學習的過程不僅涉及新知識，而且需要激活已有知識結構；學習不僅是對新知識的編碼和組織，同時也包括新舊知識的相互作用，以及已有知識的保持或更新。因此，學習是一個多層次、多階段的複雜認知過程。

三、學習的動態過程

根據以往的學習理論，無論是否對知識進行了建構和組織，都需要將知識轉化為長時記憶。長時記憶的形成是通過大腦中一系列連續的認知加工過程實現的。在記憶編碼階段，新信息被海馬（Hippocampus）和內側顳葉（Medial temporal lobe, MTL）及其周圍區域編碼成為新的記憶（Preston et al., 2010）。海馬負責將新記憶中不同的成分組合起來，構成一個特定的情境。因此，編碼後的記憶通常包含豐富的情境信息，如時間、地點等細節（Yonelinas et al., 2019）。

隨着時間的推移，編碼後的記憶在睡眠（Dudai et al., 2015）和休息（Schapiro et al., 2018）階段得到鞏固。關於鞏固過程的具體細節目前尚存爭議。一般認為，鞏固的作用是使情境記憶語義化，即使記憶的情境性細節逐漸消失，形成一個記憶相關的抽象語義網絡（知識結構）（Dudai, 2012; Lewis & Durrant, 2011）。當鞏固後的記憶被提取的時候，它並不一定會包含與編碼時相同的細節（Dudai et al., 2015），表明記憶會隨着時間而發生改變，並且這種改變不受意識的控制。

此外，記憶的提取過程並不是一個被動的過程，而是一個根據目前的線索重建記憶的過程。因此，提取過程也會對記憶的內容進行修改（Hassabis & Maguire, 2007）。例如，在提取線索出現後對小鼠進行電擊，小鼠鞏固後的記憶會被改變，而在沒有提取線索的條件下，記憶則不會受電擊的影響，說明在提取階段，記憶並不是一成不變的（Misanin et al., 1968）。在記憶提取過程中，相關信息的聯想網絡會被激活，形成更加泛化的記憶痕跡；同時，提取還可以增強與具體情節相關的獨特信息。這些記憶修正的過程在內側前額葉皮層和頂葉區域表現尤為顯著（Ferreira et al., 2019）。此外，提取不僅會重新激活存儲內容，還會通過與外部線索的互動，重新定義記憶的組織方式（Frankland et al., 2019）。

四、知識遷移的相關理論

有效教學的目標不僅是促進知識建構，更要着眼於知識的遷移。建構主義理論認為，學習者通過主動的認知加工，建構出對知識的深層理解。而知識遷移（Knowledge transfer）則是指學習者將所學知識和技能從一個情境應用到另一個不同的情境。這一過程依賴學習者對知識的深度理解和抽象能力，是成功學習的關鍵指標。也可以說，知識建構最終是為了實現知識遷移。從 18 世紀中葉開始，一系列的理論都對知識遷移發生的原因、過程以及影響因素等方面進行了研究和解釋。其中，相同要素說（Identical elements theory）和概括化理論被認為是較為成熟且討論最多的理論框架。

相同要素說認為，知識遷移的發生以原有學習情境與新學習情境之間存在相同要素為前提，其遷移程度則取決於兩種情境中相同要素的數量和相似性。也就是說，當兩個情境中包含的要素越多且越相似，學習者從一個情境中獲得的知識和技能向另一個情境遷移的效果就越好。該理論的起源可以追溯到 20 世紀初，由心理學家桑代克（Edward Thorndike）和伍德沃斯（Robert Woodworth）共同提出。他們通過一系列學習和遷移的實驗，為相同要素說提供了早期的實證支持。在一項經典的實驗中，桑代克訓練貓通過一系列複雜的迷宮，觀察其在不同迷宮中的學習效果。結果發現，當第二個迷宮與第一個迷宮的關鍵要素高度相似時（如轉角、死胡同的位置），貓能夠更快地找到出口，表現出更好的遷移效果。這個研究體現了相同要素說的核心觀點，即知識遷移依賴於原有的學習情境與新的學習情境中相同要素的匹配程度。當兩個情境的具體元素相似度高時，遷移效果更好（Woodworth & Thorndike, 1901）。後來，諾瓦克（Novak, 1990）在人類被試中考察了概念知識的遷移。他將被試隨機分為兩組，A 組通過使用概念圖學習一系列生物學概念（如細胞結構、光合作用等），概念圖中詳細列出了各個概念及其相互關係。B 組通過傳統的文本學習同樣的生物學概念。在完成學習任務後，所有被試需要在遷移任務中用所學概念來解決一系列新的生物學問題（如不同細胞結構在各種環境中的功能）。結果發現 A 組在遷移任務中的表現顯著優於 B 組，尤其是在解決涉及複雜概念關係的問題時。這表明在概念學習中，相同要素（如概念及其關係）的匹配程度對遷移效果有顯著影響。相同要素理論對傳統以教師為中心的教學方法提出了挑戰，並成為主動學習（Active learning）理論的先驅理論之一。杜威（Dewey, 1986）的實用主義教育思想及其探究式課堂理念繼承了這一理論，認為課堂學習應模擬現實生活情境，為學生在多樣化學習活動和社會環境中的靈活遷移提供機會（Gutek, 2013; Williams, 2017）。

類比和抽象是促進知識遷移的重要學習過程之一。通過對項目間的相似性進行類比和抽象，學生能夠識別並提取出項目的共同結構特徵，即認知圖式（Alfieri et al., 2013）。這種圖式體現了知識或項目之間的結構共性，同時忽略了表面特徵的差異（Bartlett, 1932; Ghosh & Gilboa, 2014; Piaget & Cook, 1952）。圖式理論表明，這些結構特徵可以幫助學生將所學知識遷移到具有不同表面特徵但結構相似的問題情境中，這一觀點也得到了大量認知神經科學實證研究的支持（Richards et al., 2014; Schlichting & Preston, 2016; Tse et al., 2007; Tse et al., 2011; Van Kesteren et al., 2010）。當新知識與先驗知識存在共性時，相關的認知圖式將會在新知識學習過程中重新激活（Reactivation）或復現（Reinstatement），以促進新知識的編碼和鞏固過程（Gilboa & Marlatte, 2017; Wing et al., 2015）。上述研究表明，類比和抽象概括的能力在知識遷移中起着至關重要的作用。

第二節　學習的神經機制

一、學習的神經機制

大腦的功能和結構是上述學習認知過程的生物學基礎，大腦實現學習的方式和內在規律則被稱為學習的神經機制。關於學習的神經機制，以往研究者分別提出了不同的理論。經典鞏固理論（Standard consolidation theory）（Dudai et al., 2015; McClelland et al., 1995; Squire, 2004）認為，經過鞏固後，海馬短期存儲的記憶會分佈於新皮層，並獨立於海馬而存在，即對記憶的後續檢索將不再需要海馬的參與了。然而，一系列動物研究和內側顳葉受損的人類腦損傷研究結果都發現，海馬在長時記憶中的作用並沒有時效性，因而並不支持這一理論（Nadel & Moscovitch, 1997）。

通過總結以往研究，有研究者提出了多重痕跡理論（Multiple trace theory）（Nadel & Moscovitch, 1997; Sutherland, 2000）。該理論認為，記憶的抽象語義信息和情境性的細節信息會分別存儲於大腦皮層和海馬區域。當記憶被再次激活的時候，由於情境（Context）信息在持續改變，每次激活都會在海馬形成一條新的記憶痕跡。隨着時間的推移，多次激活後將會留下多條相似的記憶痕跡。這些痕跡中重合的部分就會轉化為語義記憶，最終存儲於大腦皮層，且獨立於海馬而存在。不過，記憶的情境信息仍然會存儲在海馬。多重痕跡理論對語義記憶和情境記憶進行了區分，強調了海馬在兩種不同類型記憶中的作用。但是，該理論卻忽略了二者之間的高度動態性，簡單地將其一分為二來看待。此外，多重痕跡理論僅從激活頻率的角度來考慮記憶的鞏固過程，而沒有考慮休息、睡眠、是否具有先驗知識等因素對記憶鞏固的影響。

近期的研究發現，記憶加工可能是一個更為靈活的過程，並且與已有的知識結構緊密關聯。王與莫里斯（Wang & Morris, 2010）提出了圖式同化理論（Schema assimilation model），認為新記憶並不一定需要通過多次激活才能轉化為抽象的語義記憶，而是可以通過激活相關的記憶圖式來完成對新信息的同化和鞏固。該理論在動物研究（Richards et al., 2014; Tse et al., 2011）和人類研究（Schlichting & Preston, 2016; Sommer et al., 2022; Van Kesteren et al., 2010）中都得到了相關證據的支持。此外，被提取的記憶會結合過去和當前學習到的信息進行更新，然後被重新鞏固（Reconsolidation）到已有的圖式當中，使已有的記憶圖式得到更新（Lee et al., 2017; McKenzie & Eichenbaum, 2011）。知識結構（即記憶圖式）通過這種方式不斷地進行更新和調整，以優化我們對周圍世界的理解，並對未來發生的事件進行更好的預測（Benoit et al., 2014）。

由此可見，學習是一個多層次的複雜認知過程，涉及海馬以及大腦皮層的多個腦區。通過這些腦區之間的相互連接，學生能夠利用已有的知識結構促進新知識的同化和鞏固。

二、知識建構的認知神經基礎

從以往有關學習的認知和神經機制研究可以看出，知識建構是學習的核心過程，而知識結構（又稱記憶圖式）是學生進行知識建構的基礎。圖式這一概念最早由海德與福爾摩斯（Head & Holmes, 1911）提出，用於描述姿勢識別（Postural recognition）過程中對身體姿勢進行認知的模板。皮亞傑（Piaget, 1926）將圖式概念引入發展心理學，並將其定義為一種一般性的認知結構，用於解釋兒童是如何學習並適應環境的。相比海德和福爾摩斯，皮亞傑將圖式概念從感知覺領域推廣到了多個認知領域，但仍然認為圖式的本質是一種抽象的認知結構。此外，皮亞傑在圖式概念的基礎上提出了「同化」和「順應」兩個概念，對後來的研究影響深遠。例如，奧蘇貝爾（Ausubel, 1960）在此基礎上提出了同化學習理論（Assimilation theory），指出學習的本質就是在新知識與已有知識結構之間建立聯繫的過程，再次強調了知識結構在學習中的重要作用。此後，圖式的概念逐漸得到研究者的認可，並有大量研究對圖式的認知機制進行探討（Gilboa & Marlatte, 2017; Huang et al., 2023; Ortiz-Tudela et al., 2024）。

巴特利特（Bartlett, 1932）將圖式概念引入記憶領域，並將圖式定義為一種「用於組織當前知識並為未來理解提供框架的認知結構」。2007 年，謝（Tse）等在 *Science* 上發表了一篇關於記憶的動物研究，首次將圖式概念引入認知神經科學領域。他們將圖式定義為「一種與當前編碼信息相關的知識結構」，並且通過圖式這一概念將傳統認知心理學中的知識結構與認知神經科學中的記憶加工理論聯繫在一起。這篇研究發現，大鼠僅需單次學習就可以完成對圖式一致信息的編碼，形成新的記憶；並且在 48 小時內完成了對新記憶的鞏固，將新記憶整合到皮層，獨立於海馬存在，表明圖式可以加速對新信息的編碼和鞏固（Tse et al., 2007）。此後，越來越多基於動物（Richards et al., 2014; Tse et al., 2011）和人類（Schlichting & Preston, 2016; Van Kesteren et al., 2010）被試的研究開始探討大腦是如何通過構建、使用和修改圖式來進行學習的。在這些研究中，圖式被定義為一種從已有經驗中提取出來的層級性結構。它對應着一套相互關聯的大腦皮層表徵網絡，具有抽象性和概括性，缺乏細節信息。人們據此對關聯的新知識進行加工和同化，同時也會根據新知識對圖式進行調整和更新（Ritchey & Cooper, 2020）。

已有大量研究通過呈現與圖式信息一致或不一致的學習材料，對圖式在學習過程中的作用進行了探究。例如，海馬被認為是圖式表徵的核心區域，而內側前額葉負責調控海馬中圖式信息與新信息之間的衝突，二者的共同作用是為了處理衝突，使衝突性信息在海馬上的表徵分離（Preston & Eichenbaum, 2013）。這一觀點獲得了很多證據的支持（Bein et al., 2020; Mckenzie et al., 2014; Schlichting & Preston, 2016）。例如，有研究在 A-B-C 關聯學習任務中發現，腹內側前額葉（Ventral medial prefrontal cortex, vmPFC）與海馬的耦合強度可以預測推斷關聯任務的正確率，說明在重疊關聯的形成過程中，vmPFC 負責調控海馬加工競爭性關聯過程中產生的衝突信息（Schlichting & Preston, 2016）。研究者讓被試記憶名人（有相關圖式）和不熟悉的陌生人（無相關圖式）的面孔圖片，通過表徵相似性（Representational similarity analysis, RSA）的方法計算面孔神經表徵變化的方向性。結果發現，已有圖式能夠促進新舊信息在海馬上的表徵分離（Bein et al., 2020）。上述結果為普雷斯頓與艾肯鮑姆（Preston & Eichenbaum, 2013）的理論提供了支持，解釋了圖式促進學習加工的認知神經機理。

那麼，圖式如何影響學生的學習呢？以往研究發現，新知識的特性會對學習效果產生影響。首先，新知識與圖式的匹配程度會影響學習表現。一些研究者讓不同學科背景的學生學習相同的學科知識，從而探究新知識與圖式的一致性對學習的作用（J. Liu et al., 2019; Van Kesteren et al., 2014）。結果發現，圖式一致的條件下學習效果更好。此外，另一些研究者採用了真實影片為圖式和學習材料，並且對圖式材料直接進行了實驗操縱（Van Kesteren et al., 2010）。他們將一個電影的前半部分作為圖式（第一天播放），後半部分作為學習材料（第二天播放）。通過對影片前半部分進行操縱，來調控被試的圖式水平。他們將被試分為兩組：圖式一致組和圖式不一致組。第一天，圖式一致組播放正常的前半部分影片，圖式不一致組則播放以場景（Scenes）為單位打亂順序的影片；第二天，兩組被試都觀看正常的後半部分影片。結果發現，在觀看後半部分電影時，圖式一致組在 vmPFC 的神經活動比圖式不一致組更強，且圖式一致組在 vmPFC 與海馬之間的功能連接強度比圖式不一致組更低，可能是因為圖式一致組可以通過提取相應的記憶圖式，降低後半部分電影情節的建構過程中對海馬的依賴，強調了學生已有知識結構對新知識學習的重要作用。

三、自然情境中的知識建構

自然情境下的教學場景是一個包含多種因素的複雜環境。學生需要加工的學習材料更為複雜多樣，涉及多感官、多任務的處理，學習情境也更加動態和多元。但是，以往大多數學習機制的研究都是在實驗室情境下進行的，並採用了嚴格控制的實驗設計。通過圖片或文字等單一刺激方式向學習者呈現簡化的學習材料，從而精確控制實驗變量，減少其他因素的干擾。但是，實驗室研究的結果無法充分反映真實教學情境下學習的複雜性和多樣性，其研究結論可能並不適用於包含多種因素的真實教學情境。

近年來，神經影像學技術的快速發展和多種分析手段的出現，使得教學情境下的認知神經科學研究成為可能（見第二章）。功能性磁共振成像（Functional magnetic resonance imaging, fMRI）是目前認知神經科學研究中應用最廣泛的高空間精度腦成像技術之一（見第二章）。fMRI 可以揭示大腦在不同學習任務中的腦激活模式，幫助研究者了解學習過程中大腦的活動模式和網絡特徵。在此基礎之上，被稱為「讀心術」的多體素模式分析方法（Multi-voxel pattern analysis, MVPA）能夠對大腦的表徵信息進行解碼，從而讓我們能夠了解信息是如何在不同大腦結構中被表徵的，以及信息表徵在不同學習階段的變化。例如，一項研究分別給具有工學專業背景的被試和沒有相關背景的被試呈現一些包含力學結構的真實圖片，要求他們對其中包含的力學結構類別作出判斷。然後，通過 MVPA 對腦功能數據進行分類，探究與力學概念相關的神經表徵，發現雙側腹側枕顳區前部（Bilateral anterior ventral occipitotemporal regions）與力學結構的概念表徵有關（Cetron et al., 2019）。另一項研究向被試依次呈現三張不同詳細程度的機械原理說明圖片（從簡略到詳細），來考察被試在逐漸理解機械原理的過程中大腦的動態變化（Mason & Just, 2015）。通過 MVPA 發現，隨着時間的推移，大腦的表徵是一個從枕葉皮層，到頂葉皮層，最後到額葉皮層的動態變化過程。然而，上述研究仍然採用了嚴格控制的實驗範式。為了能夠對神經數據使用類別有限的分類器，只能通過圖片等單一的刺激方式向被試呈現十分有限的學習內容（如三種力學結構或四個機械結構）。因此，其結論仍然難以直接推廣至真實的教學情境。

自然情境範式（Naturalistic paradigms）的出現很好地解決了上述難題（見第二章，包括自然刺激和自然互動研究範式），並在多個領域得到了廣泛應用。例如，觀看視頻時的腦活動可以穩定地反映個體差異（Gao et al., 2020）；能夠有效區分精神分裂症患者和健康被試（Yang et al., 2020）。因此，越來越多的研究者開始通過自然情境範式探究教學情境下的學習認知神經機制（Cantlon & Li, 2013; Meshulam et al., 2021; Nguyen et al., 2022; Zhu et al., 2019）。那麼，在教學過程中，新知識是如何傳遞給學生，並整合到學生已有的知識結構中？研究發現，對於個體而言，相同項目在學習各個階段的神經表徵相似性越高，學習效果越好（Xue, 2018）；對於群體而言，個體之間共享的信息一致性越高，個體間的神經表徵相似性越高（Hasson et al., 2012）。這些結果說明，神經表徵相似性對於學習而言非常重要。此外，一項研究發現，當兒童和成人觀看相同的數學教學視頻時，兒童在觀看視頻時的大腦表徵與成人越相似，學習效果越好（Cantlon & Li, 2013）。另一項研究則讓學生在磁共振掃描儀中完成了連續六週的課程學習，結果發現，不僅新手間的表徵相似性能夠預測新手的學習表現，而且新手與專家之間的表徵相似性也能預測新手的學習效果（Meshulam et al., 2021）。

總體而言，學習是一個多層次、多階段的動態過程，既依賴外部環境的刺激，也深受內部認知和知識結構的影響。未來研究需進一步結合自然情境和先進的腦影像技術，深入探索知識編碼、鞏固和建構的規律，為教育實踐提供更明確、更可行的理論支持。

第三節　教學的認知規律

一、為甚麼要研究教學的認知規律？

對教與學認知規律的科學研究是推動教育變革和提升教學質量的核心動力之一。隨着現代認知科學和神經科學的發展，對教學規律的研究正在逐漸深入。這些研究不僅有助於理解教學過程中的認知和神經機制，還能夠為教育教學實踐提供理論支持。隨着教育教學規律研究的逐步深入，人們愈發認識到，知識更新的速度在加快。相應的，教學模式也亟須變革，對教學規律的認識和理解也顯得愈發重要。教學已不再是書本知識的簡單傳遞與接受，而是知識的生成與建構。因此，有效的教學不僅僅要追求對知識內容本身的準確表徵，更重要的是對知識進行有意義的主動建構，把握知識在具體情境中的複雜變化，實現高質量的遷移。教學的目標就是促進學生的高質量建構和有效遷移。

為了理解教育教學的科學規律，傳統思辨和個人經驗總結已經難以滿足新時代下的教育教學變革的需求。教育神經科學正是為應對當前理解教育教學科學規律的需求而誕生的新興交叉領域。這一領域融合了教育學、認知科學和神經科學等學科的研究方法，旨在理解教與學的底層機制。與傳統教育科學相比，教育神經科學遵循數據支撐的實證邏輯；與原有的腦與學習科學相比，教育神經科學聚焦真實教育教學情境下的教與學問題。因此，教育神經科學具有與以往任何一個相關學科領域都不同的學科定位和方法邏輯。

二、甚麼是教學？

學習是知識傳遞的過程，而人際互動是知識傳遞的核心途徑之一。在教學情境中，知識並非通過單向的灌輸而獲得，學習者往往需要通過與教師和同伴的互動來加深理解。傳統的學習認知理論主要針對個體學習，無法全面覆蓋教與學的整體過程，並不足以解釋包含實際教學互動的學習機制。因此，深入理解教學的認知機制，有助於教育工作者設計更加有效的教學方式和協作學習活動，提升教學質量。

個體教學的形式在古代教育中佔據主導地位，無論是中國的私塾還是西方的學徒制，都是一對一或小規模的教學模式。這種模式有其優勢，如教師能夠根據學生的個性和進度進行有針對性的指導。然而，它的局限性也顯而易見，例如每個教師只能同時教導少數學生，難以應對大規模的教學需求。特別是在社會資源有限的情況下，許多貧困家庭無力承擔個別教學的費用，從而使教育的普及成為一大難題。

歐洲文藝復興時期，大眾教育開始受到重視。隨着社會對知識和教育需求的增加，個體教學的局限性愈發凸顯。為了彌補這一缺陷，教育逐漸向大眾化轉變，班級授課制應運而生。15 世紀末，德國紐倫堡和薩克森選帝侯國的人文主義學校率先採用班級授課制，將學生按學力劃分班級，並使用古典教科書進行教學。這種方法不僅提高了教學效率，還能夠同時指導更多學生，解決了個體教學無法普及的難題。捷克教育家夸美紐斯（1592–1670）在他的著作《大教學論》中，為班級授課制提供了理論依據。他倡導節約時間和精力的「大量生產」教學方式，主張通過集體教學提升教育效率和效果。夸美紐斯強調，學生在集體中受教，可以相互激勵，提高教學效果。他認為，「青年人最好還是一同在大的班級裏面受到教導，因為把一個學生作為另一個學生的榜樣與刺激，是可以產生更好的結果與更多的快樂的」（Comenius, 1907）。

班級授課制的確立，使課堂教學成為現代教育中知識傳遞的最主要方式。課堂教學不斷發展和創新，融入了信息技術和多媒體教學手段。電子白板、在線課程、互動學習平台等現代化教學工具的使用，使課堂教學變得更加生動和高效。教師可以利用這些工具進行個性化教學，滿足不同學生的學習需求。

同時，現代教育理論的發展，如建構主義、合作學習和探究式學習等，也為課堂教學注入了新的活力。

在現代教育中，課堂教學經歷了從傳統的直接教學（Direct instructional guidance）向混合學習（Blended learning）的重要轉變。直接教學是一種以教師為中心的教學方法，教師通過講授、示範和指導，向學生傳遞知識和技能。這種方法強調教師的主導作用，學生主要通過聽講、記筆記和完成作業來獲取知識。在這種模式下，教師是知識的權威，學生是被動的知識接收者（Kirschner et al., 2006）。相反，混合學習則是在信息技術發展下形成的新興教學模式。自 20 世紀末被提出以來，混合學習得到了廣泛的研究和實踐，其內涵也隨着技術和學習科學的發展而不斷豐富。從信息化時代的狹隘定義來看，混合學習是面授學習（Face-to-face learning）與在線學習（Online learning）的結合，該定義將技術（主要是互聯網技術）視為混合學習的必要成分。同時，也有學者從更廣義的角度去理解混合學習，如混合學習包括基於網絡的不同技術模式的混合，不同教學方式的混合，任何教學技術與面對面教學的混合，教學技術與實際工作任務的混合等（Driscoll, 2002）。但是，其他研究者認為，混合學習的關鍵在於實現組合優勢，即吸納不同教學方式的優點，構建最適宜的教學結構，從而實現有效教學（Jacobson et al., 2013）。

當前，混合學習對學習效果的提升已經得到教育領域的廣泛認可。2009 年，美國教育部網站公開發佈了一項大型調查報告《對在線學習的實證研究評價：對在線學習的元分析與評論》（*Evaluation of Evidence-Based Practices in Online Learning：A Meta-Analysis and Review of Online Learning Studies*），對 1996 年到 2008 年間在高等教育中開展的面對面教學、混合學習、在線學習的實證研究進行了元分析。結果表明，混合學習相比於在線學習和面對面教學，教學效果的提升最為顯著。在美國新媒體聯盟發佈的《地平線報告》（*Horizon Report*）中，混合學習在 2012 年到 2017 年連續六年被列為促進高等教育技術應用的關鍵趨勢之一。中國教育部每年發佈的《全國教育信息化發展報告》指出，混合學習在中國高校的應用範圍逐年擴大，不僅提升了教學質量，還促進了教育公平。

三、教學互動的重要性

混合學習的一大優勢是組合了傳統講授和師生的教學互動。早期基於動物的學習研究已經表明，教師在學習中發揮着關鍵作用。懷滕等（Whiten et al., 2005）的一項研究發現，猩猩只有在「教師」（經訓練已習得獲取食物的技能）的示範下，才能學會用同樣的方式獲取食物，僅憑自己探索無法取得成功，表明「教師」在動物界可能也發揮着作用。在人類研究中，奧爾森與菲爾普斯（Olsson & Phelps, 2004）運用經典的習得性恐懼範式比較了個體通過直接經驗獲得的學習、有教學示範的觀察學習以及僅依賴語言符號參與的語言指導性學習在認知和神經機理上的差異。結果發現個體學習和觀察學習的神經表徵是相似的，但教學中僅有語言符號的參與是不夠的，還需要教師的教學。這也在一定程度上說明，教師在感知經驗學習和語言符號學習中發揮着獨特且不可或缺的作用。

教學互動在學生知識建構過程中起到了關鍵作用。例如，針對兒童語言學習的系列研究顯示，相較於僅通過視頻學習語言，兒童通過與教師或同伴的直接互動能更快速且更有效地掌握詞彙（Anderson & Pempek, 2005; Kuhl et al., 2003; Roseberry et al., 2009）。此外，當兒童在單獨進行視頻學習時，他們在辨別音位的任務中表現出較高的認知需求，具體表現為正向的 MMN 成分（Mismatch negativity，失匹配負波）；而在與同伴進行社會互動的條件下，兒童的學習認知需求較低，表現為負向的 MMN 成分（Lytle et al., 2018）。這些結果表明，包含真實社會互動的學習形式能夠提升學習效率。

維果茨基（Vygotsky & Cole, 1978）在其社會建構主義理論中提出，知識建構是通過社會互動和文化工具實現的。教師作為知識的中介，通過教學互動為學生提供支架式教學，根據學生在學習情境中的行為作出相應的指導，從而幫助學生不斷跨越最近發展區（Zone of proximal development），實現知識建構。最近發展區是指學生在教師的幫助下能夠達到的潛在發展水平與他們在獨立完成任務時所能達到的實際發展水平之間的差距。這個概念強調通過有效的支持和互動，學生能夠逐步內化知識和技能，最終實現知識建構。

此外，主動－建設－互動（Active-constructive-interactive）框架同樣強調了教學互動在學生知識建構中的重要作用（Chi, 2009）。該框架指出，互動性學習是最有效的知識建構方式。首先，互動性學習通過師生間的討論、提問和反饋，使學生能夠更深入地理解知識和應用知識（Anderson et al., 1995）。其次，教學互動對象（如教師）還可以通過提供新信息豐富學生的知識結構（Chi et al., 2001），或通過向學習者提問等引導學生探索新觀點（Roscoe & Chi, 2007）。再者，互動式學習與個體學習最大的差異在於，個體學習者通過文本構建知識表徵，而教學互動中的學習者通過與夥伴（教師或其他學生）互動構建知識表徵，進而實現知識建構（Bredeweg et al., 2023; Cannon-Bowers et al., 1993; Jeong & Chi, 2007）。同伴之間對知識的共享表徵隨着教學互動而動態變化，因此互動雙方的知識結構會共同影響最終的共享表徵，且互動雙方都有機會通過這一過程獲得更深入或更新穎的知識理解（Chi, 2009）。因此，教學互動可以促進學習過程中的知識建構過程，其促進作用可能是通過在互動中構建師生共享知識表徵來實現的。

第四節 教學的神經機制

一、教學過程中獨特的大腦活動模式

威爾森等（Wilson & Wilson, 2005）根據人際間的互動對話提出了一個理論設想：在對話過程中，傾聽者大腦中的一些神經振盪（Oscillation）是由說話者相應的神經振盪引起的，在腦—腦振盪相互作用的過程中，兩個大腦會變得同步。2010年，斯蒂芬斯等（Stephens et al., 2010）在自然語言交流過程中考察了這一設想。具體而言，研究者用 fMRI 記錄了一位演講者講述真實故事時的大腦活動，再播放給聽者聽，並記錄聽者聽故事錄音時的大腦活動，然後要求聽者完成一份故事理解的問卷。結果發現，說者和聽者在有效交流的情況下出現神經同步，且神經同步水平與故事理解程度呈顯著正相關，但在無效交流（如說者用聽者聽不懂的語言講述故事）的情況下未觀察到這種現象。研究者將這種聽者和說者在空間和時間上神經活動的同步現象稱之為神經耦合（Neural coupling）（Stephens et al., 2010），並提出了腦—腦耦合框架（Hasson et al., 2012）。隨後，崔等（Cui et al., 2012）使用 fNIRS 超掃描技術（Hyperscanning）實時測量兩個被試在合作和競爭互動任務中的神經活動，結果發現被試在合作任務中出現了顯著的神經同步，研究者將這種實時互動過程中出現的神經活動同步現象稱為人際間神經同步。

由此可見，神經同步是指兩個大腦通過振盪信號實現耦合。一旦大腦與大腦之間通過語音信號相互耦合，信息就可以實現有效的共享和交換。根據信息交流過程是否存在交互性，可將交流過程中產生的神經同步區分為神經耦合和人際神經同步（Interpersonal neural synchronization, INS）兩種類型。以斯蒂芬斯等（Stephens et al., 2010）的研究為例，被試之間的交流屬於獨白，說者發送信息，聽者接收信息，甚至神經信號的採集並不拘泥在相同時間和空間維度內完成。這種非交互情境下產生的神經同步稱為神經耦合，強調說者在語音產生過程中的大腦反應與聽者在語音理解過程中大腦反應產生耦合。而在自然交互情境下以非言語交互或實時對話為溝通形式所產生的神經同步則稱為人際神經同步（Cui et al., 2012; Jiang et al., 2012）。當然，這只是社會認知神經科學領域的研究者從命名的角度對神經同步的具體產生情境作了更細緻的劃分，但其本質都是反映了人際間的成功交流。

二、有效教學的神經基礎

隨着 fNIRS 技術等便攜甚至可穿戴式腦成像技術的快速發展，研究者可以在真實課堂情境中對不同的教學方式進行深入探究。在教學認知機制研究中，利用超掃描技術同時測量多個大腦活動，以及運用人際神經同步指標來反映人際互動的特定規律是常用的技術手段。霍普等（Holper et al., 2013）採用 fNIRS 技術，研究了教師與學生在互動中的腦活動，揭示了教學互動中的人際神經同步現象。當教師和學生在進行有意義的互動時，教師和學生大腦的前額葉皮層會出現神經同步激活。這種同步現象被認為是有效教學互動的神經基礎。這項研究為理解教師與學生如何通過互動建立共享表徵提供了新見解。特別是，這項研究發現，基於蘇格拉底式對話的互動教學比非互動教學更為有效；只有在知識遷移成功時，學生和教師才表現出相似的大腦活動模式。隨後，迪克等（Dikker et al., 2017）利用 EEG 技術對課堂互動進行了探究，發現師生互動的神經同步性與課堂互動質量及學習效果密切相關。當教師與學生互動時，人際神經同步增強，這表明有效的師生互動能夠促進師生間的共享知識表徵。上述研究表明，師生的神經同步是反映教學互動認知機制的重要指標。

鄭麗芬等（Zheng et al., 2018）的研究進一步解析了教學的多階段動態認知過程，改變了以往將教學看作單一認知過程的觀點，並為維果茨基的「最近發展區」理論提供了首個實證支持。該研究結合了 fNIRS 和自然情境下的教學範式，發現教學互動中的時滯神經同步（互動一方的大腦信號落後於另一方若干時間時，雙方的神經活動更加同步，即 time-lagged interpersonal neural synchronization（Time-lagged INS，見第二章）能夠顯著地預測學生的學習效果，尤其是教師右側顳頂聯合區（Temporoparietal junction, TPJ）與學生前上顳葉皮層（Anterior superior temporal cortex, aSTC）的同步顯著增強時，學生的學習成績更佳。而且，時滯的時間範圍與師生單次問答的持續時間相對應，提示教師能夠通過提問和學生的回答，對學生的知識表徵模式進行推測，進而了解學生的「最近發展區」，實現有效教學。在此基礎之上，鄭麗芬等（Zheng et al., 2020）進一步探討了師生關係的神經基礎。研究結果顯示，師生間的神經同步不僅存在於具體的課堂任務中，還能夠在課後延續，反映了教學過程中構建的師生社會關係對學習效果的長期影響。師生關係背後神經同步這一神經基礎的建立需要兩個必要條件，即師生社會角色的明確分配和有效教學的真實發生。而且，教學過程中的互動越多，教學效果越好，師生關係對應的神經同步則越強。因此，神經同步不僅是反映教學互動質量的認知指標，還能夠反映社會關係的形成和鞏固。

此後出現的大量研究支持了以上發現，並且表明教學互動的行為或神經活動模式能正向預測教學效果（Davidesco et al., 2019; Pan et al., 2021; Sun et al., 2020）。例如，與低頻次教學互動的整體教學法相比，高頻次教學互動的部分教學法誘發了更強的師生間神經同步（Pan et al., 2018）；與僅僅解釋或提供簡單反饋的教學方式相比，具有更多教學互動的支架式教學或提供詳細反饋的教學方式可以引發更強的師生間神經同步，從而產生更好的教學效果（Pan et al., 2020; Zhu et al., 2019）。此外，非言語教學互動也可以顯著促進學習和神經同步（Dikker et al., 2017; J. Liu et al., 2019; Nozawa et al., 2019）。一項研究通過比較視頻教學和現場教學（包括講授和討論）兩種教學方式，發現直接的師生互動和共享同一教學情境均能增強師生間的神經同步，並且有助於通過問答建立「最近發展區」，進而提升教學效果（Zheng et al., 2018）。通過上述研究可以發現，在教學過程中增加教學互動可以有效提升教學效率，這為互動教育實踐提供了科學依據。

三、有效教學的認知神經模型

隨着超掃描技術（Hyperscanning）的出現和人際神經同步這一指標的引入，為研究師生之間如何在認知層面形成動態協同提供了科學依據。人際神經同步描述了師生在時間和空間維度上腦活動的一致性，是理解師生互動質量的重要標誌。在這一背景下，蔣靜等（Jiang et al., 2021）提出了一個人際間言語交流的認知神經層級模型，為理解課堂教學的動態過程提供了結構化框架。與以往理論模型相比，該理論模型提出人際互動的認知過程具有層級結構，表現為從視聽信息交互、概念相互理解到社會關係構建的層級特徵。這一層級結構由廣泛分佈的大腦皮層組成的層級架構作為其神經生物學基礎，以人際神經同步為功能特徵，表現為從顳葉聽覺皮層、額下運動皮層，到顳葉前部、顳頂聯合皮層，再到背側前額葉的梯度空間分佈模式。該理論模型打破了通過個體認知理解群體認知的局限，建立了人際互動的完整理論框架，促進了對人際互動認知神經機理的全面理解，具有重要的理論意義。該理論模型的內涵主要有以下三點：

第一層級：視聽信息交互。視聽信息交互是互動的基礎。研究發現，在感知和傳遞視聽信息時，互動雙方的大腦功能會出現神經同步。具體來說，（1）在面對面對話時，雙方的經典語言區（布羅卡區）出現顯著神經同步，並與話輪轉換等交互行為密切關聯（Jiang et al., 2012）。（2）在有噪聲的對話背景下，聽者與選擇對象在左側顳頂聯合皮層出現顯著神經同步，並顯著高於與非選擇對象的神經同步（Dai et al., 2018）。（3）這種選擇性加工伴隨着顳葉低頻 α 活動的下降和額顳網絡高頻 α 活動的增強（Zhou et al., 2018）。

第二層級：概念相互理解。通過視聽信息交互實現概念相互理解是人際互動的主要目標，也是合作的前提。研究發現，（1）當概念在師生間傳遞時，學生的顳頂聯合區和教師的顳葉前部出現顯著的神經同步；同步越強，學習效果越好（Zheng et al., 2018）。（2）當互動雙方使用相同句法結構進行對話時，右側顳葉後部出現更強的神經同步，並與相互理解的水平正相關

（W. Liu et al., 2019）。（3）特別是，上述概念相互理解對應的神經同步與視聽信息交互對應的神經同步在互動時間進程和大腦解剖結構上彼此分離（Liu et al., 2022; Liu et al., 2020; Zheng et al., 2018）。因此，雖然概念相互理解基於視聽信息交互，但在神經表徵上有其獨立屬性。

第三層級：社會關係構建。以往關於人際互動的理論模型僅限於個體認知過程，因而並未涉及社會關係。但是近期的研究發現，（1）人際互動會自然形成領導者，而且領導者發起的互動誘發了更強的人際神經同步，同步強度與其交流能力顯著相關（Jiang et al., 2015）。（2）相比言語，非言語互動更能有效促進親密關係（如情侶）下的相互理解，並增強關係強度（Long et al., 2021）。（3）相比支持性話題，衝突性話題更有利於親密關係（如情侶）下的相互理解和關係增強（Long et al., 2022）。

自下而上的信息流向：模型認為，不同的認知層級在人際互動過程中並不是平行發生的，而可能存在時滯關係。首先，在微觀過程方面，研究發現負責語音加工的初級聽覺皮層最早出現神經同步，負責語義分析的高級顳葉皮層的神經同步有 2-4 秒的延遲，而負責語義整合的更高級腦區楔前葉和角迴的神經同步則在 6 秒後才達到最強（Liu et al., 2020）。其次，在宏觀進程方面，研究發現在教學開始後 1 分鐘左右，師生即實現了有效的視聽信息交互，表現為與講授和視頻教學相比，討論教學在顳頂聯合區誘發了最強的師生神經同步；當教學進行到半程（7-8 分鐘）時，與概念相互理解有關的神經同步才出現（Zheng et al., 2018）。在教學結束後，與師生關係對應的人際神經同步才終於出現（Zheng et al., 2020）。並且，有效的概念相互理解會自發促進社會關係的構建（Jiang et al., 2015）或已有社會關係的增強（Long et al., 2022; Long et al., 2021; Zhao et al., 2021）。因此，層級之間的時滯效應支持了模型自下而上的信息流向。

自上而下的調節作用：模型還認為，高層級可能對低層級進行自上而下的調節。研究發現，與非親密關係不同，親密關係更偏好非言語互動，並伴隨着比言語互動更強的人際神經同步（Long et al., 2021）。而且，在親密關係下，女性主導的言語衝突誘發了更高的情緒喚醒度和更強的神經同步（Long et al., 2022）。最後，通過人際互動構建的高質量社會關係能夠發揮社會線索的作用，即只要對方在場，就能對己方的認知活動產生影響，導致認知偏好（Zhou et al., 2023）。

基於該理論，鄭麗芬等（Zheng et al., 2018）也提出了一個初步的有效教學模型。該模型提出，師生互動在時間進程上展開為一種層級結構。首先，師生互動開始後短時間內，有效的言語和非言語交互能夠顯著提升師生顳頂聯合皮層的神經同步，因此現場教學具有更高的互動質量。隨後，教師右側顳頂聯合皮層與學生顳上皮層前部的腦活動出現時滯神經同步，並與師生問答的交互行為模式相對應。教師藉此對學生的知識表徵模式和能力水平進行推測，了解學生的「最近發展區」。然後，通過多次問答和時滯神經同步的積累，教師對學生「最近發展區」的了解漸趨準確，此時學生顳頂聯合皮層的腦活動與教師顳葉前部的腦活動高度同步，能夠實現有效的知識傳遞，並直接影響最後的學習效果。最後，高質量互動和高效率的教學能夠建立良好的師生關係，並形成大腦活動同步作為神經基礎，對此後新知識的學習和不同情境的遷移發揮支架作用（Zheng et al., 2020）。因此，有效教學的積極效應能夠延伸到課堂以外，並通過師生關係影響未來的認知活動。

有效教學的認知神經模型為我們理解教與學的過程提供了全新的視角。這些研究發現和理論框架不僅具有重要的理論意義，也為提升教學實踐提供了科學依據。未來的研究可以進一步探索不同教學情境下的神經同步特徵，揭示教學效果與神經指標之間的對應關係，並發展基於神經科學發現的教學優化策略。

章末小結

本章深入分析了教育神經科學在教學技術、原理方面的最新理論和研究進展。這些進展不僅為理解教育教學的複雜機制提供了理論框架，也為提升教學效果和促進學生學習提供了重要的實證依據。

首先，學習的核心地位在教育神經科學的探討中得到了充分的關注。學習不僅是信息接收的過程，更是通過積極的認知活動對知識的建構與整合。現代學習理論逐漸認識到，知識的生成是一個主動和動態建構的過程，而非簡單的被動接受。這一觀點的提出，使得教師的角色轉變為學習的引導者而非單純的知識傳遞者，從而促進了以學生為中心的教學理念。

其次，本章探討了傳統教學模式與現代教學模式之間的轉變，特別是混合學習模式的興起。這一模式結合了面對面教學與在線學習，通過增加教學互動，實現知識的深度理解和有效遷移。研究表明，教師與學生之間的互動不僅能夠提高學生的學習效果，還能通過人際神經同步現象促進共同的知識建構。師生間的神經活動同步成為衡量有效教學的重要指標，反映了良好互動對學習結果的積極影響。

在教學互動的重要性方面，研究揭示了師生之間的有效交流如何促進學習過程中的知識建構。通過具體的實證研究，發現教師在課堂教學中提供的支持、反饋和指導能夠顯著提升學生的學習表現。這些教學互動不僅限於語言交流，還包括非語言互動，這進一步證明了社會互動在學習中的不可或缺性。

此外，本章使用超掃描技術和神經同步的理論框架，揭示了師生間動態認知協作的過程。研究顯示，師生的共同參與和互動不僅增強了理解和記憶效果，還建立了積極的社會關係，對長期學習產生了深遠的影響。這些發現有助於教育工作者理解教學過程中的認知與社交因素如何相互作用，以更有效地設計教學活動。

最後，本章強調了未來研究的方向，包括在自然情境下探索教與學的複雜性，並結合神經科學的發現優化教學策略。通過繼續深入思考教育神經科學的核心概念與成果，我們可以更好地理解教與學的底層機制，並為教育實踐注入新的活力。這些探索不僅能豐富教育理論，還將為改善教學效果和促進學生的全面發展提供有力支持。

參考文獻

AlDahdouh, A., Osorio, A., & Caires, S. (2015). Understanding knowledge network, learning and connectivism. *International journal of instructional technology and distance learning*, *12*(10).

Alfieri, L., Nokes-Malach, T. J., & Schunn, C. D. (2013). Learning through case comparisons: A meta-analytic review. *Educational Psychologist*, *48*(2), 87-113. https://doi.org/10.1080/00461520.2013.775712

Anderson, D. R., & Pempek, T. A. (2005). Television and very young children. *American Behavioral Scientist*, *48*(5), 505-522. https://doi.org/10.1177/0002764204271506

Anderson, J. R., Corbett, A. T., Koedinger, K. R., & Pelletier, R. (1995). Cognitive tutors: Lessons learned. *Journal of the Learning Sciences*, *4*(2), 167-207. https://doi.org/10.1207/s15327809jls0402_2

Ausubel, D. P. (1960). The use of advance organizers in the learning and retention of meaningful verbal material. *Journal of Educational Psychology*, *51*(5), 267-272. https://doi.org/10.1037/h0046669

Bartlett, F. C. (1932). *Remembering: A Study in Experimental and Social Psychology*. Cambridge: Cambridge University Press.

Baum, W. M. (2017). *Understanding Behaviorism: Behavior, Culture, and Evolution*. John Wiley & Sons.

Bein, O., Duncan, K., & Davachi, L. (2020). Mnemonic prediction errors bias hippocampal states. *Nature Communications*, *11*(1), 3451. https://doi.org/10.1038/s41467-020-17287-1

Benoit, R. G., Szpunar, K. K., & Schacter, D. L. (2014). Ventromedial prefrontal cortex supports affective future simulation by integrating distributed knowledge. *Proceedings of the National Academy of Sciences*, *111*. https://doi.org/10.1073/pnas.1419274111

Bredeweg, B., Kragten, M., Holt, J., Kruit, P., Eijck, T. v., Pijls, M., ... Boer, M. E. d. (2023). Learning with interactive knowledge representations. *Applied Sciences*. https://doi.org/10.3390/app13095256

Cannon-Bowers, J. A., Salas, E., & Converse, S. (1993). Shared mental models in expert team decision making. In *Individual and Group Decision Making: Current Issues* (pp. 221-246). Lawrence Erlbaum Associates, Inc.

Cantlon, J. F., & Li, R. (2013). Neural activity during natural viewing of Sesame Street statistically predicts test scores in early childhood. *PLOS Biology*, *11*(1), e1001462. https://doi.org/10.1371/journal.pbio.1001462

Cetron, J. S., Connolly, A. C., Diamond, S. G., May, V. V., Haxby, J. V., & Kraemer, D. J. M. (2019). Decoding individual differences in STEM learning from functional MRI data. *Nature Communications*, *10*(1), 2027. https://doi.org/10.1038/s41467-019-10053-y

Chi, M. T. H. (2009). Active-constructive-interactive: A conceptual framework for differentiating learning activities. *Topics in Cognitive Science*, *1*(1), 73-105. https://doi.org/10.1111/j.1756-8765.2008.01005.x

Chi, M. T. H., Siler, S. A., Jeong, H., Yamauchi, T., & Hausmann, R. G. (2001). Learning from human tutoring. *Cognitive Science*, *25*(4), 471-533. https://doi.org/10.1207/s15516709cog2504_1

Comenius, J. M. (1907). *The Great Didactic of John Amos Comenius* (M. W. Keatinge, Ed.). A. and C. Black.

Corkill, A. J. (1992). Advance organizers: Facilitators of recall. *Educational Psychology Review*, *4*(1), 33-67. https://doi.org/10.1007/bf01322394

Cui, X., Bryant, D. M., & Reiss, A. L. (2012). NIRS-based hyperscanning reveals increased interpersonal coherence in superior frontal cortex during cooperation. *Neuroimage*, *59*(3), 2430-2437. https://doi.org/10.1016/j.neuroimage.2011.09.003

Cutrer, W. B., Castro, D., Roy, K. M., & Turner, T. L. (2011). Use of an expert concept map as an advance organizer to improve understanding of respiratory failure. *Medical Teacher*, *33*(12), 1018-1026. https://doi.org/10.3109/0142159x.2010.531159

Dai, B., Chen, C., Long, Y., Zheng, L., Zhao, H., Bai, X., ... Lu, C. (2018). Neural mechanisms for selectively tuning in to the target speaker in a naturalistic noisy situation. *Nature Communications*, *9*(1), 2405. https://doi.org/10.1038/s41467-018-04819-z

Davidesco, I., Laurent, E., Valk, H., West, T., Dikker, S., Milne, C., & Poeppel, D. (2019). Brain-to-brain synchrony between students and teachers predicts learning outcomes. https://doi.org/10.1101/644047

Dewey, J. (1986). Experience and education. *The Educational Forum, 50*(3), 241-252. https://doi.org/10.1080/00131728609335764

Dikker, S., Wan, L., Davidesco, I., Kaggen, L., Oostrik, M., McClintock, J., ... Poeppel, D. (2017). Brain-to-Brain Synchrony Tracks Real-World Dynamic Group Interactions in the Classroom. *Current Biology*, *27*(9), 1375-1380. https://doi.org/10.1016/j.cub.2017.04.002

Dinsmore, D. L., & Alexander, P. A. (2012). A critical discussion of deep and surface processing: What it means, how it is measured, the role of context, and model specification. *Educational Psychology Review*, *24*(4), 499-567. https://doi.org/10.1007/s10648-012-9198-7

Driscoll, M. (2002). Blended learning: Let's get beyond the hype. *E-learning*, *1*(4), 1-4.

Dudai, Y. (2012). The restless engram: consolidations never end. *Annual Review of Neuroscience*, *35*. https://doi.org/10.1146/annurev-neuro-062111-150500

Dudai, Y., Karni, A., & Born, J. (2015). The Consolidation and Transformation of Memory. *Neuron*, *88*(1), 20-32. https://doi.org/10.1016/j.neuron.2015.09.004

Eysenck, M. W., & Keane, M. T. (2020). *Cognitive Psychology: A Student's Handbook* (8th ed.). Psychology Press.

Ferreira, C. S., Charest, I., & Wimber, M. (2019). Retrieval aids the creation of a generalised memory trace and strengthens episode-unique information. *NeuroImage*, *201*, 115996. https://doi.org/10.1016/j.neuroimage.2019.07.009

Frankland, P. W., Josselyn, S. A., & Köhler, S. (2019). The neurobiological foundation of memory retrieval. *Nature Neuroscience*, *22*(10), 1576-1585. https://doi.org/10.1038/s41593-019-0493-1

Frings, C., Foerster, A., Moeller, B., Pastötter, B., & Pfister, R. (2024). The relation between learning and stimulus-response binding. *Psychological Review*, *131*(5), 1290-1296. https://doi.org/10.1037/rev0000449

Gao, J., Chen, G., Wu, J., Wang, Y., Hu, Y., Xu, T., ... Yang, Z. (2020). Reliability map of individual differences reflected in inter-subject correlation in naturalistic imaging. *NeuroImage*, *223*, 117277. https://doi.org/10.1016/j.neuroimage.2020.117277

Ghosh, V. E., & Gilboa, A. (2014). What is a memory schema? A historical perspective on current neuroscience literature. *Neuropsychologia*, *53*(1), 104-114. https://doi.org/10.1016/j.neuropsychologia.2013.11.010

Gilboa, A., & Marlatte, H. (2017). Neurobiology of schemas and schema-mediated memory. *Trends in Cognitive Sciences*, *21*(8), 618-631. https://doi.org/10.1016/j.tics.2017.04.013

Gurlitt, J., Dummel, S., Schuster, S., & Nückles, M. (2012). Differently structured advance organizers lead to different initial schemata and learning outcomes. *Instructional Science*, *40*(2), 351-369. https://doi.org/10.1007/s11251-011-9180-7

Gutek, G. L. (2013). *Philosophical, Ideological and Theoretical Perspectives on Education*. Pearson.

Hassabis, D., & Maguire, E. A. (2007). Deconstructing episodic memory with construction. *Trends in Cognitive Sciences*, *11*. https://doi.org/10.1016/j.tics.2007.05.001

Hasson, U., Ghazanfar, A. A., Galantucci, B., Garrod, S., & Keysers, C. (2012). Brain-to-brain coupling: A mechanism for creating and sharing a social world. *Trends in Cognitive Sciences*, *16*(2), 114-121. https://doi.org/10.1016/j.tics.2011.12.007

Head, H., & Holmes, G. (1911). Sensory disturbances from cerebral lesions. *Brain*, *34*(2-3), 102-254. https://doi.org/10.1093/brain/34.2-3.102

Holper, L., Goldin, A. P., Shal ó m, D. E., Battro, A. M., Wolf, M., & Sigman, M. (2013). The teaching and the learning brain: A cortical hemodynamic marker of teacher-student interactions in the Socratic dialog. *International Journal of Educational Research*, *59*, 1-10. https://doi.org/10.1016/j.ijer.2013.02.002

Huang, J., Velarde, I., Ma, W. J., & Baldassano, C. (2023). Schema-based predictive eye movements support sequential memory encoding. *eLife*, *12*, e82599. https://doi.org/10.7554/eLife.82599

Jacobson, M. J., Kim, B., Pathak, S., & Zhang, B. (2013). To guide or not to guide: Issues in the sequencing of pedagogical structure in computational model-based learning. *Interactive Learning Environments*, *23*(6), 715-730. https://doi.org/10.1080/10494820.2013.792845

Jeong, H., & Chi, M. T. H. (2007). Knowledge convergence and collaborative learning. *Instructional Science*, *35*(4), 287-315. https://doi.org/10.1007/s11251-006-9008-z

Jiang, J., Chen, C., Dai, B., Shi, G., Ding, G., Liu, L., ... Fiske, S. T. (2015). Leader emergence through interpersonal neural synchronization. *Proceedings of the National Academy of Sciences*, *112*(14), 4274-4279. https://doi.org/10.1073/pnas.1422930112

Jiang, J., Dai, B., Peng, D., Zhu, C., Liu, L., & Lu, C. (2012). Neural synchronization during face-to-face communication. *The Journal of Neuroscience: The Official Journal of the Society for Neuroscience*, *32*(45), 16064-16069. https://doi.org/10.1523/JNEUROSCI.2926-12.2012

Jiang, J., Zheng, L., & Lu, C. (2021). A hierarchical model for interpersonal verbal communication. *Social Cognitive and Affective Neuroscience*, *16*(1-2), 246-255. https://doi.org/10.1093/scan/nsaa151

Kirschner, P. A., Sweller, J., & Clark, R. E. (2006). Why minimal guidance during instruction does not work: An analysis of the failure of constructivist, discovery, problem-based, experiential, and inquiry-based teaching. *Educational Psychologist*, *41*(2), 75-86. https://doi.org/10.1207/s15326985ep4102_1

Kuhl, P. K., Tsao, F.-M., & Liu, H.-M. (2003). Foreign-language experience in infancy: Effects of short-term exposure and social interaction on phonetic learning. *Proceedings of the National Academy of Sciences*, *100*(15), 9096-9101. https://doi.org/10.1073/pnas.1532872100

Lee, J. L. C., Nader, K., & Schiller, D. (2017). An update on memory reconsolidation updating. *Trends in Cognitive Sciences*, *21*. https://doi.org/10.1016/j.tics.2017.04.006

Lewis, P. A., & Durrant, S. J. (2011). Overlapping memory replay during sleep builds cognitive schemata. *Trends in Cognitive Sciences*, *15*. https://doi.org/10.1016/j.tics.2011.06.004

Liu, J., Zhang, R., Geng, B., Zhang, T., Yuan, D., Otani, S., & Li, X. (2019). Interplay between prior knowledge and communication mode on teaching effectiveness: Interpersonal neural synchronization as a neural marker. *NeuroImage*, *193*, 93-102. https://doi.org/10.1016/j.neuroimage.2019.03.004

Liu, L., Li, H., Ren, Z., Zhou, Q., Zhang, Y., Lu, C., ... Ding, G. (2022). The "two-brain" approach reveals the active role of task-deactivated default mode network in speech comprehension. *Cerebral Cortex*, *32*(21), 4869-4884. https://doi.org/10.1093/cercor/bhab521

Liu, L., Zhang, Y., Zhou, Q., Garrett, D. D., Lu, C., Chen, A., ... Ding, G. (2020). Auditory-articulatory neural alignment between listener and speaker during verbal communication. *Cerebral Cortex*, *30*(3), 942-951. https://doi.org/10.1093/cercor/bhz138

Liu, W., Branigan, H. P., Zheng, L., Long, Y., Bai, X., Li, K., ... Lu, C. (2019). Shared neural representations of syntax during online dyadic communication. *NeuroImage*, *198*, 63-72. https://doi.org/10.1016/j.neuroimage.2019.05.035

Long, Y., Chen, C., Wu, K., Zhou, S., Zhou, F., Zheng, L., ... Lu, C. (2022). Interpersonal conflict increases interpersonal neural synchronization in romantic couples. *Cerebral Cortex*, *32*(15), 3254-3268. https://doi.org/10.1093/cercor/bhab413

Long, Y., Zheng, L., Zhao, H., Zhou, S., Zhai, Y., & Lu, C. (2021). Interpersonal neural synchronization during interpersonal touch underlies affiliative pair bonding between romantic couples. *Cerebral Cortex*, *31*(3), 1647-1659. https://doi.org/10.1093/cercor/bhaa316

Luck, S. J., & Vogel, E. K. (2013). Visual working memory capacity: from psychophysics and neurobiology to individual differences. *Trends in Cognitive Sciences*, *17*(8), 391-400. https://doi.org/10.1016/j.tics.2013.06.006

Lytle, S. R., Garcia-Sierra, A., & Kuhl, P. K. (2018). Two are better than one: Infant language learning from video improves in the presence of peers.

Proceedings of the National Academy of Sciences, *115*(40), 9859-9866. https://doi.org/10.1073/pnas.1611621115

Mason, R. A., & Just, M. A. (2015). Physics instruction induces changes in neural knowledge representation during successive stages of learning. *NeuroImage*, *111*, 36-48. https://doi.org/10.1016/j.neuroimage.2014.12.086

McClelland, J. L., McNaughton, B. L., & O'Reilly, R. C. (1995). Why there are complementary learning systems in the hippocampus and neocortex: insights from the successes and failures of connectionist models of learning and memory. *Psychological Review*, *102*(3), 419. https://doi.org/10.1037/0033-295X.102.3.419

McKenzie, S., & Eichenbaum, H. (2011). Consolidation and reconsolidation: Two lives of memories? *Neuron*, *71*. https://doi.org/10.1016/j.neuron.2011.06.037

Mckenzie, S., Frank, A., Kinsky, N., Porter, B., Rivi è re, P., & Eichenbaum, H. (2014). Hippocampal representation of related and opposing memories develop within distinct, hierarchically organized neural schemas. *Neuron*, *83*(1), 202-215. https://doi.org/10.1016/j.neuron.2014.05.019

Meshulam, M., Hasenfratz, L., Hillman, H., Liu, Y.-F., Nguyen, M., Norman, K. A., & Hasson, U. (2021). Neural alignment predicts learning outcomes in students taking an introduction to computer science course. *Nature Communications*, *12*(1), 1922. https://doi.org/10.1038/s41467-021-22202-3

Misanin, J. R., Miller, R. R., & Lewis, D. J. (1968). Retrograde amnesia produced by electroconvulsive shock after reactivation of a consolidated memory trace. *Science*, *160*(3827), 554-555. https://doi.org/10.1126/science.160.3827.554

Mohri, M., Rostamizadeh, A., & Talwalkar, A. (2018). *Foundations of Machine Learning* (2nd ed.). MIT Press.

Molinero, S., Giménez-Fern á ndez, T., L ó pez, F. J., Carretié, L., & Luque, D. (2021). Stimulus-response learning and expected reward value enhance stimulus cognitive processing: An ERP study. *Psychophysiology*, *58*(5), e13795. https://doi.org/10.1111/psyp.13795

Nadel, L., & Moscovitch, M. (1997). Memory consolidation, retrograde amnesia and the hippocampal complex. *Current Opinion in Neurobiology*, *7*(2), 217-227. https://doi.org/10.1016/S0959-4388(97)80010-4

Neal, R. M. (2012). *Bayesian Learning for Neural Networks*. Springer Science & Business Media.

Nguyen, M., Chang, A., Micciche, E., Meshulam, M., Nastase, S. A., & Hasson, U. (2022). Teacher-student neural coupling during teaching and learning. *Social Cognitive and Affective Neuroscience*, *17*(4), 367-376. https://doi.org/10.1093/scan/nsab103

Norris, D., & Kalm, K. (2021). Chunking and data compression in verbal short-term memory. *Cognition*, *208*, 104534. https://doi.org/10.1016/j.cognition.2020.104534

Novak, J. D. (1990). Concept mapping: A useful tool for science education. *Journal of Research in Science Teaching*, *27*(10), 937-949. https://doi.org/10.1002/tea.3660271003

Nozawa, T., Sakaki, K., Ikeda, S., Jeong, H., Yamazaki, S., dos Santos Kawata, K. H., ... Kawashima, R. (2019). Prior physical synchrony enhances rapport and inter-brain synchronization during subsequent educational communication. *Scientific Reports, 9,* 12747 https://doi.org/10.1101/601385

Olsson, A., & Phelps, E. A. (2004). Learned fear of "unseen" faces after pavlovian, observational, and instructed fear. *Psychological Science*, *15*(12), 822-828. https://doi.org/10.1111/j.0956-7976.2004.00762.x

Ortiz-Tudela, J., Turan, G., Vilas, M., Melloni, L., & Shing, Y. L. (2024). Schema-driven prediction effects on episodic memory across the lifespan. *Philosophical Transactions of the Royal Society B: Biological Sciences*, *379*(1913), 20230401. https://doi.org/10.1098/rstb.2023.0401

Pan, Y., Dikker, S., Goldstein, P., Zhu, Y., Yang, C., & Hu, Y. (2020). Instructor-learner brain coupling discriminates between instructional approaches and predicts learning. *NeuroImage*, *211*, 116657. https://doi.org/10.1016/j.neuroimage.2020.116657

Pan, Y., Novembre, G., Song, B., Li, X., & Hu, Y. (2018). Interpersonal synchronization of inferior frontal cortices tracks social interactive learning of a song. *NeuroImage*, *183*, 280-290. https://doi.org/10.1016/j.neuroimage.2018.08.005

Pan, Y., Novembre, G., Song, B., Zhu, Y., & Hu, Y. (2021). Dual brain stimulation enhances interpersonal learning through spontaneous movement synchrony. *Social Cognitive and Affective Neuroscience*, *16*(1-2), 210-221. https://doi.org/10.1093/scan/nsaa080

Piaget, J. (1926). *The Child's Conception of the World*. Adams.

Piaget, J., & Cook, M. T. (1952). *The Origins of Intelligence in Children*. W. W. Norton & Company. https://doi.org/10.1037/11494-000

Preston, A., Bornstein, A., Hutchinson, J. B., Gaare, M. E., Glover, G., & Wagner, A. (2010). High-resolution fMRI of content-sensitive subsequent memory responses in human medial temporal lobe. *Journal of Cognitive Neuroscience*, *22*, 156-173. https://doi.org/10.1162/jocn.2009.21195

Preston, A. R., & Eichenbaum, H. (2013). Interplay of hippocampus and prefrontal cortex in memory. *Current Biology*, *23*(17), R764-R773. https://doi.org/10.1016/j.cub.2013.05.041

Rademaker, R. L., Chunharas, C., & Serences, J. T. (2019). Coexisting representations of sensory and mnemonic information in human visual cortex. *Nature Neuroscience*, *22*(8), 1336-1344. https://doi.org/10.1038/s41593-019-0428-x

Renoult, L., Irish, M., Moscovitch, M., & Rugg, M. D. (2019). From knowing to remembering: The semantic-episodic distinction. *Trends in Cognitive Sciences*, *23*(12), 1041-1057. https://doi.org/10.1016/j.tics.2019.09.008

Richards, B. A., Xia, F., Santoro, A., Husse, J., Woodin, M. A., Josselyn, S. A., & Frankland, P. W. (2014). Patterns across multiple memories are identified over time. *Nature Neuroscience*, *17*(7), 981-986. https://doi.org/10.1038/nn.3736

Ritchey, M., & Cooper, R. A. (2020). Deconstructing the posterior medial episodic network. *Trends in Cognitive Sciences*, *24*(6), 451-465. https://doi.org/10.1016/j.tics.2020.03.006

Roscoe, R. D., & Chi, M. T. H. (2007). Understanding tutor learning: Knowledge-building and knowledge-telling in peer tutors' explanations and questions. *Review of Educational Research*, *77*(4), 534-574. https://doi.org/10.3102/0034654307309920

Roseberry, S., Hirsh-Pasek, K., Parish-Morris, J., & Golinkoff, R. M. (2009). Live action: Can young children learn verbs from video? *Child Development*, *80*(5), 1360-1375. https://doi.org/10.1111/j.1467-8624.2009.01338.x

Schapiro, A. C., McDevitt, E. A., Rogers, T. T., Mednick, S. C., & Norman, K. A. (2018). Human hippocampal replay during rest prioritizes weakly learned information and predicts memory performance. *Nature Communications*, *9*(1), 3920. https://doi.org/10.1038/s41467-018-06213-1

Schiller, D., Eichenbaum, H., Buffalo, E. A., Davachi, L., Foster, D. J., Leutgeb, S., & Ranganath, C. (2015). Memory and space:

Towards an understanding of the cognitive map. *The Journal of Neuroscience*, *35*(41), 13904-13911. https://doi.org/10.1523/JNEUROSCI.2618-15.2015

Schlichting, M. L., & Preston, A. R. (2016). Hippocampal-medial prefrontal circuit supports memory updating during learning and post-encoding rest. *Neurobiology of Learning and Memory*, *134*, 91-106. https://doi.org/10.1016/j.nlm.2015.11.005

Shalev-Shwartz, S., & Ben-David, S. (2014). *Understanding Machine Learning: From Theory to Algorithms*. Cambridge University Press.

Skinner, B. F. (1965). *Science and Human Behavior*. Simon and Schuster.

Sommer, T., Hennies, N., Lewis, P. A., & Alink, A. (2022). The assimilation of novel information into schemata and its efficient consolidation. *Journal of Neuroscience*, *42*(30), 5916-5929. https://doi.org/10.1523/JNEUROSCI.2373-21.2022

Sperling, G. (1960). The information available in brief visual presentations. *Psychological Monographs: General and Applied*, *74*(11), 1-29. https://doi.org/10.1037/h0093759

Squire, L. R. (2004). Memory systems of the brain: A brief history and current perspective. *Neurobiology of Learning and Memory*, *82*(3), 171-177. https://doi.org/10.1016/j.nlm.2004.06.005

Stephens, G. J., Silbert, L. J., & Hasson, U. (2010). Speaker-listener neural coupling underlies successful communication. *Proceedings of the National Academy of Sciences*, *107*(32), 14425-14430. https://doi.org/10.1073/pnas.1008662107

Sun, B., Xiao, W., Feng, X., Shao, Y., Zhang, W., & Li, W. (2020). Behavioral and brain synchronization differences between expert and novice teachers when collaborating with students. *Brain and Cognition*, *139*, 105513. https://doi.org/10.1016/j.bandc.2019.105513

Sutherland, G. (2000). Memory trace reactivation in hippocampal and neocortical neuronal ensembles. *Current Opinion in Neurobiology*, *10*(2), 180-186. https://doi.org/10.1016/S0959-4388(00)00079-9

Tolman, E. C. (1948). Cognitive maps in rats and men. *Psychological Review*, *55*(4), 189-208. https://doi.org/10.1037/h0061626

Touqir, S., Nasir, T., & Pervez, S. (2022). Chomsky's contribution to linguistics a review. *International Journal of Linguistics and Culture*, *3*(1), 205-225. https://doi.org/10.52700/ijlc.v3i1.29

Tse, D., Langston, R. F., Kakeyama, M., Bethus, I., Spooner, P. A., Wood, E. R., ... Morris, R. G. M. (2007). Schemas and memory consolidation. *Science*, *316*(5821), 76-82. https://doi.org/10.1126/science.1135935

Tse, D., Takeuchi, T., Kakeyama, M., Kajii, Y., Okuno, H., Tohyama, C., ... Morris, R. G. (2011). Schema-dependent gene activation and memory encoding in neocortex. *Science*, *333*(6044), 891-895. https://doi.org/10.1126/science.1205274

Van Kesteren, M. T. R., Fern á ndez, G., Norris, D. G., & Hermans, E. J. (2010). Persistent schema-dependent hippocampal-neocortical connectivity during memory encoding and postencoding rest in humans. *Proceedings of the National Academy of Sciences*, *107*(16), 7550-7555. https://doi.org/10.1073/pnas.0914892107

Van Kesteren, M. T. R., Rijpkema, M., Ruiter, D. J., Morris, R. G. M., & Fern á ndez, G. (2014). Building on prior knowledge: Schema-dependent encoding processes relate to academic performance. *Journal of Cognitive Neuroscience*, *26*(10), 2250-2261. https://doi.org/10.1162/jocn_a_00630

Vygotsky, L. S., & Cole, M. (1978). *Mind in Society: Development of Higher Psychological Processes*. Harvard University Press.

Wang, S.-H., & Morris, R. G. (2010). Hippocampal-neocortical interactions in memory formation, consolidation, and reconsolidation. *Annual Review of Psychology*, *61*, 49-79. https://doi.org/10.1146/annurev.psych.093008.100523

Whiten, A., Horner, V., & de Waal, F. B. (2005). Conformity to cultural norms of tool use in chimpanzees. *Nature*, *437*(7059), 737-740. https://doi.org/10.1038/nature04047

Williams, M. (2017). John Dewey in the 21st century. *Journal of Inquiry and Action in Education*, *9*(1).

Wilson, M. A., & Wilson, T. P. (2005). An oscillator model of the timing of turn-taking. *Psychonomic Bulletin & Review*, *12*(6), 957-968. https://doi.org/10.3758/BF03206432

Wing, E. A., Ritchey, M., & Cabeza, R. (2015). Reinstatement of individual past events revealed by the similarity of distributed activation patterns during encoding and retrieval. *Journal of Cognitive Neuroscience*, *27*(4), 679-691. https://doi.org/10.1162/jocn_a_00740

Woodworth, R. S., & Thorndike, E. L. (1901). The influence of improvement in one mental function upon the efficiency of other functions. (I). *Psychological review*, *8*(3), 247-261. https://doi.org/10.1037/h0074898

Xue, G. (2018). The neural representations underlying human episodic memory. *Trends in Cognitive Sciences*, *22*(6), 544-561. https://doi.org/10.1016/j.tics.2018.03.004

Yang, Z., Wu, J., Xu, L., Deng, Z., Tang, Y., Gao, J., ... Wang, J. (2020). Individualized psychiatric imaging based on inter-subject neural synchronization in movie watching. *NeuroImage*, *216*, 116227. https://doi.org/10.1016/j.neuroimage.2019.116227

Yonelinas, A. P., Ranganath, C., Ekstrom, A. D., & Wiltgen, B. J. (2019). A contextual binding theory of episodic memory: systems consolidation reconsidered. *Nature Reviews Neuroscience*, *20*(6), 364-375. https://doi.org/10.1038/s41583-019-0150-4

Zhao, H., Cheng, T., Zhai, Y., Long, Y., Wang, Z., & Lu, C. (2021). How mother-child interactions are associated with a child's compliance. *Cerebral Cortex*, *31*(9), 4398-4410. https://doi.org/10.1093/cercor/bhab094

Zheng, L., Chen, C., Liu, W., Long, Y., Zhao, H., Bai, X., ... Lu, C. (2018). Enhancement of teaching outcome through neural prediction of the students' knowledge state. *Human Brain Mapping*, *39*(7), 3046-3057. https://doi.org/10.1002/hbm.24059

Zheng, L., Liu, W., Long, Y., Zhai, Y., Zhao, H., Bai, X., ... Lu, C. (2020). Affiliative bonding between teachers and students through interpersonal synchronization in brain activity. *Social Cognitive and Affective Neuroscience*, 1-38. https://doi.org/10.1093/scan/nsaa016

Zhou, S., Chen, S., Wang, S., Zhao, Q., Zhou, Z., & Lu, C. (2018). Temporal and spatial patterns of neural activity associated with information selection in open-ended creativity. *Neuroscience*, *371*, 268-276. https://doi.org/10.1016/j.neuroscience.2017.12.006

Zhou, S., Xu, X., He, X., Zhou, F., Zhai, Y., Chen, J., ... Lu, C. (2023). Biasing the neurocognitive processing of videos with the presence of a real cultural other. *Cerebral Cortex*, *33*(4), 1090-1103. https://doi.org/10.1093/cercor/bhac122

Zhu, Y., Pan, Y., & Hu, Y. (2019). Learning desire is predicted by similar neural processing of naturalistic educational materials. *eNeuro*, *6*(5). https://doi.org/10.1523/eneuro.0083-19.2019

第四章

認知、語言與社會情感發展的腦基礎

陶沙

本章導讀

認知、語言和社會情感是人類心智發展的三大支柱，也是教育的核心目標。本章將結合研究進展，討論這些能力發展背後的腦神經機制，為優化教育教學實踐提供科學的理論基礎。

在認知發展方面，我們將探討智力與腦結構和功能的關聯，包括腦容量、灰質、白質等與智力水平的關係，並介紹智力的腦定位模型——額頂整合理論。此外，還將分析腦功能網絡如何支持高效的認知加工，以及腦發育軌跡與認知能力、認知能力提升的動態關係。

在語言發展方面，我們將聚焦口語和閱讀能力發展的腦基礎，從嬰兒的語音感知到複雜的句法理解，以及從字詞識別到篇章理解，闡述大腦如何支持語言能力的逐步提升。同時，我們將關注二語學習的腦機制，特別是母語背景的影響以及針對性的訓練策略。

在社會情感發展方面，我們將討論社會情感加工的關鍵神經環路，包括面部知覺、鏡像神經元和心智化網絡，探討杏仁核在情緒調控和社會學習中的作用。此外，還將關注情緒行為問題的腦機制及其與認知、語言發展的相互關係。

本章通過討論與個體發展和教育有關的腦與心智研究重要進展，幫助讀者理解腦與心理發展，推動將神經科學的發現應用於教育實踐，最終促進學生認知、語言和社會情感的全面發展。

第一節　智力的腦基礎

智力（Intelligence）與認知能力（Cognitive ability）同義，指人類適應環境和解決問題的基礎能力。智力可分為一般能力（*g*）和特殊能力。一般能力是指完成各種適應任務和解決問題所需的基本能力，具有較強的穩定性，且與個體的生存與發展密切相關，受到高度重視。*g* 因素通常通過精心設計、具有良好信效度的標準化智力測驗來量化，涵蓋注意、記憶、空間理解和推理等能力。探索智力的腦基礎是理解智力個體差異的重要課題。關於智力的腦基礎關注以下問題：智力或一般認知能力，即 *g* 因素，是否與腦的結構和功能相關？*g* 因素在腦的何處？其發展變化的腦基礎是甚麼？

關於上述問題的科學證據主要來自普通人群的關聯研究和疾病損傷模型。在現代腦成像技術普及之前，疾病損傷模型是主要的研究範式，尤其在探索智力的腦定位方面具有重要價值。然而，疾病損傷研究通常存在樣本數量不足、損傷異質性大和範圍廣的問題，因此面臨可重複性差、難以分離不同損傷與症狀的特異性關係等挑戰。自 20 世紀 90 年代以來，隨着磁共振成像、高密度腦電、近紅外成像和腦磁圖等一系列安全無創的腦成像技術飛速發展和研究應用，普通和健康人群的研究逐漸興起，為理解腦與智力個體差異的關係提供了豐富的證據，極大地更新了相關認識。

一、智力與腦結構的關聯

聰明人的大腦特殊在哪裏？人們通常猜測，腦越大，智力可能越高。利用磁共振成像測得的腦體積與智力測驗分數之間存在中等程度的正相關（Deary, Cox & Hill, 2022）。一項整合 148 項研究的結果顯示，腦體積與智力測驗分數的相關性為 0.24（Pietschnig et al., 2015）。年齡段、樣本量、智力測驗的信效度等都可能影響二者相關的具體強度。近期研究利用英國生物銀行數據庫，分析了近 2 萬名 44-81 歲的中老年人，發現腦體積與信效度良好的智力測驗分數相關係數為 0.276（Cox et al., 2019），與綜述整合研究結果相似。

腦體積作為一個相對寬泛的腦結構指標，難以完全捕捉智力與腦結構之間的關係。皮層厚度、表面積、神經元密度和白質等指標能夠更準確地反映腦結構特徵，更好地估計腦結構與智力的關係。灰質（Grey matter）由神經細胞組成，在成像上呈現灰色，因而稱為灰質。一般認為，灰質是信息儲存和處理的主要載體。灰質的定量通常以體積、厚度和表面積為指標。灰質的體積和厚度通常在童年早期達到頂峰，之後逐漸下降。成人和損傷模型的研究均支持灰質體積和厚度與智力測驗分數之間存在顯著中等或小強度正相關（Cox et al., 2019; Gläscher et al., 2010; Karama et al., 2014）。白質（White matter）則負責連接各個腦區，由包裹髓鞘的神經纖維構成，在成像上呈現白色，是信息傳導的載體。白質的測量通常採用各向異性（Fractional anisotropy, FA）和彌散均值（Mean diffusivity, MD）。FA 指水分子擴散的方向一致性，通常隨年齡下降；MD 指整體彌散程度，通常隨年齡增大。對 8-81 歲的普通人群研究表明，較高的 FA 和較低的 MD 與較高的智力相關（Cox et al., 2019; Penke et al., 2012），但效應量依然較小。白質所支撐的皮層連接可能是加工速度個體差異的生物基礎，白質的完整度指標可以解釋老年群體中 10% 的智力變異（Penke et al., 2012），而這種影響是由加工速度完全中介的。從結構連接的角度來看，探討腦的連接效率、腦結構網絡節點和複雜度等與智力的關係，有助於深入理解智力的腦結構網絡基礎。

多維腦結構指標能夠更好地捕捉智力的個體差異。綜合皮層體積、表面積、厚度、皮下核團體積和白質特徵的研究顯示，可解釋平均 73 歲老年群體智力 18% 的變異（Ritchie et al., 2015）。使用英國生物銀行的數據，多維腦結構特徵能夠解釋中年和老年群體智力變異的 5.4% 和 13.6%（Cox et al., 2019）。

腦體積、灰質體積、皮層厚度和白質體積與智力之間的中度正相關，可能與神經元密度、突觸數量和長度等因素相關。一項研究特別採集了 46 例成人腦組織切片及其生前智力測驗分數，發現神經元突觸的密度和複雜性，而非長度，介導了皮層厚度與智力的相關性（Goriounova et al., 2018）。此外，腦結構特徵和智力之間還呈現中等程度的遺傳關聯（Deary, Penke & Johnson, 2010）。

二、智力的腦定位

智力是否存在核心腦區？頂葉—額葉整合理論（The parieto-frontal integration theory, P-FIT）嘗試從腦灰質結構、白質和任務狀態下的功能活動等多角度，識別智力的關鍵腦區（Jung & Haier, 2007），是迄今最具影響力的智力個體差異腦定位模型（Deary, Cox & Hill, 2022）。Jung 與 Haier 整合研究證據，提出智力個體差異主要與額葉、頂葉及部分顳葉和枕葉構成的腦網絡有關。在該網絡中，枕葉的外側紋狀體（布羅德曼區：BAs 18、19）和梭狀迴（BA 37）參與視覺輸入識別、想像和細緻加工；顳葉的韋尼克區（BA 22）參與聽覺輸入的加工；頂葉的緣上迴（BA 40）、頂上迴（BA 7）和角迴（BA 39）負責視聽信息的加工，並進一步實現符號表徵、抽象和精細加工。上述頂葉與額葉腦區（主要是 BAs 6、9、10、45、46 和 47 區）相互作用，形成工作記憶網絡，用於權衡對不同任務的反應；一旦做出決策，前扣帶迴（BA 32）則維持選擇的反應，並抑制其他反應。連接不同腦區的白質（如弓形束）支持腦區間的互動。相對而言，左側大腦與認知活動之間的關係更為密切。

P-FIT 模型得到了多項研究的支持。例如，一項基於 241 個病例的大規模損傷模型研究（Gläscher et al., 2009）克服了疾病損傷模型常存在的樣本數量不足、損傷異質性大和範圍廣的問題，在較大樣本中建立了腦結構損傷與智力成分的特異性關係模型，發現左側的額頂區與工作記憶效率相關，左額下迴與言語理解相關，右側頂葉與知覺組織相關。

近期基於大樣本的普通、健康人群研究部分支持了 P-FIT 模型，同時也對其提出了挑戰。一方面，基於英國生物銀行數據庫，在近 2 萬名 44-81 歲中老年人中，P-FIT 定義的腦區中，扣帶迴 / 楔前葉體積與智力測驗分數相關性相對最強，但均小於 0.2（Cox et al., 2019）。另一方面，值得注意的是，P-FIT 未涉及的腦區 —— 丘腦體積與智力測驗分數的相關最高（r = 0.25），其他皮下核團體積與智力測驗分數之間存在較小但顯著的相關性，例如與尾狀核體積的相關約為 0.13。不過，在控制其他腦區的影響後，只有海馬（r = 0.05）和丘腦體積（r = 0.19）與智力存在特異性相關。在白質與智力的關聯上，研究顯示，胼胝體，而不是 P-FIT 理論提出的弓形束，主導了二者的關聯。胼胝體的長程皮下一皮層連接通路、膝部，以及丘腦主導的皮下通路與智力的相關相對較高，但均低於 0.11（Cox et al., 2019）。胼胝體的重要性得到其他研究的支持，例如，胼胝體損傷與較低智力相關，胼胝體的退行性變化也與智力下降中度相關（Puzo et al., 2019; Ritchie et al., 2015）。

三、智力個體差異的腦功能網絡

腦結構特徵與智力個體差異穩定相關。那麼，智力的腦功能基礎如何？我們可以推測，高智力個體的腦功能活動更為高效，以更少的腦資源完成認知任務。人腦不同腦區之間相互連接，形成複雜的功能網絡，以處理和整合信息。即使在安靜、無任務的狀態下，人腦也會持續發生系統性活動，即靜息腦活動（Resting-state brain activity）。靜息腦活動使人們能夠迅速、靈活地應對複雜的世界，是理解和預測人類認知與適應差異的重要神經特徵。腦功能網絡的組織特徵具有小世界（Small-world）屬性，局部的短連接和全域的長連接相互配合，實現局部和全域信息的高效加工。

腦靜息功能網絡連接與智力之間存在中等程度負相關。對 19 名成人進行的靜息磁共振掃描（van den Heuvel et al., 2009）在體素水平的分析顯示，靜息腦網絡的全域長程連接路徑長度與韋氏智力測驗測得的智商存在顯著負相關，表明腦區間信息整合的效率越高，智力表現越好。局部靜息連接路徑的長度及功能連接數量與智商的相關則不顯著。腦靜息功能的全域連接與智商的相關強度超過 0.5，顯著高於腦結構特徵與智商的關係強度。因此，可以認為，人類智力水平在相當大程度上受腦是否形成高效的全域連接，以及腦網絡不同區域的信息處理能否在全域中達到高效整合的影響。此外，內側前額葉（BA 9/10）、下頂葉（BA 39/40）、左側顳上迴（BA 22/40）和左側額上迴（BA 44/45）的全域功能連接與智商的相關性相對較高，接近或超過 0.7，提示這些腦區與其他腦區連接更多，對全域網絡效率的影響顯著，為 P-FIT 理論提供了靜息腦功能活動的證據。同時，這些額葉和頂葉的關鍵節點與默認網絡相重合，顳葉的節點與語言網絡重合。

隨着認知神經科學研究的深入，大規模人群研究不斷開展，為理解智力的靜息腦網絡基礎提供了增大樣本量、改善外推效度的寶貴機會。利用著名的人類連接組計劃數據庫（Human connectome project, HCP），對近 900 名 22-36 歲成人的近 1 小時靜息磁共振掃描數據和 10 個認知任務的 *g* 因子進行分析。

結果顯示，在控制性別、年齡、腦容量、頭動和掃描參數後，靜息功能連接所預測的 g 因子與實測 g 因子呈顯著正相關，相關係數超過 0.45，解釋了智力 20% 以上的變異（Dubois et al., 2018）。為檢驗 P-FIT 模型，研究進一步分解出 7 個靜息子網絡，包括額頂網絡、背側注意網絡、扣帶蓋網絡、默認網絡、視覺網絡、聽覺網絡和運動 / 觸覺網絡，結果顯示，與 P-FIT 模型一致的額頂網絡、扣帶蓋網絡、默認網絡和視覺網絡與 g 因子的關係相對較強，而背側注意網絡、聽覺網絡和運動 / 觸覺網絡與 g 因子的關係較弱，在一定程度上支持了 P-FIT 模型。此外，研究還進一步探索了任何單一或兩個子網絡與 g 因子的關係，以及在損傷任何單一或兩個子網絡後，整體靜息功能連接與 g 因子的關係。結果顯示，任何單一或兩個子網絡與 g 因子的相關性都會顯著下降至 0.3 及以下，而損傷任何單一或兩個子網絡後，整體靜息功能連接與 g 因子的相關強度並未顯著受到影響。由此可見，整個大腦的網絡協同對於良好的智力活動至關重要，任何單一腦結構或腦網絡並不是不可或缺的關鍵。

考慮到靜息腦功能活動本身具有動態性，近期的研究進一步比較了動態腦功能和靜態腦功能網絡與智力的關係（Liégeois et al., 2019）。基於 HCP 數據集的 700 多名被試，控制年齡、性別、教育背景和頭動之後，在秒級別定量的動態功能連接模式能夠解釋認知任務表現約 60-80% 的變異，顯著高於基於整體平均功能連接的靜態模式所解釋的約 20% 的變異。特別是在注意和工作記憶方面，動態功能連接可以解釋 70% 以上的變異。默認網絡、額頂網絡及皮下網絡的動態連接模式對認知任務表現具有最強的解釋力。

四、腦發育與智力發展的動態關係

兒童期的大腦經歷快速發展。皮層結構發育的一個重要特點是出生後皮層經歷了從增厚到變薄的過程，同時皮層表面積和白質逐漸擴展（Alemán-Gómez et al., 2013）。分析超過 12 萬人的全球磁共振成像數據（Bethlehem et al., 2022），結果顯示皮層灰質厚度在生命早期迅速增長，在童年期達到頂峰，隨後逐漸下降；而皮層灰質表面積則經歷了先增長，在青少年期緩慢下降的發育模式；白質的發育相對較晚，整個兒童和青少年期直至成年初期均呈現出單調增長的模式，隨後下降，在老年期則先於灰質退行。

腦發育與智力發展的個體差異有何關係？由於腦發育軌跡和智力發展軌跡並不遵循一致的發展變化模式，因此，採用成年期橫斷研究難以揭示兒童腦發育與智力發展的關係，而需要借助縱向研究，在發展過程中釐清二者之間的動態關係。

在腦發育與智力發展動態關係的研究中，Shaw 及其同事

（2006）揭示了不同智力水平個體之間存在各異的皮層厚度發育軌跡，研究結果得到了後續研究的支持（如 Schnack et al., 2015）。Shaw 等採用縱向加速設計，利用磁共振成像定量皮層厚度，使用韋氏智力測驗定量智力，追蹤 307 名 6-19 歲兒童青少年。結果顯示，不同年齡階段皮層厚度與智商的相關性經歷了從負相關到正相關的轉變，均不超過中等強度（-0.4~0.4）。在兒童早期（8 歲前），皮層厚度越小，智商越高，二者負相關；在兒童晚期（9-11 歲），皮層厚度越大，智商越高，二者正相關；在青少年期（12-16 歲）及成年初期（17 歲後），皮層厚度與智商的相關性減弱。在兒童晚期，前額葉厚度與智商的相關性最強。這一研究首次揭示，智力與皮層厚度的相關性在不同年齡段表現出不同的趨勢，而非一成不變。

更重要的是，皮層厚度的發育軌跡在不同智商水平之間存在顯著差異。超高智商組的皮層厚度在追蹤開始時較薄，隨後顯著增厚，並在 11-13 歲時達到頂峰，之後開始變薄；普通智商組的皮層厚度最早在 7-8 歲時達到頂峰，而智商較高組則在兩者之間，其變化軌跡與中等智商組無顯著差異。可見，高智商個體擁有更長的皮層厚度發育時間，且增厚和變薄幅度較大，表明其皮層具有更大可塑性。超高智商組與其他兩組之間最顯著的發育差異主要出現在雙側額上迴和內側前額葉；左側額中迴、顳下迴和角迴的發育軌跡的組間差異也顯著。皮層結構變化，而非靜態特徵，與智力發展的關係更為緊密。從發育的角度看，可以認為智商的高低與皮層發育的時間和軌跡密切相關，高智商個體從更長時間的皮層發育中獲益，體現了更大的腦可塑性。

皮層表面積與智力發展的關係與皮層厚度有所不同。對 500 多名 9-60 歲個體開展平均間隔 4 年的追蹤研究（Schnack et al., 2015）發現，智商較高的個體在兒童青少年期左右半球皮層擴張一般較小，或更早完成擴張，成年期皮層收縮更多。皮層表面積與智商之間存在正相關，這在女性中達到顯著水平。與智商顯著相關的皮層表面積主要位於雙側中央前迴、左內側額葉、右側緣上迴、上下頂葉、鰓蓋和楔葉。在 10 歲時，智商較高的兒童皮層表面積更大，且智商較高者更早完成皮層的擴張，隨後收縮。雖然兒童青少年期皮層厚度和表面積的發育與智力之間的關係在時間和方向上有所不同，但和前述研究一致表明，腦結構發育變化的軌跡比靜態結構特徵與智力發展的關係更為緊密。

不僅皮層灰質的發育與智力發展相關，白質也是智力發育的重要生物基礎。白質主要由神經元之間的軸突構成，是神經元之間信息傳遞的載體。關於白質發育與智力發展的關係的研究相對較少。採用彌散張量成像（DTI）的研究在 47 名 5-18 歲兒童中控制年齡和性別，發現額葉和枕頂葉的白質各向異性（FA）與韋氏智力測驗得分正相關（Schmithorst et al., 2005），提示神經纖維的組織與密度可能是智力發展的重要基礎。對

6-22 歲群體的研究顯示，背外側前額葉與下頂葉之間的白質連接顯著預測推理能力的發展，表明白質的成熟促進了推理能力的提升（Wendelken et al., 2017）。基於當前全世界最大規模的兒童青少年腦與行為追蹤研究——美國 ABCD（Adolescent Brain and Cognitive Development）數據庫，研究採用結構方程模型，以白質體積、FA 和 MD 估計白質發育，結果顯示，白質發育與智力相關，能獨立解釋超過 12% 的智力發展變異。其中，白質體積的貢獻最大，其次為白質 FA，而白質 MD 的貢獻相對較小（Michel, McCormick & Kievit, 2024）。

比較灰質和白質在智力發展中的作用，研究結果顯示，以灰質體積、皮層厚度和表面積估計的灰質發育對認知發展的解釋率約為 15%，略高於白質發育 12% 的解釋率；灰質和白質發育共同解釋了將近 20% 的認知發展變異，提示兩者既各有獨特的解釋力，也有部分重疊的解釋力，而綜合腦的灰質與白質特徵能夠更好地解釋腦與認知發展之間的關係（Michel, McCormick & Kievit, 2024）。灰質和白質發育對認知發展的重疊解釋力可能反映了兩者在發育過程中存在相互影響。

在腦靜息功能網絡的發育與認知能力發展的關係方面，研究發現，9-18 歲兒童青少年認知能力的提升與額葉和顳葉全域及局部網絡效率的提升顯著相關，同時與扣帶迴和枕葉局部效率下降顯著相關（Koenis et al., 2015）。

探索腦發育與智力發展的動態關係有助於促進智力的發展並預防發展滯後。對 33 名 12-14 歲的青少年進行 2-3 年的追蹤研究（Ramsden et al., 2011）發現，青少年期言語智商和操作智商均存在顯著的個體差異，一些青少年智商顯著提升，而另一些則顯著下降。研究顯示，言語智商的變化與言語—運動相關腦區（如中央前迴）灰質密度變化正相關，操作智商則與運動相關的小腦前部灰質密度變化正相關。儘管言語智商與操作智商的發展表現出較高的穩定性，但仍存在顯著的個體再分化，分別有 20% 和 13% 的變異可以由相應的腦結構變化解釋，而 14% 和超過 50% 的變異則無法通過基線智力水平和腦結構發育加以解釋。這表明，在發展過程中，腦與智力發展存在顯著的可塑性，為教育及臨床實踐提供了重要啟示。

不僅腦的皮層結構發育可能預測智力發展，智力發展也可能反過來影響皮層結構的發育。一項研究（Estrada et al., 2019）對 430 名平均年齡為 10 歲的兒童進行了三次追蹤測評，歷時 4 年，交叉滯後模型分析結果顯示，控制自回歸後，10-14 歲兒童的皮層厚度變化與韋氏智力測驗總分變化顯著相互預測，皮層表面積的變化也顯著預測認知發展的變化。具體而言，皮層變薄和皮層表面積減少幅度較小的個體智力提升較多；而智力提升明顯的個體後續皮層厚度變薄幅度更大，但與皮層表面積變化無顯著相關。所涉及的皮層區域與已有的元分析結果一致（Basten et al., 2015），並與智力的頂葉—額葉整合理論（Jung

& Haier, 2007）的觀點相符。

智力發展有效預測後續的皮層結構發育，反映出腦具有顯著可塑性。智力水平較高的兒童青少年通常參與更多高水平的認知活動，這不僅提升了他們的智力水平，還可能驅動相關腦區的結構加速重組。此外，高智商個體可能擁有更長的腦發育時間窗口，因此更具可塑性；相對而言，低智商個體則可能在較短時間內匆匆完成腦發育（Shaw et al., 2006），因此其可塑性有限。一項針對多達 11,000 對雙生子的行為遺傳學研究揭示，通過分離遺傳與環境變異可以發現，高智商個體更受環境影響，而低智商個體則更受遺傳影響（Brant et al., 2013）。

腦和智力的發育既受到基因調控，也受環境經驗的影響。模式動物研究已經清晰地顯示，剝奪環境會導致皮層厚度減少以及較差的問題解決與學習能力。人腦的發育與智力的發展也會因經驗而改變。因此，腦發育與智力發展的關係既可能反映其共同的遺傳聯繫，也可能反映環境經驗的影響。腦發育是智力發展的重要物質基礎，而智力的發展則可能帶來不同的經驗，進一步影響腦發育。腦發育與智力發展的因果關係並不簡單，未來需要更多的長期追蹤和干預研究加以深入探索。

總體而言，研究支持腦與智力及其發展的關係存在小而顯著的關聯（Deary, Cox & Hill, 2022）。一方面，可以確認，腦的結構和功能特徵是理解智力個體差異及其發展的重要生物基礎。另一方面，二者的關聯並非一一對應。即使在大樣本、多維腦結構特徵和信效度良好的智力測驗等條件下，二者的相關性最大也僅為 0.3 左右。這說明，腦與智力的個體差異關係複雜。同時，腦發育與智力發展的個體差異存在動態變化，腦的發育軌跡可以預測智力的發展。未來的研究需超越特定腦區、單一的灰質、白質及功能網絡指標，結合多維腦結構與功能網絡特徵，在大樣本和多樣化人群中，結合發育和疾病損傷設計，揭示腦與智力個體差異、腦與智力發展的關係，並不斷深化機制探索，從而有助於更好地理解智力及其發展的腦基礎。

第二節　語言發展的腦基礎

語言是人類最重要的文化工具，體現了人腦獨特的高級功能。語言發展不僅自身極為重要，還對認知、社會行為等其他領域的發展具有顯著的長期影響。語言發展受到腦結構和功能發育的支撐和制約，而語言學習經驗和發展水平也可能反過來影響腦的結構和功能發育。利用先進的無創腦成像技術，我們在語言發展與學習的腦結構與功能基礎、語言發展對腦的保護及優化等方面取得了重要認識。

腦電圖（EEG/ERP）、腦磁圖（MEG）和功能性近紅外光譜成像（fNIRS）是研究早期語言發展的主要技術手段，磁共振成像（MRI）在語言發展與學習研究中的應用日益普遍。語言發展始於口語聽覺加工，隨後逐步獲得詞彙和句法，在口語發展的基礎上獲得閱讀能力。隨着全球化進程的加快，第二語言學習日益普遍。作為人腦可塑性的體現，第二語言學習的年齡效應、母語背景影響及其發展溢出效應受到極大關注。

一、口語發展的腦發育基礎

新生兒即使在睡眠中也能對不同語音做出分化反應，語音處理顯現出左側化（Pena et al., 2003）。2-3 個月大的嬰兒能區分新異音節，在約 400 毫秒時大腦左後側出現與新異音節相關的腦電正波（Dehaene-Lambertz & Dehaene, 1994）。3 個月大的嬰兒在處理語音時，已經表現出與成年人相似的左側顳上迴和角迴的激活（Dehaene-Lambertz, Dehaene & Hertz-Pannier, 2002）。MEG 研究進一步識別出顳上區和額下區是嬰兒處理聲調、和聲以及音節的重要腦區（Imada et al., 2006）。使用 94 通道近紅外光譜成像技術觀察 3 個月大的嬰兒處理語音的腦功能網絡，結果表明，當嬰兒聽到語音時，雙側顳頂、前額及枕區的氧合血紅蛋白信號增加，去氧血紅蛋白信號減少，提示包括額葉和顳葉在內的大規模時空腦網絡是嬰兒語音處理的重要基礎，在語言習得中發揮着關鍵作用（Homae et al., 2011）。早在 14 個月，嬰兒已能借助語音線索初步區分已知和未知詞彙，

20 個月時可以進一步利用語義線索區分發音相似的已知和未知詞彙（Mills et al., 2004）。

在 20-24 個月期間，嬰兒詞彙迅速增長。詞彙量多的嬰兒其腦電 N400 波幅線性下降，而詞彙量少的嬰兒 N400 波幅的下降時間窗口明顯推遲，直到學習階段結束時才出現（Borgström et al., 2015）。語言規則在 1 歲前已經初步習得。2-3 歲的兒童已能區分正確與錯誤的語法，甚至是剛學會的詞，不符合語法的使用也會引發幼兒出現早期的腦電左前負波（在目標單詞出現 100-400 毫秒後）以及類似成人 P600 的腦後部晚期正波（在目標單詞出現 700-900 毫秒後），這提示幼兒和成年人在語法加工過程中腦電模式具有相似性（Brusini et al., 2016）。

在語言獲得中，兒童不同成分語言能力發展存在先後順序，並在發展中有機聯繫。從發展順序來看，對語音信息的聽覺處理先於意義和句法信息。嬰兒期的語音切分能力相關的腦電活動可以預測 2 歲時的詞彙技能（Von Holzen et al., 2018）。從語言能力的腦基礎網絡構建來看，早期的語言學習更多依賴於雙側顳皮質，隨後的句法習得則需要將左額葉與顳葉連接形成網絡，因此，連接經典語言相關腦區纖維束的成熟與句法習得密切相關（Friederici et al., 2012）。Skeide 與 Friederici（2016）綜述研究進展提出，在語音識別基礎上，嬰兒逐步獲得調用左側顳葉上部和中部進行詞性辨別和詞彙語義分類的能力；

在 4 歲時，兒童獲得了自上而下的語言處理能力，能夠在左下額葉的參與下處理語義和語法關係；而在 10 歲後，個體能夠高效加工複雜語法。兒童語言獲得中，腦網絡的逐步演變可能與外側裂語言區神經元的修剪及白質纖維連接的發育密切相關。

兒童語言腦的發育存在顯著的個體差異。家庭社會經濟地位較低的兒童在與語言發展緊密相關的左下額迴上的偏側化明顯較弱（Raizada et al., 2008）。不同社會經濟環境的兒童在海馬和杏仁核體積上顯著不同，並在與語言理解和語音產生有關的左側顳上迴和額下迴體積的差異上，隨着年齡增加而擴大（Noble et al., 2012）。在多種可能影響兒童腦與語言發展的因素中，親子語言互動可能是一個直接的影響因素。Romeo 等（2018）通過錄音記錄了 36 名 4-6 歲兒童的家庭日常交流，並與兒童語言加工的腦活動進行關聯分析。結果表明，家庭中成人與兒童之間的語言交流輪次越多，兒童在語言任務中左下額葉的激活越強。同時，成人與兒童之間的語言交流頻率和語言相關腦區激活可以解釋家庭社會經濟地位與兒童語言技能之間的 23% 的相關性。

二、閱讀發展的腦發育基礎

閱讀是從書面符號中獲取信息的複雜認知過程，閱讀的發展經歷不同階段。閱讀的第一步是識別書面符號並將其轉化為語音信息，提取人腦中已經存儲的詞條，即文字解碼。準確且快速的文字解碼是成功閱讀的基礎（Hoover & Gough, 1990; Joshi et al., 2012）。隨着字詞識別的逐漸熟練，閱讀的發展重點轉向對句子、段落和篇章的理解。

閱讀的腦基礎存在着發展變化（Martin et al., 2015，元分析）。一方面，正常兒童和成人在閱讀過程中激活了共同的大腦區域，如枕顳部與下額葉。另一方面，兒童更依賴於左後側顳上迴。在年齡較大的兒童和成人中，雖然左顳—枕葉區的語音系統仍繼續參與閱讀，但隨着視覺單詞識別在流利閱讀中變得更加自動化，對語音系統的需求減少，與單詞自動識別相關的腹枕顳區的作用則愈加顯著。

漢語閱讀的關鍵腦區具有一定特殊性。研究表明，左側額中迴的灰質體積與漢語的閱讀能力有關（Siok et al., 2008）。比較漢語閱讀障礙和正常兒童在韻母判斷任務中的腦區激活發現，漢語閱讀障礙者在左側額中迴的激活異常（Siok et al., 2009）。對比英語閱讀障礙者和漢語閱讀障礙者及其正常對照的腦激活（Hu et al., 2010），結果顯示這兩種語言的閱讀障礙者的低激活區域包括左側角迴、左側額中迴、後顳葉和顳枕區；而漢語閱讀障礙者沒有表現出與正常漢語閱讀相關的左側額下迴激活的增強，而英語閱讀障礙者沒有表現出正常英語閱讀相關的左側顳上迴激活的增強。漢語閱讀發展伴隨腦激活增強最為顯著的區域是右側枕中迴，該區域或許負責漢字整體性的視覺詞形加工；而在英語閱讀發展方面，頂下小葉激活增強最為顯著，該區域可能負責英文字母的形素到音素的拼讀過程（Cao et al., 2015）。

無論在初級還是高級階段，閱讀能力的發展不僅依賴於腦的發育成熟，還需要腦神經網絡的良好組織、高效連接（Wandell et al., 2012）。已有研究表明，在正常人群的閱讀過程中，左側顳頂角迴與布羅卡區的連接強度與閱讀能力之間呈正相關（Hampson et al., 2006）。越來越多的研究表明，高效的網絡組織對於熟練閱讀極為重要。左側枕下迴和頂上小葉、左側顳下迴和頂下小葉、右側梭狀迴和頂上小葉的靜息態功能連接強度與閱讀能力呈正相關。彌散磁共振成像研究顯示，兒童在 6 歲時弓狀束的各向異性係數（FA）與閱讀前期的語音技能相關，6-8 歲期間其體積成熟度可預測未來的閱讀表現（Myers et al., 2014）。一項對 136 名年齡在 15-28 歲的正常青少年研究顯示，大腦雙側區域，特別是額葉、頂葉及顳葉之間的連接 FA 值與閱讀能力呈正相關（Lebel et al., 2013）。在發展性閱讀障礙個體中，某些白質通路的連接異常，導致多個系統之間信息映射的樞紐區域功能異常。閱讀障礙兒童的識字能力與白質結構網絡的拓撲參數（聚類係數、局部效率、傳遞效率和全域效率）呈正相關，表明閱讀障礙兒童的識字能力下降與全域白質網絡拓撲特性的改善相關（Lou et al., 2019）。

近年來，利用腦神經指標實現閱讀障礙的早期預測受到了研究和臨床的高度關注。在涉及閱讀能力發展的個體差異預測的腦影像指標上，Molfese（2000）的研究表明，兒童出生時對言語和非言語刺激的聽覺事件相關電位成分（MMN）可用以區分其 8 年後的閱讀能力是否正常。事件相關電位的 N1 成分是反映文字專家化加工的電生理指標（例如，Bentin et al., 1999; Lin et al., 2011）。文字的 N1 標記是對閱讀正常與障礙功能區分敏感的腦電指標。對 5-6 歲漢語兒童的研究發現，6 歲組的高識字量學前兒童已出現文字特異性的 N170 效應（Li et al., 2013）。研究對幾乎沒有文字經驗的 5 歲幼兒進行為期 1 個月、共計 100 分鐘的視覺學習與書寫學習訓練（Zhao et al., 2015; Zhao et al., 2018），結果表明，不同類型的讀寫經驗對文字 N1 效應的影響不同。視覺組兒童右側電極的文字 N1 波幅顯著提高，左側電極的文字和面孔 N1 波幅差值減小；而書寫組兒童的右側電極的文字和面孔 N1 在訓練前波幅差異消失。這一結果說明，在早期文字學習階段，文字經驗可以在短時間內調控文字 N1 效應的出現。相對單純使用行為指標，結合學年初的腦結構、功能性 MRI 指標與行為指標的混合模型比單純採用腦發育指標或行為指標的模型顯著提高了對學生學年末閱讀能力的預測準確度（Hoeft et al., 2007）。長期追蹤研究（Hoeft et al., 2011）進一步支持了混合模型的預測有效性。結合功能性磁共振數據、彌散磁共振兩個腦測量指標及行為測量指標的多變量模型對兒童 2-3

年後的閱讀能力預測正確率達到 72%；增加語音加工全腦激活特徵的多變量模型對兒童閱讀能力的長期預測準確率超過 90%。

三、第二語言學習的群體特徵和個體差異的腦機制

第二語言學習的起始年齡（Age of acquisition, AOA）是否影響第二語言加工的腦機制？一些研究發現，越早學習第二語言，第二語言與母語之間的大腦神經活動定位越相似。早期一項廣受關注的研究（Kim et al., 1997）發現，6 歲前開始學習第二語言的熟練雙語者在完成第二語言句子理解時，其激活腦區與母語句子理解時的激活區一致，而在 6 歲以後學習第二語言的高熟練雙語者的第二語言加工模式與母語之間在額葉區域存在較大差異，即需要額外的大腦激活來處理第二語言的語法。同時，雙語者在閱讀兩種語言時激活相似的腦區，然而，5 歲後學習第二語言的繼時性雙語者在閱讀第二語言時會額外激活與語音運動和詞彙流利性有關的左前運動皮層、左側額下迴和小腦，以及與視覺注意力和語音產生控制相關的枕下皮層和前扣帶迴，這表明語音產生和編碼的腦區受到 AOA 的影響。當晚期學習第二語言且語言熟練度較高時，與語音運動和閱讀相關的特定腦區激活會顯著增強，這可能反映了晚期第二語言習得的補償機制（Berken et al., 2015）。

另一方面，越早學習第二語言，第二語言和母語之間的腦神

經活動更依賴雙通路（Das et al., 2011）。作為學習經驗的一部分，AOA 的作用可能受到第二語言學習熟練度和學習方式等因素調節（Hartshornea et al., 2018）。低熟練度的意大利—英語雙語者在完成句子理解時，其左側顳葉腦區激活程度顯著低於高熟練度者（Perani et al., 1998）。第二語言學習 6 個月後，成人的雙側顳頂語義—語音網絡及右側額顳通路的白質連接顯著增強，半球間白質連接下降，且白質連接的變化與第二語言學習表現顯著相關（Wei et al., 2024），提示新的語言學習重塑了語言加工網絡，減少了來自語言主導的左半球對第二語言的抑制作用。漢語和英語在這方面的差異顯著。一項研究顯示，漢—英雙語者在進行漢語和英語閱讀任務時，其腦神經活動模式存在明顯差異，兩種語言之間的活動區分離程度達到 50.1-97.6%，表明兩種語言之間存在功能上的獨立性（Xu et al., 2017）。

二語學習深刻受到母語語言背景的影響。英語作為拼音文字，遵循字母到音位的轉換規則（Grapheme-to-phoneme correspondence, GPC），因此字母與音位的整合是英語閱讀學習的基礎技能（Byrne & Fielding-Barnsley, 1989）。例如，單詞「cat」由字母「c」「a」「t」構成，字母與對應的音位 /k/、/æ/、/t/ 相匹配。與之相對，漢語是非拼音文字，在漢語閱讀中以語素和視覺模式分析為主，不存在字形基本單元與聲音基本單元的直接對應和轉化。例如，「貓」的組成部分「豸」和「苗」無法對應其拼音「m」「āo」，而在字形上與整體音節相對應。

可見，漢語和英語在文字系統上存在顯著差異，這可能為以漢語為母語的英語學習者帶來特殊的閱讀認知挑戰。

拼音文字的熟練閱讀者，閱讀時其大腦能夠在 100-200 毫秒內快速、高效地整合字母與語音，實現自動化整合（Froyen et al., 2011）。通過腦電設備的研究發現，在視聽雙重通道刺激下，與單耳聽覺相比，跨視聽通道失匹配負波（Mismatch negative, MMN）的反應增強，作為閱讀解碼的腦電標記（Froyen et al., 2009; Andres et al., 2011; Froyen et al., 2011）。

為了考察母語背景是否以及如何限制英語學習者在英語閱讀過程中的字母—語音自動化整合，Yang 等（2016）比較了漢語母語者與韓語母語者（韓語同樣為拼音文字）在英語單詞解碼及跨通道 MMN 範式下的表現。與漢語母語者相比，韓語母語者在英語單詞解碼速度上顯著更快，且在延遲整合條件下跨通道 MMN 顯示顯著增強，體現出類似於 11 歲英語母語兒童的特徵。相對而言，無論漢語母語者單詞解碼速度快或慢，在同時整合和延遲整合條件下並未出現增強的跨通道 MMN，反而與單聽條件相比，呈現出減弱的反應，說明漢語母語者未能成功實現英語字母與語音的自動整合。這表明漢語母語背景確實限制了英語學習者在字母—語音自動化整合中的表現，從而影響了其解碼速度。

即使在英語熟練程度較高的情況下，漢語母語者在單詞閱讀準確性和速度方面與英語母語者相當，但仍受到漢語母語背景對字母—語音自動化加工的限制。Wang 等（2019）的研究顯示，無論英語熟練程度如何，漢語母語者均出現減弱的跨通道 MMN，這證實了漢語母語背景對英語閱讀中字母—語音自動化整合的顯著制約；即使英語學習者高度熟練，其大腦的自動化活動仍然受到漢語的「印記」限制。

綜上所述，漢語為母語的英語學習者在英語閱讀學習中受母語背景的制約，面臨的主要挑戰在於英語單詞解碼速度較慢和字母—語音的自動整合不足。

母語背景對二語學習的影響並非不可變。高強外顯的短期英語字母—語音整合專項訓練顯著增強漢語母語者的視聽跨通道 MMN，改善字母—語音自動化整合能力（Du et al., 2023），幫助學習者克服母語背景對二語自動化加工的制約。通過隨機對照試驗（Randomized controlled trial, RCT）設計，將學習者隨機分配至字母—語音訓練組和符號—語音訓練組。訓練前，兩組學習者均未能有效實現英語字母—語音的自動化整合；在 3 小時訓練後，兩組均不再出現減弱的跨通道 MMN，並沒有顯著差異；而在 6 小時訓練後，只有字母—語音訓練組出現跨通道 MMN 顯著增強，與韓語母語英語學習者和 11 歲拼音文字母語者表現出相似模式。這一隨機對照訓練研究表明，針對性的訓練可以有效幫助漢語母語者克服母語背景對英語解碼自動化加工的限制。

表 1　腦電跨通道失匹配負波範式與我國英語學習者閱讀解碼自動化反應特點及訓練

a.

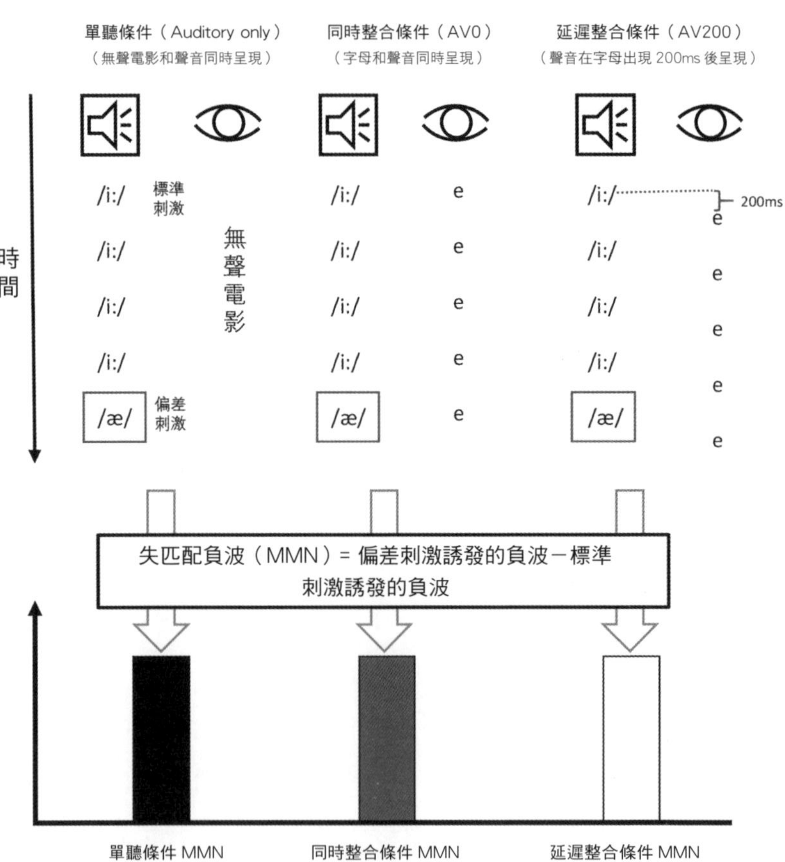

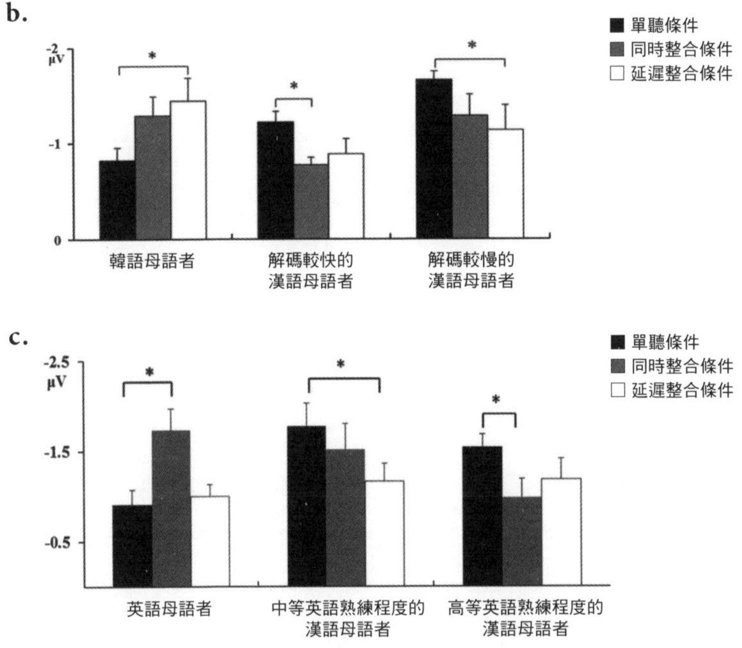
b.
單聽條件
同時整合條件
延遲整合條件
-2
μV
-1
0
*
韓語母語者
解碼較快的
漢語母語者
解碼較慢的
漢語母語者
c.
單聽條件
同時整合條件
延遲整合條件
-2.5
μV
-1.5
-0.5
*
英語母語者
中等英語熟練程度的
漢語母語者
高等英語熟練程度的
漢語母語者

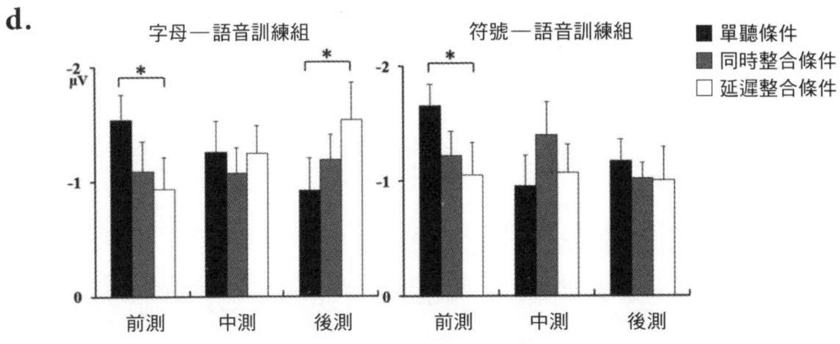
d.
字母—語音訓練組
符號—語音訓練組
單聽條件
同時整合條件
延遲整合條件
-2
μV
-1
0
*
前測
中測
後測

非特異的經驗也可能幫助學習者克服母語背景的制約。音樂學習是一種精細的視聽整合經驗，雖然並不特定於語言學習，但長期積累也能顯著提升英語學習者對英語字母—語音的自動化整合能力。Wang 等（2020）對漢語母語音樂家的研究發現，具有長期專業音樂學習經驗的漢語母語者在同時整合和延遲整合條件下均表現出跨通道 MMN 顯著增強，表明他們能夠實現對英語字母—語音的自動化整合，儘管這種整合模式不同於英語母語者。因此，可以認為，由於音樂學習對視覺—聲音整合加工的高度要求，可能促進包括英語字母—語音在內的視聽通道信息的自動化整合，而其機制可能與語言特異性的視聽加工整合有所不同。

案例分析：如何基於科學研究證據，
針對性促進我國英語學習者實現英語單詞解碼的自動化

為有效解決我國英語學習者所面臨的「少、慢、差、費」問題，我們綜合群體比較和干預訓練的研究提示，需要高度關注識別我國英語學習者認知加工的特殊挑戰和難點，充分理解其英語閱讀學習的規律，找到影響英語閱讀學習的關鍵技能並進行針對性訓練和干預。上述研究成果對英語閱讀學習與教學具有以下啟示：

首先，基於實證證據，理解英語作為第二語言的閱讀學習規律，以文字解碼及其關鍵腦認知加工為突破點，為解決英語

閱讀學習中的「少、慢、差、費」，成功邁出第一步。閱讀學習應循序漸進，基礎到複雜、高級逐步提升，起步於文字解碼。由於漢語與英語之間存在顯著差異，不論在神經加工還是在關鍵認知技能上，英語閱讀都與漢語閱讀有所不同，因此，我國學生在腦和認知兩個層面上都需要克服母語背景的影響，構建字母—語音自動化轉化和整合的英語文字解碼能力。充分識別在英語文字解碼中存在字母—語音整合不足的學習需求，精準匹配支持，推動學習者通過專項訓練儘快解決文字解碼的挑戰，從而實現高水平的閱讀理解，最終通過大量、豐富與深度的閱讀獲得高水平的自主發展。

其次，英語閱讀學習與教學需要改變「大水漫灌」的粗放模式，針對問題進行精準訓練，以克服母語背景的特殊挑戰。在漢語的宏觀語言環境下進行英語學習必然會受到漢語母語背景的制約，並在英語語言接觸和使用量上存在局限。僅僅強調增大輸入和多多練習難以根本解決問題，而必須針對關鍵腦認知技能進行高強度的訓練。與拼音文字為母語的學習者相比，漢語母語者的英語學習中難以實現字母與語音的自動整合，這極大拖累了學生的文字解碼速度。這種限制即使在經過 10 年以上英語學習的大學生中同樣存在。然而，針對字母—語音自動化整合的訓練僅需 6 個小時便可幫助已經具備 10 年以上英語學習經驗的大學生重塑腦電反應模式（Du et al., 2023）。可見，針對性訓練大大提高了效率，幫助我國學生克服母語背景的特殊局限。

再者，關注豐富的活動經驗，促進英語閱讀學習。語言與音樂學習之間存在許多相似之處，具專業音樂學習經驗的學習者能夠敏銳分辨音樂中的音高變化，也更容易察覺語言中的微小音高變化，並在視聽多通道的感知與整合上積累較多經驗。在我們的研究中，具有長期專業音樂學習經驗的成人成功克服了漢語母語背景對字母—語音自動化整合的限制，其英語閱讀的神經反應模式發生適應性變化（Wang et al., 2020）。同時，我們的研究表明，非特異性的視聽整合經驗（如音樂學習）需保持一定的強度，才能有效遷移至語言學習中，因此訓練中需關注訓練強度（Du et al., 2023）。家長和教師不僅應在課堂英語學習中關注學習者的提升，也應引導和支持學生基於興趣參與足夠強度的樂器或聲樂訓練，充分發揮音樂經驗在英語學習中的積極促進作用。

隨着腦與認知科學研究的不斷發展，有關英語閱讀學習的研究將進一步結合腦與認知的關鍵指標，深入探討其機制，並識別和解決腦與認知的特定學習需求，提供有針對性的干預訓練。同時，英語學習是在一定的班級、學校中，與教師、同伴的互動中進行的，必然受到情緒、動機、班級和學校氛圍等非認知因素的影響。通過進一步整合這些認知技能、非認知技能和班級與學校氛圍等多角度的研究，將能更加全面、真實了解我國學生在英語學習過程中的特點、問題與成因，為提高我國學生英語學習提供長效解決方案。

四、語言發展與腦的保護與優化

閱讀學習對腦發育具有增益作用。現代社會文明傳承的主要途徑是文字。掌握閱讀能力不僅是個體發展的重要任務，也能積極促進腦的結構和功能發育。已有研究揭示了閱讀學習經驗對腦的塑造和優化。Dehaene 等（2015）指出，閱讀學習首先促進早期視覺加工，接着重組腹側枕顳通路，增強左側枕顳區對書面語的加工活動，同時將面孔的加工轉移至右腦，從而提高大腦功能的專門化。另外，閱讀還可以調節語音編碼，加強語音與字形表徵之間結構與功能的連接。一項針對 30 名印度文盲進行的 6 個月閱讀訓練研究表明，短期閱讀訓練誘發了枕葉、腦幹及丘腦皮層下結構之間的功能連接增強，且這一連接增強與訓練後個體解碼能力的提升呈正相關（Skeide et al., 2017）。對數百名 6-12 歲漢語學生的追蹤研究顯示，基線閱讀表現顯著預測中文閱讀加工的核心腦區左側額中迴的灰質體積及其對腹側注意網絡的調控，並且以此為部分中介，顯著預測注意能力的發展及注意問題（Wang et al., 2023）。

二語學習是人腦可塑性的重要體現，具有保護和促進腦發育的功能。Mechelli 等（2004）在 *Nature* 上發表的研究表明，與單語言者相比，英語—意大利語雙語者的左下頂葉灰質密度顯著增加，而且二語學習的起始年齡（AOA）越早、熟練度越高，則左下頂葉灰質密度的增益就越顯著。該發現通過對兒童二語學習與腦發育的追蹤研究得到了證實。15 名學習二語的兒童經過一年的追蹤後發現，與語言能力和認知控制相關的頂下小葉的灰質密度在增加（Della Rosa et al., 2013）。對二語學習對腦發育促進作用的年齡效應的系統探討（DeLuca et al., 2019）顯示，越早開始學習二語，胼胝體頭部和膝部的各向異性指數呈正相關，且對左伏隔核和雙側丘腦的擴張具顯著的預測作用，同時對與視覺網絡相關的靜息狀態功能連接指標也有顯著的預測作用。可見，二語學習能進一步優化大腦的結構和功能，但這一優化過程是動態的，受到 AOA 的調節。

二語學習經驗還可能起到保護大腦免受老化的作用。學習兩種及以上語言的經驗比年齡、受教育水平、經濟條件等其他因素能更好地解釋和預測認知能力老化的延緩（Bak et al., 2014; Kave et al., 2008; Perquin et al., 2013）。終生使用兩種語言的人群比只使用一種語言的人群晚四年被診斷出阿爾茨海默病（Bialystok et al., 2007）。這些神經科學證據都證明了二語學習對大腦的保護與優化作用。

第三節　社會情感發展的腦基礎

有效參與社會互動，並恰當地調控情緒，是社會情感發展的核心議題，對一生的健康適應具有極其重要的意義。了解社會情感加工的主要神經環路、核心腦區的作用，以及情緒行為問題與認知、語言發展問題的關係，對於理解和促進社會情感發展、預防和矯治情緒行為問題具有重要意義。

一、社會情感加工的神經環路

有關社會情感加工的主要神經環路至少包括三個方面（Wang, 2023）：「面部知覺網絡」（The face perception network）、「鏡像網絡」（The mirroring network）和「心智化網絡」（The mentalizing network）。

社會交往始於識別交往對象的面部表情，因此，面部知覺無疑是社會情感發展的起點。面部知覺涉及高度分散的腦網絡。其中，枕葉面部區（Occipital face area, OFA）分析面部的初級視覺特徵和面部構成；梭狀迴面部區（Fusiform face area, FFA）加工身份和性別等不變特徵；顳上溝後部（Posterior superior temporal sulcus, pSTS）處理面部表情和嘴唇動作；杏仁核（Amygdala, AMG）加工面部表徵的情緒線索；顳葉前部

（Anterior temporal lobe, ATL）存儲名字等與面部相關的概念知識；額下迴（Inferior frontal gyrus, IFG）處理與面部相關的語義信息及注視方向；眶額迴（Orbitofrontal cortex, OFC）評價面部的吸引力和可信度等信息。

鏡像網絡，涉及「感同身受」，通過模仿觀察到的行動和情緒，幫助個體理解他人行為和情感，促進共情。表徵動作計劃和行動的額下迴（IFG）、表徵抽象行為目標的下頂葉（IPL）、傳遞感知輸入的顳上溝後部（pSTS）、共情疼痛的前扣帶迴（ACC）、共情厭惡的前腦島（AI），以及共情恐懼的杏仁核（AMG）等構成了該網絡。

心智化網絡則涉及準確推斷他人所思、所欲、所信、所需，從而預測他人行為，促進社會交往，即心理理論（Theory of mind, ToM）。這一複雜的認知活動網絡包括背內側和腹內側前額葉（dMPFC 和 vMPFC）、顳頂聯合區（TPJ）、後扣帶迴 / 楔前葉（PCC/PreC）、顳葉前部（ATL）、額下迴（IFG）、杏仁核（AMG）等。

上述三大網絡均涉及多個腦區，這些腦區如何連接構成網絡呢？基於已有研究的整合，Wang 等（2023）識別了各網絡連接的主要白質纖維束。在面部知覺網絡中，下縱束（ILF）和下額枕束（IFOF）是兩條主要的白質纖維束，連接了枕葉—顳葉和枕葉—額葉。具體而言，下縱束主要連接 OFA-FFA、OFA-ATL、FFA-ATL、FFA-AMG 以及 STS-AMG；下額枕束主要連接 OFA-IFG。在 6-23 歲，雙側下縱束的體積顯著增長，右側下縱束體積越大，右側 FFA 的體積也越大，這提示下縱束的發育與面部知覺腦區的發育同步。右側下額枕束的體積在青年到老年期（18-86 歲）隨年齡下降，且其體積和 FA 值越低，面部匹配任務的表現則越差。損傷這兩條白質纖維束均可導致臉盲。

在鏡像網絡中，上縱束（SLF）是關鍵的白質束，連接額頂區。該白質束在語言和空間注意中扮演重要角色，且與模仿、共情和情緒識別相關。當右側上縱束受損，情緒識別能力會下降。此外，鈎狀束（UF）連接內側顳葉和內外側眶額葉，涉及情境記憶、語義記憶和社會情感加工。丘腦前輻射（ATR）是從丘腦的主要投射纖維束，雙向連接下丘腦、杏仁核、海馬與前額葉、前扣帶迴，主要參與情感加工和調節。穹窿則連接海馬和下丘腦，主要參與情境記憶和信息評估。

在心智化網絡中，扣帶束和弓形束（AF）是兩個關鍵白質纖維束。前者從內側前額葉 / 前扣帶迴經由後扣帶迴 / 楔前葉到內側顳葉近海馬處，參與注意、記憶和情感加工。後者連接左側韋尼克區和布羅卡區，在語言加工中具有重要作用，右側的弓形束則連接額葉與推測他人意圖的右側顳頂聯合區（TPJ）。扣帶束和右側弓形束的損傷會導致心智化能力下降。頭部受傷兒童心理理論損傷的嚴重程度與左側扣帶束的損傷程度正相關。自閉症患者呈現出嚴重的心理理論缺損，右側弓形束的白質完整度也嚴重不足。

二、杏仁核在情緒調控及社會學習中的作用

情緒促進適應、學習和發展，涉及多個腦區，其中杏仁核扮演關鍵角色（Nelson et al., 2014）。杏仁核不僅參與情緒的產生和維持，且介導注意的轉移、增強知覺的加工與情緒經驗的固化。杏仁核賦予和調整信息屬性的凸顯性，包括趨近與厭惡的反應；同一刺激的凸顯性也會隨着時間和情境的變化而改變。儘管杏仁核在進化上是保守的，在個體發育中其成熟始於胚胎期，但出生後仍經歷結構與功能的動態變化。杏仁核體積持續增長至青春期，其發育的偏差可能導致自閉症等神經發育障礙。青春期等發育轉折伴隨的生理變化亦可能通過影響杏仁核的功能，進一步影響行為變化。例如，在 4-17 歲期間，兒童對陌生人焦慮的表現呈現出從兒童期到青少年期上升後降低的趨勢，這與杏仁核對陌生恐懼面孔反應的強度發展變化相一致，印證了杏仁核功能的發育變化可能驅動社會行為變化。

在發育的不同階段，杏仁核損傷所致社會行為發展的偏差有所不同。例如，在新生兒期損毀靈長類動物的杏仁核，會導

致其對同伴交往的極端恐懼；而在青少年期或成年早期受損，由於其已經具備豐富的社會互動經驗，社會交往恐懼則會顯著減輕，這提示在不同發育階段，杏仁核在社會學習中的作用經歷變化。由於多種原因，杏仁核受損的幼兒往往難以理解諷刺、擬人等社會性語言，難以識別他人的情感信號，這表明杏仁核在獲得社會性知識方面具有重要作用。

杏仁核作為重要的皮下核團也受到內側前額葉的調控。杏仁核與內側前額葉共同構成消極情緒產生與調控的關鍵神經環路。二者的同步激活模式與情緒強度及個體差異密切相關（Ochsner & Gross, 2005）。這一調控環路在幼兒期即發揮作用。控制幼兒的年齡、性別和母親抑鬱症狀後，4 歲幼兒在觀看情緒面孔時，杏仁核激活越強，父母所報告的幼兒抑鬱症狀越多；有抑鬱症狀的幼兒在觀看情緒面孔時右側杏仁核的激活更強，而內側前額葉與右側杏仁核的功能連接則減弱；右側杏仁核與內側前額葉的靜息功能連接越強，父母報告的幼兒情緒調控能力越強，消極情緒則越少，且靜息功能連接顯著中介了杏仁核活動與負性情緒的關聯（Gaffrey et al., 2021）。右側杏仁核與內側前額葉的靜息功能連接從幼兒期起就存在中介作用，這提示內側前額葉在早期就開始發揮調控作用，為早期監測和幫助情緒問題高危兒童提供了依據。

三、情緒行為問題的腦發育基礎及與認知、語言發展的關係

情緒行為問題在不同年齡段表現不同。多動和注意力分散、衝動等問題則是學齡期最主要的心理問題，抑鬱、焦慮等負性情緒問題通常在青春期開始凸顯，而品行問題及同伴交往問題貫穿於兒童青少年時期。情緒行為問題一般可能與皮層體積小、額葉發育滯後、白質發育不良、靜息功能連接失調等腦結構和功能異常相關。由於各類情緒行為問題存在高度共發性和遺傳—環境風險共享的特徵，其背後可能有一般心理病理因子（The general psychopathology: the p factor）。因此，一般心理病理因子及其相關腦發育特徵日益受到關注。通過分析來自 ABCD 數據庫的 8000 餘名 9-11 歲兒童，研究發現情緒行為問題背後的一般心理病理因子 p 與皮層所有區域灰質表面積、額葉白質髓鞘化和神經突密度顯著負相關，灰質厚度與一般心理病理因子無顯著相關（Patel et al., 2022）。

情緒行為問題與認知發展、語言發展並非相互獨立，而是相互關聯的。在發展過程中，情緒與認知、語言發展相互支持、相互影響，認知能力和語言能力的偏差往往是情緒行為問題的重要危險因素。

認知能力是適應的基礎。情緒調控需要認知資源的支持，

以選擇合適的策略，並在適當的場景下應用。隨着兒童的成長，情緒行為從反射性動作發展為經過內部加工後做出的反應，情緒行為的運作、發展及其障礙隱含着認知機制。儘管高智商並不等同於高水平的情緒行為適應，但流行病學研究揭示出低智商與情緒行為問題、精神疾病和犯罪行為高度相關。普通人群中，認知能力和情緒行為適應表現出正向相關，高智力個體更靈活、成功地應用情緒調控策略，從而促進更好的適應。在兒童中，智力水平高的個體更多地使用認知重評等自主調控策略。同時，童年時期較低的智力水平與較高的抑鬱和焦慮風險相關（Koenen et al., 2009）。

除了智力，執行功能（Executive function, EF）是理解情緒行為發展及其困難的重要認知因素。執行功能通常包括抑制控制、工作記憶和認知靈活性等成分。研究表明，執行功能的發展水平不僅預測情緒知識的發展，還有助於提升情緒調控能力（Bell et al., 2019）。抑制控制和工作記憶幫助個體保存自己和他人的情緒信息，控制對他人的反射性反應，從而促進情緒知識和調控的發展。認知靈活性有助於個體在不同情境中調整注意和策略。功能性磁共振研究顯示，執行功能與情緒調控共享內側前額葉這一腦基礎（Bell et al., 2019）。在兒童早期和中期，執行功能良好的個體，其情緒知識與調控水平也相對較高。訓練執行功能可以改善兒童的情緒知識和調控能力。執行控制缺損是多種心理行為問題的重要危險因素（Romer & Pizzagalli, 2021; Zelazo, 2020）。早期執行功能發展滯後可能不利於發展情緒調控能力，也可能導致成年後情緒和行為問題的風險增加。同時，情緒行為問題的延續對情緒調控和執行功能的發展也會產生消極影響。

語言是交流的工具，同時也是心智運作的工具。在情緒發展過程中，語言能力有助於獲取和使用情緒知識，理解和調控情緒。語言發展不良、情緒調節差均與情緒行為問題相關（Hentges et al., 2021）。在情緒知識的發展方面，2 歲時，伴隨着表達性語言能力的快速提高，兒童開始理解並標識表情、情緒狀態；到學前階段，幼兒開始結合語言表達與情境進行情緒推測（Bell et al., 2019; Denham, 2019）；至兒童中期，個體更好地理解引發情緒的人和事件；到了青少年期，個體能夠理解情緒的多種來源和情緒表露的社會規則（Denham, 2019）。隨着語言表達與理解能力不斷提升，兒童更有效地參與情緒相關的對話和互動，從而提升情緒知覺與理解。語言發展缺陷常會阻礙兒童獲得和提高言語與非言語的情緒知識。特別是接受性語言的能力比表達性語言能力更能有效預測兒童情緒知識的發展。在情緒調節的發展上，兒童從早期依賴撫養人共同調節，逐步向自主調節轉變。約在 2 歲時，兒童開始使用語言表達情緒，向撫養人提出明確要求。在認知重評的過程中，功能性磁共振研究揭示了語言網絡中重要腦區左側額下迴的激活（Buhle et al., 2014），提示語言在認知重評中具有重要的貢獻。因此，兒童語言表達能力的發展有助於減少情緒失調，支撐兒童學會使用如認知重評等高級策略。

情緒行為問題不僅影響認知與語言發展，注意偏差、工作記憶受損和語言發展遲緩等認知問題也可能導致或加重情緒問題（Elsayed et al., 2023）。在兒童早期和中期，語言和執行功能共同作用於情緒知識的獲得，語言發展促進情緒調節。在發展的不同階段，語言、執行功能和一般認知能力對內化問題具有獨立的影響。可見，情緒行為問題與認知、語言發展之間的聯繫具有一定的領域分化。

情緒行為問題與認知的關聯可能具有獨特的腦發育特徵。使用 ABCD 數據庫研究了 8000 餘名 9-11 歲兒童情緒行為問題的公因子，即一般心理病理因子 p 與認知能力是否共享皮層灰質表面積和厚度、白質髓鞘化和神經突密度等特徵（Patel et al., 2022）。結果顯示，在全樣本中，認知能力與 p 因子之間存在微弱的相關性，約有 3% 的共同變異。但在皮層的所有區域，皮層表面積與認知能力及 p 因子均顯著相關，共變高達 74%。一般心理病理因子越高，認知能力越低，所有腦區的皮層表面積均越小。認知能力與 p 因子互相介導皮層表面積與另一變量的關聯，其中，認知能力中介了皮層表面積與 p 因子關係的 20-

40%，相對較大；而 p 因子中介了皮層表面積與認知能力關係的 6-13%，相對較小。此外，皮層厚度與認知能力相關，但與一般心理病理因子無顯著相關；額葉的髓鞘化和神經突密度與一般心理病理因子顯著相關，但與認知能力則無顯著相關。不過，這項橫斷研究雖然規模龐大，但是不能從發展變化預測的角度回答情緒行為問題、認知與腦發育的關係。我國近期一項對數百 6-12 歲兒童的追蹤研究採用交叉滯後模型，揭示了小腦 VIIb 區體積和小腦額頂網絡靜息功能連接顯著預測 p 因子，且認知靈活性顯著地部分介導了小腦結構和功能發育對 p 因子的預測（Zhao, et al., 2023）。

章末小結

本章探討了認知、語言和社會情感發展的神經基礎，展示了人腦的可塑性及經驗在塑造腦與心智中的重要作用，為基於腦智關聯和腦智發育科學證據改進教育實踐提供了依據。

在認知發展方面，智力與腦結構（腦容量、灰質、白質等）和功能（如額頂網絡）密切相關，且腦的動態發育軌跡可能與認知能力發展的個體差異及其提升、干預有更緊密的聯繫，既凸顯早期識別發展異常和干預的重要性，又為精準識別早期發展偏差提供了可能的客觀指標。

在語言發展方面，從語音感知到複雜語義理解的逐步發展背後有腦發育的支撐。口語和閱讀能力依賴特定腦網絡協同運作。二語學習研究對廣受關注的年齡效應提供了更深入和細緻的解析，並強調了母語背景對自動化加工的深刻影響。而針對性訓練可以幫助腦更好地加工目標語言，克服母語背景的影響。漢語母語者在英語閱讀解碼學習中存在字母—語音自動化整合不足的特殊挑戰，可以通過高強度短期的字母—語音整合訓練提升腦解碼的自動化整合水平，並提高行為表現。

在社會情感發展方面，認識社會互動和情緒調控的神經環路有助於理解和促進相關領域的提高。面部知覺、鏡像網絡和心智化網絡構成了社會情感加工的核心環路，杏仁核在情緒體驗和社會學習中至關重要，其與前額葉的功能連接構成情緒調節的重要腦基礎。情緒行為問題具有腦結構和功能發育偏差的省區基礎，其與認知、語言發展相互關聯，共享皮層表面積和小腦體積、功能網絡基礎，這為早期識別和干預提供了重要線索。

有關認知、語言、社會情感發展的腦基礎認識不斷深化，對教育實踐具有重要意義。理解智力發展的腦基礎有助於優化認知訓練；理解語言發展的腦基礎可指導改進語言教學，並針對不同母語背景的學生提供學習的個性化支持；理解社會情感發展的腦基礎有助於培養學生的情緒調控和社會適應能力。

未來研究需深入探索腦區間的相互作用及基因與環境的交互影響，提高腦成像技術的時空精細度，結合大規模、多樣化追蹤研究、疾病模型和干預研究，深入地揭示人類腦智發育規律與個體差異，為促進學生高效學習和健康發展提供堅實的科學基礎與可行技術。

參考文獻

Alem á n-G ó mez Y., Janssen J., Schnack H., Balaban E., Pina-Camacho L., Alfaro-Almagro F., ... Desco M. (2013). The human cerebral cortex flattens during adolescence. *Journal of Neuroscience*, *33*(38), 15004-15010. 10.1523/JNEUROSCI.1459-13.2013

Andres, A. J., Cardy, J. E. O., & Joanisse, M. F. (2011). Congruencyof auditory sounds and visual letters modulates mismatchnegativity and P300 event-related potentials. *International Journal of Psychophysiology*, *79*(2), 137-146.

Basten U, Hilger K., & Fiebach C. J. (2015). Where smart brains are different: A quantitative meta analysis of functional and structural brain imaging studies on intelligence. *Intelligence*, *51*, 10-27. 10.1016/j.intell.2015.04.009

Bak, T. H., Nissan, J. J., Allerhand, M. M., & Deary, I. J. (2014). Does bilingualism influence cognitive aging? *Annals of Neurology, 75*(6), 959-963.

Bethlehem, R. A. I., Seidlitz, J., White, S. R., Vogel, J. W., Anderson, K. M., Adamson, C., Adler, S., Alexopoulos, G. S., Anagnostou, E., Areces-Gonzalez, A., Astle, D. E., Auyeung, B., Ayub, M., Bae, J., Ball, G., Baron-Cohen, S., Beare, R., Bedford, S. A., Benegal, V., Beyer, F., ... Alexander-Bloch, A. F. (2022). Brain charts for the human lifespan. *Nature*, *604*(7906), 525-533. https://doi.org/10.1038/s41586-022-04554-y

Bell, M.A., Wolfe, C.D., Diaz, A., Liu, R. (2019). Cognition and emotion in development. In V. LoBue, K. Pérez-Edgar, & K. A. Buss (Eds.), *Handbook of Emotional Development* (pp. 375-403). Springer.

Bentin, S., Mouchetant-Rostaining, Y., Giard, M. H., Echallier, J. F., & Pernier, J. (1999). ERP manifestations of processing printed words at different psycholinguistic levels: Time course and scalp distribution. *Journal of Cognitive Neuroscience*, *11*, 235-260.

Berken, J. A., Gracco, V. L., Chen, J. K., Watkins, K. E., Baum, S., Callahan, M., & Klein D. (2015). Neural activation in speech production and reading aloud in native and non-native languages. *NeuroImage, 112*, 208-217.

Bialystok, E., Craik, F. I. M., & Freedman, M. (2007). Bilingualism as a protection against the onset of symptoms of dementia. *Neuropsychologia, 45*(2), 459-464.

Borgström, K., von Koss Torkildsen, J., & Lindgren, M. (2015). Substantial gains in word learning ability between 20 and 24 months: A longitudinal ERP study. *Brain and Language, 149*, 33-45.

Brant, A. M., Munakata, Y., Boomsma, D. I., Defries, J. C., Haworth, C. M., Keller, M. C., Martin, N. G., McGue, M., Petrill, S. A., Plomin, R., Wadsworth, S. J., Wright, M. J., & Hewitt, J. K. (2013). The nature and nurture of high IQ: An extended sensitive period for intellectual development. *Psychological Science*, *24*(8), 1487-1495. https://doi.org/10.1177/ 0956797612473119

Brusini, P., Dehaene-Lambertz, G., Dutat, M., Goffinet, F., & Christophe, A. (2016). ERP evidence for on-line syntactic computations in 2-year-olds. *Developmental Cognitive Neuroscience, 19,* 164-173.

Buhle, J.T., Silvers, J.A., Wager, T.D., Lopez, R., Onyemekwu, C., Kober, H., Weber, J., & Ochsner, K.N. (2014). Cognitive reappraisal of emotion: A meta-analysis of human neuroimaging studies. *Cerebral Cortex, 24*(11), 2981-2990. https://doi.org/10.1093/cercor/bht154

Burgaleta M., Johnson W., Waber D., Colom R., & Karama S. (2014). Cognitive ability changes and dynamics of cortical thickness development in healthy children and adolescents. *NeuroImage, 84*, 810-819.

Byrne, B., & Fielding-Barnsley, R. (1989). Phonemic awareness and letter knowledge in the child's acquisition of the alphabetic principle. *Journal of Educational Psychology*, *81*(3), 313-321. https://doi.org/10.1037/0022-0663.81.3.313

Cao, F., Brennan, C., & Booth, J. R. (2015). The brain adapts to orthography with experience: Evidence from English and Chinese. *Developmental Science, 18*(5), 785-798. http://doi.org/10.1111/desc.12245

Cox S. R., Ritchie S. J., Fawns-Ritchie C., Tucker-Drob E. M., Deary I. J. (2019). Structural brain imaging correlates of general intelligence in UK Biobank. *Intelligence, 76*, 101376.

Das, T., Padakannaya, P., Pugh, K. R., & Singh, N. C. (2011). Neuroimaging reveals dual routes to reading in simultaneous proficient readers of two orthographies. *NeuroImage, 54*(2), 1476-1487.

Deary, I. J., Cox, S. R., & Hill, W. D. (2022). Genetic variation, brain, and intelligence differences. *Molecular Psychiatry*, *27*(1), 335-353. https://doi.org/10.1038/s41380-021-01027-y

Deary, I., Penke, L. & Johnson, W. (2010). The neuroscience of human intelligence differences. *Nature Review Neuroscience*, 11, 201-211. https://doi.org/10.1038/nrn2793

Dehaene, S., Cohen, L., Morais, José, & Kolinsky, Régine. (2015). Illiterate to literate: Behavioural and cerebral changes induced by reading acquisition. *Nature Reviews Neuroscience, 16*(4), 234-244.

Dehaene-Lambertz, G., & Dehaene, S. (1994). Speed and cerebral correlates of syllable discrimination in infants. *Nature, 370*(6487), 292-295.

Dehaene-Lambertz, G., Dehaene, S., & Hertz-Pannier, L. (2002). Functional neuroimaging of speech perception in infants. *Science, 298*(5600), 2013-2015.

Della Rosa, P. A., Videsott, G., Borsa, V. M., Canini, M., Weekes, B. S., Franceschini, R., & Abutalebi J. (2013). A neural interactive location for multilingual talent. *Cortex, 49*(2), 605-608.

DeLuca, V., Rothman, J., Bialystok, E., & Pliatsikas, C. (2019). Redefining bilingualism as a spectrum of experiences that differentially affects brain structure and function. *Proceedings of the National Academy of Sciences*, *116*(15), 7565-7574. https://doi.org/10.1073/pnas.1811513116

Denham, S.A. (2019). Emotional competence during childhood and adolescence. In V. LoBue, K. Pérez-Edgar, & K. A. Buss (Eds.), *Handbook of Emotional Development* (pp. 493-541). Springer.

Du B., Yang, Z., Wang C-C., Li, Y-Y., Tao, S. (2023). Short-term training helps second-language learners read like native readers: An ERP study. *Brain and Language*, *239*, 105251. https://doi.org/10.1016/j.bandl.2023.105251

Dubois J., Galdi P., Paul L. K., Adolphs R. (2018). A distributed brain network predicts general intelligence from resting-state human neuroimaging data. *Philosophical Transactions of the Royal Society B: Biological Sciences, 373*, 20170284.

Eaton, S., Cornwell, H., Hamilton-Giachritsis, C., & Fairchild, G. (2022). Resilience and young people's brain structure, function and connectivity: A systematic review. *Neuroscience and Biobehavioral Reviews*, *132*, 936-956. https://doi.org/10.1016/j.neubiorev.2021.11.001

Elsayed, N. M., Luby, J. L., & Barch, D. M. (2023). Contributions of socioeconomic status and cognition to emotion processes and internalizing psychopathology in childhood and adolescence: A systematic review. *Neuroscience and Biobehavioral Reviews*, *152*. https://doi.org/10.1016/j.neubiorev.2023.105303

Estrada, E., Ferrer, E., Rom á n, F. J., Karama, S., & Colom, R. (2019). Time-lagged associations between cognitive and cortical development from childhood to early adulthood. *Developmental Psychology*, *55*(6), 1338-1352. https://doi.org/10.1037/dev0000716

Friederici, A. D., Oberecker, R., & Brauer, J. (2012). Neurophysiological preconditions of syntax acquisition. *Psychological Research, 76*(2), 204-211.

Froyen, D. J., Bonte, M. L., van Atteveldt, N., and Blomert, L. (2009). The long road to automation: neurocognitive development of letter-speech sound processing. *Journal of Cognitive Neuroscience, 21*(3), 567-580. doi: 10.1162/jocn.2009.21061

Froyen, D., Willems, G., and Blomert, L. (2011). Evidence for a specific crossmodal association deficit in dyslexia: an electrophysiological study of letterspeech sound processing. *Developmental Science*. *14*(4), 635-648. doi: 10.1111/j.1467-7687.2010. 01007.x

Gaffrey M. S., Barch D. M., Luby J. L., Petersen S. E. (2021). Amygdala functional connectivity is associated with emotion regulation and amygdala reactivity in 4- to 6-year-olds. *Journal of American Academy for Child Adolescent Psychiatry, 60*(1), 176-185.

Gläscher J., Rudrauf D., Colom R., Paul L. K., Tranel D., Damasio H., & Adolphs R. (2010). Distributed neural system for general intelligence revealed by lesion mapping. *Proceedings of the National Academy of Sciences*, *107*(10), 4705-4709.

Gläscher, J., Tranel, D., Paul, L. K., Rudrauf, D., Rorden, C., Hornaday, A., Grabowski, T., Damasio, H., & Adolphs, R. (2009). Lesion mapping of cognitive abilities linked to intelligence. *Neuron*, *61*(5), 681-691. https://doi.org/10.1016/j.neuron.2009.01.026

Goriounova, N. A., Heyer, D. B., Wilbers, R., Verhoog, M. B., Giugliano, M., Verbist, C., Obermayer, J., Kerkhofs, A., Smeding, H., Verberne, M., Idema, S., Baayen, J. C., Pieneman, A. W., de Kock, C. P., Klein, M., & Mansvelder, H. D. (2018). Large and fast human pyramidal neurons associate with intelligence. *eLife*, 7, e41714. https://doi.org/10.7554/eLife.41714

Hampson, M., Tokoglu, F., Sun, Z., Schafer, R. J., Skudlarski, P., Gore, J. C., & Constable, R. T. (2006). Connectivity-behavior analysis reveals that functional connectivity between left BA39 and Broca's area varies with reading ability. *NeuroImage, 31*(2), 513-519. https://doi.org/10.1016/j.neuroimage.2005.12.040

Hartshorne, J., Tenenbaum, J., B., & Pinker, S. (2018). A critical period for second language acquisition: Evidence from 2/3 million English speakers. *Cognition*, *177,* 263-277.

Hentges, R. F., Devereux, C., Graham, S. A., & Madigan, S.. (2021). Child language difficulties and internalizing and externalizing symptoms: A meta-analysis. *Child Development*, *92*(4), e691-e715. https://doi.org/10.1111/cdev.13540

Hoeft, F., McCandliss, B. D., Black, J. M., Gantman, A., Zakerani, N., Hulme, C., Lyytinen, H., Whitfield-Gabrieli, S., Glover, G. H., Reiss, A. L., & Gabrieli, J. D. E. (2011). Neural systems predicting long-term outcome in dyslexia. *Proceedings of the National Academy of Sciences, 108*(1), 361-366. https://doi.org/10.1073/pnas.1008950108

Hoeft, F., Meyler, A., Hernandez, A., Juel, C., Taylor-Hill, H., Martindale, J. L., McMillon, G., Kolchugina, G., Black, J. M., Faizi, A., Deutsch, G. K., Siok, W. T., Reiss, A. L., Whitfield-Gabrieli, S., & Gabrieli, J. D. E. (2007). Functional and morphometric brain dissociation between dyslexia and reading ability. *Proceedings of the National Academy of Sciences, 104*(10), 4234-4239. https://doi.org/10.1073/pnas.0609399104

Homae, F., Watanabe, H., Nakano, T., & Taga, G. (2011). Large-scale brain networks underlying language acquisition in early infancy. *Frontiers in Psychology*, *2*, 93.

Hoover, W. A., & Gough, P. B. (1990). The simple view of reading. *Reading and Writing*, *2*(2), 127-160. https://doi.org/10.1007/BF00401799

Hu, W., Lee, H. L., Zhang, Q., Liu, T., Geng, L. B., Seghier, M. L., Shakeshaft, C., Twomey, T., Green, D. W., Yang, Y. M., & Price, C. J. (2010). Developmental dyslexia in Chinese and English populations: Dissociating the effect of dyslexia from language differences. *Brain*, *133*(6), 1694-1706. https://doi.org/10.1093/brain/awq106

Imada, T., Zhang, Y., Cheour, M., Taulu, S., Ahonen, A., & Kuhl, P. K. (2006). Infant speech perception activates Broca's area: A developmental magnetoencephalography study. *Neuroreport, 17*(10), 957-962.

Joshi, R. M., Tao, S., Aaron, P. G., & Quiroz, B. (2012). Cognitive component of componential model of reading applied to different orthographies. *Journal of Learning Disabilities*, *45*(5), 480-486.

Jung R.E., & Haier R. J. (2007). The Parieto-Frontal Integration Theory (P-FIT) of intelligence: Converging neuroimaging evidence. *Behavioral and Brain Sciences*, *30*(2), 135-154. https://doi.org/10.1017/S0140525X07001185

Karama, S., Bastin, M. E., Murray, C., Royle, N. A., Penke, L., Muñoz Maniega, S., Gow, A. J., Corley, J., Valdés Hern á ndez, M.delC., Lewis, J. D., Rousseau, M. É., Lepage, C., Fonov, V., Collins, D. L., Booth, T., Rioux, P., Sherif, T., Adalat, R., Starr, J. M., Evans, A. C., ... Deary, I. J. (2014). Childhood cognitive ability accounts for associations between cognitive ability and brain cortical thickness in old age. *Molecular psychiatry*, *19*(5), 555-559.

Kavé, Gitit, Eyal, N., Shorek, A., & Cohen-Mansfield, J. (2008). Multilingualism and cognitive state in the oldest old. *Psychology and Aging, 23*(1), 70-78.

Kim, K. H., Relkin, N. R., Lee, K. M., & Hirsch, J. (1997). Distinct cortical areas associated with native and second languages. *Nature*, *388*(6638), 171-174.

Koenen, K.C., Moffitt, T.E., Roberts, A.L., Martin, L.T., Kubzansky, L., Harrington, H., Poulton, R., Caspi, A. (2009). Childhood IQ and adult mental disorders: A test of the cognitive reserve hypothesis. *American Journal of Psychiatry, 166*(1), 50-57. https://doi.org/10.1176/appi.ajp.2008.08030343

Koenis, M. M., Brouwer, R. M., van den Heuvel, M. P., Mandl, R. C., van Soelen, I. L., Kahn R. S., Boomsma, D. I., & Hulshoff Pol H. E. (2015). Development of the brain's structural network efficiency in early adolescence: A longitudinal DTI twin study. *Human Brain Mapping*, *36*(12), 4938-4953. https://doi.org/10.1002/hbm.22988

Lebel, C., Shaywitz, B., Holahan, J., Shaywitz, S., Marchione, K., & Beaulieu, C. (2013). Diffusion tensor imaging correlates of reading ability in dysfluent and non-impaired readers. *Brain and Language, 125*(2), 215-222. https://doi.org/10.1016/j.bandl.2012.10.009

Li, S., Lee, K., Zhao, J., Yang, Z., He, S., & Weng, X. (2013). Neural competition as a developmental process: early hemispheric specialization for word processing delays specialization for face processing. *Neuropsychologia, 51*(5), 950-959.

Liégeois, R., Li, J., Kong, R., Orban, C., Van De Ville, D., Ge, T., Sabuncu, M. R., & Yeo, B. T. T. (2019). Resting brain dynamics at different timescales capture distinct aspects of human behavior. *Nature Communications*, *10*(1), 2317. https://doi.org/10.1038/s41467-019-10317-7

Lin, S.-E., Chen, H.-C., Zhao, J., Li, S., He, S., & Weng, X.-C. (2011). Left-lateralized N170 response to unpronounceable pseudo but not false Chinese characters-the key role of orthography. *Neuroscience*, *190*, 200-206.

Lou, C., Duan, X., Altarelli, I., Sweeney, J. A., Ramus, F., & Zhao, J. (2019). White matter network connectivity deficits in developmental dyslexia. *Human Brain Mapping, 40*(2), 505-516. https://doi.org/10.1002/hbm.24390

Martin, A., Schurz, M., Kronbichler, M., & Richlan, F. (2015). Reading in the brain of children and adults: A meta-analysis of 40 functional magnetic resonance imaging studies. *Human Brain Mapping, 36*(5), 1963-1981. https://doi.org/10.1002/hbm.22749

Mechelli, A., Crinion, J. T., Noppeney, U., O'Doherty, J., Ashburner, J., Frackowiak, R. S., & Price, C. J. (2004). Neurolinguistics: Structural plasticity in the bilingual brain. *Nature, 431*(7010), 757.

Michel, L. C., McCormick, E. M., & Kievit, R. A. (2024). Gray and white matter metrics demonstrate distinct and complementary prediction of differences in cognitive performance in children: Findings from ABCD. *The Journal of Neuroscience*, *44*(12), e0465232023. https://doi.org/10.1523/JNEUROSCI.0465-23.2023

Mills, D. L., Prat, C., Zangl, R., Stager, C. L., Neville, H. J., & Werker, J. F. (2004). Language experience and the organization of brain activity to phonetically similar words: ERP evidence from 14-and 20-month-olds. *Journal of Cognitive Neuroscience, 16*(8), 1452-1464.

Molfese, D. L. (2000). Predicting dyslexia at 8 years of age using neonatal brain responses. *Brain and Language, 72*(3), 238-245. https://doi.org/10.1006/brln.2000.2287

Myers, C. A., Vandermosten, M., Farris, E. A., Hancock, R., Gimenez, P., Black, J. M., Casto, B., Drahos, M., Tumber, M., Hendren, R. L., Hulme, C., & Hoeft, F. (2014). White matter morphometric changes uniquely predict children's reading acquisition. *Psychological Science, 25*(10), 1870-1883.

Nelson, E. E., Lau, J. Y., & Jarcho, J. M. (2014). Growing pains and pleasures: How emotional learning guides development. *Trends in Cognitive Sciences*, *18*(2), 99-108. https://doi.org/10.1016/j.tics.2013.11.003

Noble, K. G., Houston, S. M., Kan, E., & Sowell, E. R. (2012). Neural correlates of socioeconomic status in the developing human brain. *Developmental Science, 15*(4), 516-527.

Ochsner, K. N., & Gross, J. J. (2005). The cognitive control of emotion. *Trends in Cognitive Sciences*, *9*(5), 242-249.

Patel, Y., Parker, N., Salum, G. A., Pausova, Z., & Paus, T. (2022). General psychopathology, cognition, and the cerebral cortex in 10-year-old children: Insights from the adolescent brain cognitive development study. *Frontiers in Human Neuroscience*, *15*, 781554. https://doi.org/10.3389/fnhum.2021.781554

Pena, M., Maki, A., Kovačić, D., Dehaene-Lambertz, G., Koizumi, H., Bouquet, F., & Mehler, J. (2003). Sounds and silence: An optical topography study of language recognition at birth. *Proceedings of the National Academy of Sciences, 100*(20), 11702-11705.

Penke, L., Maniega, S. M., Bastin, M. E., Hern á ndez, M. C., Murray, C., Royle, N. A., Starr, J. M., Wardlaw, J. M., & Deary, I. J. (2012) Brain white matter tract integrity as a neural foundation for general intelligence. *Molcular Psychiatry, 17*(10), 1026-1030.

Perani, D., Paulesu, E., Galles, N. S., Dupoux, E., Dehaene, S., Bettinardi, V., Cappa, S. F., Fazio, F., & Mehler, J. (1998). The bilingual brain. Proficiency and age of acquisition of the second language. *Brain, 121*(10), 1841-1852.

Perquin, M., Vaillant, M., Schuller, A. M., Pastore, J., Dartigues, J. F., Lair, M. L., Diederich, N., & MemoVie Group (2013). Lifelong exposure to multilingualism: New evidence to support cognitive reserve hypothesis. *PloS One, 8*(4), e62030.

Pietschnig, J., Penke, L., Wicherts, J. M., Zeiler, M., & Voracek, M. (2015). Meta-analysis of associations between human brain volume and intelligence differences: How strong are they and what do they mean? *Neuroscience and Biobehavioral Reviews, 57*, 411-32.

Puzo, C., Labriola, C., Sugarman, M. A., Tripodis, Y., Martin, B., Palmisano, J. N., Steinberg, E. G., Stein, T. D., Kowall, N. W., McKee, A. C., Mez, J., Killiany, R. J., Stern, R. A., & Alosco, M. L. (2019). Independent effects of white matter hyperintensities on cognitive, neuropsychiatric, and functional decline: A longitudinal investigation using the National Alzheimer's Coordinating Center Uniform Data Set. *Alzheimer's Research & Therapy, 11*(1), 64.

Raizada, R. D., Richards, T. L., Meltzoff, A., & Kuhl, P. K. (2008). Socioeconomic status predicts hemispheric specialisation of the left inferior frontal gyrus in young children. *NeuroImage, 40*(3), 1392-1401. doi: 10.1016/j.neuroimage.2008.01.021

Ramsden, S., Richardson, F. M., Josse, G., Thomas, M. S., Ellis, C., Shakeshaft, C., Seghier, M. L., & Price, C. J. (2011). Verbal and non-verbal intelligence changes in the teenage brain. *Nature, 479*(7371), 113-116. https://doi.org/10.1038/nature10514

Ritchie, S. J., Booth, T., Hern á ndez, M. d. C., Corley, J., Muñoz Maniega, S., Gow, A. J., Royle, N. A., Pattie, A., Karama, S., Starr, J. M., Bastin, M. E., Wardlaw, J. M., & Deary, I. J. (2015). Beyond a bigger brain: Multivariable structural brain imaging and intelligence. *Intelligence*, *51*, 47-56.

Romeo, R. R., Leonard, J. A., Robinson, S. T., West, M. R., Mackey, A. P., Rowe, M. L., & Gabrieli, J. D. E. (2018). Beyond the 30-million-word gap: Children's conversational exposure is associated with language-related brain function. *Psychological Science, 29*(5), 700-710.

Romer, A. L., & Pizzagalli, D. A. (2021). Is executive dysfunction a risk marker or consequence of psychopathology? A test of executive function as a prospective predictor and outcome of general psychopathology in the adolescent brain cognitive development study®. *Developmental Cognitive Neuroscience*, *51*, 100994. https://doi.org/10.1016/j.dcn.2021.100994

Shaw, P., Greenstein, D., Lerch, J., Clasen, L., Lenroot, R., Gogtay, N., Evans, A., Rapoport, J., & Giedd, J. (2006). Intellectual ability and cortical development in children and adolescents. *Nature, 440*(7084), 676-679. https://doi.org/10.1038/nature04513

Schmithorst, V. J., Wilke, M., Dardzinski, B. J., & Holland, S. K. (2005). Cognitive functions correlate with white matter architecture in a normal pediatric population: a diffusion tensor MRI study. *Human Brain Mapping*, *26*(2), 139-147. https://doi.org/10.1002/hbm.20149

Schnack, H. G., van Haren, N. E., Brouwer, R. M., Evans, A., Durston, S., Boomsma, D. I., Kahn, R. S., & Hulshoff Pol, H. E. (2015). Changes in thickness and surface area of the human cortex and their relationship with intelligence. *Cerebral Cortex*, *25*(6), 1608-1617. https://doi.org/10.1093/cercor/bht357

Siok, W. T, Niu, Z., Jin, Z., Perfetti, C. A., & Tan, L. H.. (2008). A structural-functional basis for dyslexia in the cortex of Chinese readers. *Proceedings of the National Academy of Sciences, 105*(14), 5561-5566. https://doi.org/10.1073/pnas.0801750105

Siok, W. T., Spinks, J. A., Jin, Z., & Tan, L. H. (2009). Developmental dyslexia is characterized by the co-existence of visuospatial and phonological disorders in Chinese children. *Current Biology, 19*(19), R890-R892. https://doi.org/10.1016/j.cub.2009.08.014

Skeide, M. A., & Friederici, A. D. (2016). The ontogeny of the cortical language network. *Nature Reviews Neuroscience*, *17*(5), 323-332. doi: 10.1038/nrn.2016.23

Skeide, M. A., Kumar, U., Mishra, R. K., Tripathi, V. N., Guleria, A., Singh, J. P., Eisner, F., & Huettig, F. (2017). Learning to read alters cortico-subcortical cross-talk in the visual system of illiterates. *Science Advances, 3*(5), e1602612.

van den Heuvel, M. P., Stam, C. J., Kahn, R. S., & Hulshoff Pol, H. E. (2009). Efficiency of functional brain networks and intellectual performance. *The Journal of Neuroscience* , *29*(23), 7619-7624. https://doi.org/10.1523/JNEUROSCI.1443-09.2009

Von Holzen, K., Nishibayashi, L.-L., & Nazzi, T. (2018). Consonant and vowel processing in word form segmentation: An infant ERP study. *Brain sciences, 8*(2), 24.

Wandell, B. A., Rauschecker, A. M., & Yeatman, J. D. (2012). Learning to see words. *Annual Review of Psychology, 63*, 31-53. https://doi.org/10.1146/annurev-psych-120710-100434

Wang, C-C., Yang, Z., Cao, F., Liu, L., & Tao, S. (2019) Letter-sound integration in native Chinese speakers learning English: Brain fails in automatic responses but succeeds with more attention. *Cognitive Neuroscience*, *10*(2), 100-116. doi: 10.1080/17588928.2018.1529665

Wang C-C., Tao, S., Tao, Q., Tervaniemi, M., Li, F-L., Xu, P. (2020). Musical experience may help the brain respond to second language reading. *Neuropsychologia*, *148*, 107655. https://doi.org/10.1016/j.neuropsychologia.2020.107655

Wang, Y., Guan, H., Ma, L., Luo, J., Chu, C., Hu, M., Zhao, G., Men, W., Tan, S., Gao, J. H., Qin, S,. He, Y., Dong, Q., Tao, S (2022). Learning to read may help promote attention by increasing the volume of the left middle frontal gyrus and enhancing its connectivity to the ventral attention network. *Cerebral Cortex*, *33*(5), 2260-2272. https://doi.org/10.1093/cercor/bhac206

Wang, Y., Metoki, A., Alm, K. H., & Olson, I. R. (2018). White matter pathways and social cognition. *Neuroscience and Biobehavioral Reviews*, *90*, 350-370. https://doi.org/10.1016/j.neubiorev.2018.04.015

Wei, X., Gunter, T. C., Adamson, H., Schwendemann, M., Friederici, A. D., Goucha, T., & Anwander, A. (2024). White matter plasticity during second language learning within and across hemispheres. *Proceedings of the National Academy of Sciences*, *121*(2), e2306286121. https://doi.org/10.1073/pnas.2306286121

Wendelken, C., Ferrer, E., Ghetti, S., Bailey, S. K., Cutting, L., & Bunge, S. A. (2017). Frontoparietal structural connectivity in childhood predicts development of functional connectivity and reasoning ability: A large-scale longitudinal investigation. *The Journal of Neuroscience*, *37*(35), 8549-8558. https://doi.org/10.1523/JNEUROSCI.3726-16.2017

Xu, M., Baldauf, D., Chang, C. Q., Desimone, R., & Tan, L. H. (2017). Distinct distributed patterns of neural activity are associated with two languages in the bilingual brain. *Science Advances*, *3*(7), e1603309.

Yang, Z., Wang, C-C., Feng, L., Li, S-F. & Tao, S. (2016). Unsuccessful letter-sound integration in English reading by native Chinese speakers: Evidence from an event related potentials study. *Science Bulletin*, *61*(24), 1855-1864

Zelazo P. D. (2020). Executive function and psychopathology: A neurodevelopmental perspective. *Annual Review of Clinical Psychology*, *16*, 431-454. https://doi.org/10.1146/annurev-clinpsy-072319-024242

Zhao, P., Li, S., Zhao, J., Gaspar, C. M., & Weng, X. (2015). Training by visual identification and writing leads to different visual word expertise N170 effects in preliterate Chinese children. *Developmental Cognitive Neuroscience*, *15*, 106-116.

Zhao, P., Zhao, J., Weng, X., & Li, S. (2018). Event-related potential evidence in Chinese children: Type of literacy training modulates neural orthographic sensitivity. *International Journal of Behavioral Development, 42*(3), 311-320.

Zhao, G., Zhang, H., Ma, L., Wang, Y., Chen, R., Liu, N., Men, W., Tan, S., Gao, J-H., Qin, S., He, Y., Dong, Q., & Tao, S. (2023). Reduced volume of the left cerebellar lobule VIIb and its increased connectivity within the cerebellum predict more general psychopathology one year later via worse cognitive flexibility in children. *Developmental Cognitive Neuroscience*, *63*, 101296. https://doi.org/10.1016/j.dcn.2023.101296

第五章

神經科學在心理健康與教育中的應用

李輝

本章導讀

在當今社會，精神健康問題愈發引起廣泛關注。越來越多的研究表明，精神健康不僅僅是醫療領域的重要議題，更是與社會、教育、經濟等多個方面密切相關的問題。精神疾病如抑鬱症、焦慮症和精神分裂症等，已經成為影響人們生活質量和社會穩定的重要因素。因此，探索有效的干預機制並促進精神健康教育的普及，顯得尤為必要。

本章將圍繞神經科學在心理健康與教育中的應用展開討論。通過研究大腦的結構與功能，神經科學為我們提供了理解精神疾病根源的新思路。近年來，越來越多的研究表明，精神疾病的發生與大腦內的神經連接和生物機制息息相關，深入探討這些機制，有助於開發出針對性更強的治療方法。

此外，心理健康教育在改善學生心理素質、促進全面發展方面也起到不可或缺的作用。特別是在學校環境中，運用神經科學的原理來設計和實施心理健康教育課程，可以有效提升學生的心理韌性與應對能力。本章將結合相關研究與案例，探討如何將認知神經科學的發現應用於實際的心理健康干預策略中，以及在教育領域的實現路徑。

通過分析這些前沿領域的研究成果與實踐經驗，我們旨在為社會工作者、教育工作者以及心理健康專業人士提供啟示，以推動心理健康服務的創新與發展。希望本章能為讀者在認知神經科學與心理健康的交匯點上，提供新的視角與思考，助力更高效的干預策略和教育方案的形成，以應對日益複雜的心理健康挑戰。

第一節　利用神經科學改進精神健康

精神健康是整體健康和福祉的重要組成部分（世界衛生組織，2013）。然而，精神疾病如精神分裂症、抑鬱症、雙相情感障礙、創傷後應激障礙（PTSD）和自閉症是美國殘疾的主要原因（美國疾病負擔合作組，2013）。這些情況通常導致功能性殘疾，嚴重影響個體的認知能力、社區獨立生活、維持人際關係及實現個人目標的能力。儘管在藥物和心理社會干預的研究上取得了一些進展，但其整體有效性仍僅表現為中等的成功水平（Bishop-Fitzpatrick, Minshew & Eack, 2014; Mueser, Deavers, Penn & Cassisi, 2013; Newby et al., 2015）。而在致殘性精神疾病患者中，能夠達成個人可接受的臨床和功能性康復的人寥寥無幾，恢復到疾病發作前的社會心理功能水平的患者更是鳳毛麟角（Harvey & Bellack, 2009; Judd et al., 2008; McIntyre & O'Donovan, 2004）。本節旨在回顧認知神經科學和大腦可塑性研究的新興趨勢，並提供社會工作者及相關專業人員如何利用這些進展來改進精神健康治療的實例。我們鼓勵研究人員、從業人員和心理健康教育工作者通過閱讀本文熟悉相關詞彙，並將其引入社會工作課程，同時在他們的研究中納入神經影像學測量，從而促進認知神經科學的整合。

一、精神疾病的神經基礎：神經可塑性

1990 年，時任美國總統喬治・布殊（George H. W. Bush）宣佈 1990 至 2000 年為「腦的十年」，旨在促進神經科學研究並增強公眾對精神疾病（如精神分裂症和阿爾茨海默病）的認識（Bush, 1990; Goldstein, 1990）。在過去的三十年裏，我們對人腦及其相關精神疾病神經生物學機制的理解有了顯著的進展（Insel & Landis, 2013; Jones & Mendell, 1999）。許多精神健康問題被認為涉及大腦的多個區域，並遵循特定的神經發育軌跡（Ansorge, Hen & Gingrich, 2007; Faludi & Mirnics, 2011; Keshavan, Anderson & Pettergrew, 1994）。這些症狀通常在青春期晚期和成年早期出現，而這一時期正是大腦發育的重要階段（Paus, Keshavan & Giedd, 2008）。這些症狀的出現與神經連接的異常修剪及增殖相

關，導致大腦功能障礙和灰質體積的顯著減少（Pantelis et al., 2003; Cannon et al., 2015）。這些生物變化是許多精神疾病症狀（如精神分裂症患者的認知障礙）背後的機制（Fusar-Poli, Radua, McGuire & Borgwardt, 2011; Rapoport, Giedd & Gogtay, 2012）。

（一）神經可塑性的重要性

近年來的研究表明，成年人大腦具備重組和生成新神經連接的顯著能力，這種能力對於日常功能的維持至關重要（Bruel-Jungerman, Davis & Laroche, 2007; Buonomano & Merzenich, 1998）。這一發現為曾被認為是靜態的腦部疾病患者帶來了新的康復期待（Goldberg, Hyde, Kleinman & Weinberger, 1993）。因此，社會工作者開始將認知神經科學的方法整合到他們的研究中，以提升干預措施的有效性（Eack et al., 2010; Garland, Froeliger & Howard, 2015; Matto et al., 2013）。例如，Eack、Newhill 與 Keshavan（2016）的研究發現，經過心理社會治療，精神分裂症患者的額葉與顳葉神經交流得到了增強，這與情緒處理能力的改善高度相關。這一結果表明，增強額顳神經交流可能成為促進康復的重要治療目標。

隨着神經影像學方法的進步，越來越多的數據支持大腦的可塑性，而這種變化受到社會環境的影響。這為通過社會工作干預提升社交功能和康復提供了新的可能性。早期的研究顯示，成年大腦中的神經連接數量並不是一成不變的，豐富的環境能夠促進神經元連接的形成（Diamond, Krech & Rosenzweig, 1964）。神經可塑性是指大腦通過創造、重建或增強神經連接來靈活適應環境的能力，特別是在學習或經歷創傷之後（Bruel-Jungerman et al., 2007; Buonomano & Merzenich, 1998）。

例如，在 20 世紀 80 年代，Taub（1980）發現，當控制一隻手臂的連接被切斷時，猴子體感皮層中的神經連接可以再生。這一發現拓展了對神經可塑性的認識（Schwartz & Begley, 2003）。Taub 及其同事（1993）隨後將這些發現應用於中風後的康復，通過約束誘導運動方法促進受損腦區的神經重組。這種治療方法迫使患者以受損肢體進行運動，從而恢復日常生活技能（Taub, Uswatte & Mark, 2014）。近四十年的研究進一步證明，成年人的大腦確實能夠通過環境經歷形成和調整神經連接（Fuchs & Flügge, 2014）。

（二）社會環境的影響

人們生活在不斷變化的物理和社會環境中，這些環境影響着大腦的發育和功能，因而在心理健康治療研究中具有重要意義。大腦的動態可塑性使其在各種情況下不斷變化。比如，精神疾病患者往往退縮到相對孤立的社會環境中（Hooley, 2010），這可能導致社會剝奪、忽視與壓力，從而改變負責認知功能的神經網絡，抑制新神經連接的形成（Lu et al., 2003）。

經歷慢性壓力的個體，其神經健康可能受到抑制，導致大腦功能異常和灰質損失，從而引發抑鬱症（Fossati, Radtchenko & Boyer, 2004）、精神分裂症（Cannon et al., 2015）及自閉症（Berger, Rohn & Oxford, 2013）患者的認知障礙。

Hunter、Gray 與 McEwan（即將出版）在《韌性的神經科學》一文中探討了早期逆境和壓力對大腦的影響。他們指出，負面的社會環境會導致不良的神經可塑性，使大腦變得脆弱（如灰質損失）。這些發現與生物心理社會模型及預防工作的核心假設緊密相關，強調了社會環境對大腦發展和功能的強大影響。

（三）積極的社會環境

值得欣慰的是，支持性的社會環境能夠提升適應性神經可塑性（Davidson & McEwen, 2012; Keshavan, Mehta, Padmanabhan & Shah, 2015），通過增強或生成新的神經連接，從而反映在灰質和大腦活動的增加上。對健康志願者的研究提供了一些證據，顯示成年人可以通過學習或訓練提升其神經可塑性（Driemeyer, Boyke, Gaser, Büchel & May, 2008; Maguire et al., 2000）。例如，學習雜耍的參與者在 3 個月內顯示出顳葉和頂葉區域的灰質增加（Draganski et al., 2004），這進一步豐富了認知相關的神經可塑性理論（Keshavan, Vinogradov, Rumsey, Sherrill & Wagner, 2014; Morimoto, Wexler & Alexopoulos,

2012）。這些干預舉措利用了生物學可塑性儲備，依靠豐富的社會環境和反覆的認知練習來恢復或增強神經連接（Keshavan & Hogarty, 1999; Morimoto et al., 2014）。儘管對腦可塑性的研究已取得一些進展，但除了認知矯正外，尚未有足夠的研究成果轉化為其他精神疾病的臨床干預措施（Cramer et al., 2011），即使一些顯著的案例正在不斷浮現（Matto et al., 2013）。

總體而言，關於神經可塑性的研究為我們長期堅持的生物心理社會觀點提供了有力支持，這一觀點強調社會環境和遺傳因素的相互作用對神經生物學的影響（Garland & Howard, 2009）。在心理健康治療研究中，神經可塑性原則強調人與環境之間的基本關係，說明神經生物學與環境之間存在雙向互動關係（Green & McDermott, 2010）。大腦的動態神經可塑性為社會工作者在轉化研究中整合認知神經科學提供了眾多機會，有望促進更具針對性和有效性的干預措施的開發，從而直接解決精神疾病的核心病理和促進心理健康的康復。

二、神經科學如何改進心理健康治療

（一）早期識別精神疾病風險

當前，精神健康障礙的診斷主要依賴《精神疾病診斷與統計手冊（第五版）》（DSM-5）（美國精神病學協會，2013），該系統通常在精神疾病發作後，通過符合特定標準的行為症狀進行診斷。然而，許多精神健康症狀的神經體徵往往早在疾病發作前幾年就已出現，這為我們提供了早期干預與預防的可能性。這些神經體徵被稱為生物標誌物，意思是指反映患者生物狀況或疾病狀態的生物學特徵。在認知神經科學研究中，生物標誌物是一種可測量的神經生物學特徵，能夠表明個體可能出現某些精神健康症狀的風險（Singh & Rose, 2009）。舉例來說，執行任務時的大腦異常激活模式或支持認知的區域灰質體積減少，均是可能指示精神疾病易感性的生物標誌物（Chang et al., 2017; Wackerhagen et al., 2017; Walter et al., 2016）。雖然目前在主要精神健康狀況的可靠診斷標誌物方面尚無有效發現，但基於神經影像學的生物標誌物在提高精神健康篩查與診斷模型的準確性上展現出良好潛力，有助於早期干預和預防。

（二）多變量統計方法

多變量統計方法是一種常用且可靠的分析手段，尤其是在精神健康生物標誌物研究中（Haxby, Connolly & Guntupalli, 2014）。這種方法通常被稱為多變量模式分析或多變量模式識別，能夠利用 MRI 的灰質體積數據或 fMRI 的大腦活動數據對精神病患者和健康個體進行高靈敏度和特異性的分類（Borgwardt & Fusar-Poli, 2012; Krishnan, Williams, McIntosh & Abdi,

2011）。通過多變量模式分析，研究發現能夠以 77% 的靈敏度和 78% 的特異性，成功區分抑鬱症患者與健康志願者。同時，針對精神分裂症的薈萃分析結果顯示，該方法的靈敏度和特異性均達 80%（Kambeitz et al., 2015）。

此外，這種分析方法還能夠有效識別不同的精神健康診斷。例如，以靜息狀態 fMRI 為基礎的多變量模式分析可在 92% 的靈敏度下準確分類精神分裂症患者，並以 83% 的靈敏度分類雙相情感障礙患者（Calhoun, Maciejewski, Pearlson & Kiehl, 2008）。以上發現表明，神經影像學生物標誌物在精神疾病的早期識別中扮演着重要角色，從而降低長期未治療的風險及防止誤診與殘疾。

（三）預防性干預的成功

從預防的角度看，多變量模式分析在識別高風險精神病個體方面也取得顯著成功。通過結構性 MRI 模式，該方法能夠以 92% 的靈敏度區分健康個體與高風險精神病患者（Koutsouleris et al., 2012），而未轉變為精神病的高風險個體與已轉變的分類準確性為 84%。在創傷相關疾病方面，灰質模式差異可有效分類 67% 經歷創傷的個體中患有 PTSD 的風險（Gong et al., 2013）。這些結果為基於生物標誌物的個性化創傷干預措施提供了廣闊前景，預示了未來在創傷經歷後更有效的 PTSD 風險預測。基於腦部掃描的診斷模型在識別精神疾病風險及促進康復方面具有顯著的臨床適用性。因此，利用認知神經科學的研究來檢測可預測多種精神疾病風險的神經影像學生物標誌物，能夠將精神健康治療轉變為更為有效的一級預防實踐。

（四）倫理問題的探討

儘管神經影像學在生物標誌物研究中展現出諸多優勢，但也面臨一些倫理問題（Singh & Rose, 2009）。首先，臨床實踐中必須謹慎推動生物標誌物的開發，以確定如何有效地根據神經生物學向個體提供精神疾病風險和韌性的信息。其次，識別精神疾病風險的個體可能會引發情感上的恐懼和污名化，尤其是在多變量模式分析尚未達到 100% 敏感性的情況下。此外，生物標誌物的研究目前主要在實驗室環境下進行，導致它們在臨床應用中的普適性受到限制（Cook, 2008）。最後，使用生物標誌物的高昂成本仍然是一個現實問題，尤其在設備昂貴且農村地區難以獲得的背景下，需要專業人士進行操作、數據分析和結果解讀（Lakhan, Vieira & Hamlat, 2010）。

儘管存在上述擔憂，以及對提高多變量模型準確性的需求，認知神經科學研究依然在識別精神疾病生物標誌物方面展現出良好前景，可以為最易受影響的人群指導干預措施，進而改善心理健康治療。模式識別方法也為早期干預策略的有效性奠定了基礎，以便更好地防範殘疾的發生（Woo, Chang, Lindquist & Wager, 2017）。

三、識別對精神疾病有韌性的人

神經影像學的生物標誌物研究為識別具有韌性的大腦特徵提供了重要依據。這一領域的深入研究幫助我們理解那些暴露於不利社會環境中但仍能夠保持心理健康的個體的神經基礎，從而揭示大腦自我保護的機制。心理韌性及相關的神經機制是一個新興的研究領域，其初步結果表明，即便在嚴重壓力和創傷之下，良好的獎勵處理、情緒調節以及壓力管理等神經網絡依然是心理健康的關鍵特徵（Van Der Werff, Van Den Berg, Pannekoek, Elzinga & Van Der Wee, 2013）。例如，Swartz、Knodt、Radtke 與 Hariri（2015）的研究顯示，參與掃描的 340 名健康年輕人在觀看憤怒和恐懼面孔時，杏仁核的激活水平較低 —— 這一現象與情緒調節能力密切相關。研究表明，這種低激活水平預示着受試者在未來四年內對於生活壓力源的心理病易感性較低，進而支持了神經韌性的重要性。

通過生物標誌物的識別，我們還可以研究情緒與神經免疫調節之間的關係，尤其是在創傷後遺症（如 PTSD［Horn, Charney, & Feder, 2016］和重度抑鬱症［Han & Nestler, 2017］）的背景下。研究人員發現，患者與普通人之間的神經生物學差異揭示了精神疾病韌性生物標誌物的核心特徵。低杏仁核灰質或恐懼相關的激活減少常被認為是 PTSD 患者的保護性生物標誌物，這意味着這些患者在面對壓力時能夠較好地調節其情緒反應（Gupta et al., 2017; Kuo, Kaloupek & Woodward, 2012; Morey, Haswell, Hooper & De Bellis, 2016）。此外，海馬體與背外側前額葉皮質之間更大的灰質體積被視為對抗重度抑鬱症的重要韌性特徵，尤其是在有家族病史的個體中（Amico et al., 2011; Arnone, McIntosh, Ebmeier, Munafò & Anderson, 2012; Rao et al., 2010）。顯現記憶，即有意識地提取思想的能力，依賴於背外側前額葉皮質與海馬體之間的交互，而這恰恰是重度抑鬱症患者所面臨的重大認知挑戰（Pittenger & Duman, 2008）。因此，背外側前額葉皮質與海馬體之間強的神經連接（例如較大的灰質體積）對於維持有效的顯現記憶至關重要，使其成為抵禦抑鬱症的一個神經保護因素。

目前，神經韌性領域正在迅速發展，研究發現不同精神健康狀況下共享的共同主題日漸顯現。杏仁核在眾多研究中反覆出現在焦點，其在恐懼及情緒控制中的重要性不言而喻（Costafreda, Brammer, David & Fu, 2008）。研究發現，杏仁核的過度激活與更大的心理健康挑戰風險相關（McLaughlin et al., 2014; Olsavsky et al., 2012; Zhong et al., 2011）。相反，面對壓力時杏仁核被較好調控的個體，不太可能經歷創傷後遺症或其他與心理健康相關的問題（Swartz et al., 2015）。同時，前額葉結構的完整性增強與心理韌性的提升相互關聯，即便在嚴重的社會逆境中也是如此（Herringa et al., 2016; Tottenham & Galván, 2016）。這些發現強調了大腦不同網絡之間的複雜互動如何支持個體在面對生活壓力時的適應能力和韌性，進而揭示了心理健康干預的潛在方向。

四、神經治療靶點的確定

神經科學在確定精神健康治療的干預靶點方面具有重要潛力。通過深入探索精神疾病的神經生物機制，認知神經科學積累了大量證據，揭示了藥物、腦刺激和心理社會干預的作用機制。這為患者的腦功能和結構的體內測量提供了新視角，使我們能夠觀察治療參數與臨床及功能改善之間的關係，從而提高精神健康治療的精準性與針對性。

舉例來說，如果一項新認知訓練干預觀察到額葉活動的增加，並與改善注意力和就業能力相關聯，那我們就可以得出結論，在促進工作功能的康復時，重點關注與額葉認知控制及注意力相關的訓練將是最佳策略。基於這些結果，干預開發者可以相應調整訓練計劃，以突出提升注意力的元素，提供更加個性化和高效的治療體驗。這種靶向干預的方法不僅是實驗醫學的核心之一，也是美國國立精神衛生研究所（NIMH）在開發精神健康干預時所採用的策略（Insel, 2015）。這一切表明，基於腦機制的理解將有助於研究人員優先考慮新的和改進的治療策略，從而有效提升心理健康干預的成效。

在精神健康治療中，認知、日常功能和動機是常受影響的三個行為領域。識別並深入理解這些領域的神經基礎，可以為精神健康治療的目標設定提供方向。例如，在精神分裂症患者中，額葉、顳葉和邊緣葉的灰質體積減少與社會認知及非社會認知的障礙密切相關（Wolf, Höse, Frasch, Walter & Vasic, 2008; Yamada et al., 2007）。薈萃分析還表明，額葉和邊緣葉灰質體積的減少與精神分裂症患者的功能能力低下存在顯著關聯（Wojtalik, Smith, Keshavan & Eack, 2017）。

更具體地說，精神分裂症患者在社交功能上的表現與邊緣葉扣帶迴皮質的同理心相關激活增加，以及內側前額葉皮質與後扣帶迴皮層之間的連接性增強相關（Smith et al., 2015; Fox et al., 2017）。這些研究揭示了在精神分裂症患者中，額葉、邊緣葉與顳葉的交互作用對認知與功能結果的重要性。這些腦區可能是有效的神經生物學靶點，可以通過藥物和心理社會干預進行靶向，以促進更好的康復效果。

總之，神經科學為精神健康治療提供了新的視角和方法。通過確定神經靶點，我們能夠制定更加精準的治療策略，從而最大化患者的康復潛力。

五、心理健康治療如何識別認知、情感和行為背後的腦機制？

在整合神經科學數據以改善心理健康治療的過程中，干預研究提供了一個強大的平台，以深入了解大腦在接受治療時的變化。這種縱向研究和實驗設計所帶來的優勢，使得心理健康治療能超越許多認知神經科學領域的橫斷面研究。通過臨床試驗，我們能夠更好地理解特定腦區的可塑性，以及大腦如何響應心理社會干預的變化，從而關聯大腦變化與臨床效果之間的關係。

（一）實驗醫學的應用

實驗醫學是美國國立精神衛生研究所（NIMH）採納的一種新方法，旨在將生物學與治療研究結合起來。該方法的核心思想是，心理健康治療中的干預措施通常具有潛在的治療目標，這些目標可以介導治療結果。實驗醫學通過利用神經標誌物及相關的治療變化作為替代結果測量，不僅提高了治療研究的效率，也加速了研究發現的獲取（Lewandowski, Ongur & Keshavan, 2018）。這種方法有助於識別與心理健康結果相關的生物標誌物，例如，自閉症患者視聽交流能力的提升（Plitt et al., 2015），或者前額葉活動與精神分裂症患者社會功能缺失之間的關係（Wojtalik et al., 2017）。實驗醫學的設計重點在於確定這些治療目標，並評估其對心理健康結果的潛在影響（Insel, 2012）。這一過程預計將加速干預措施的發展，促使研究人員開展更小且高效的臨床試驗，以識別哪些靶點顯示出可塑性和良好結果之間的關聯，並迅速淘汰那些效果不明顯的干預目標（Insel & Gogtay, 2014）。

（二）腦區變化與心理健康結果

許多關於大腦不同區域可塑性的發現來自心理健康干預研究。研究表明，大腦的可塑性不是均勻分佈的，海馬體是當前已知的可塑性最顯著的區域之一，主要參與記憶存儲（Erickson et al., 2011; Fuss et al., 2014）。例如，Erickson 等（2011）在老年人群體中開展的一項隨機實驗顯示，進行有氧運動的參與者相比控制組，其海馬體容量顯著增加，且記憶功能有所改善，甚至可能逆轉與年齡相關的記憶衰退。

不僅如此，其他大腦區域的可塑性也得到廣泛認可。例如，Wang 等（2016）對接受認知行為療法（CBT）的患者的研究發現，治療後額葉和頂葉區域之間的神經交流顯著增強，這與注意力缺陷多動症狀的改善相關（Wang et al., 2016）。另外，在針對壓力相關疾病的成年患者中，CBT 治療後額頂葉和杏仁核的連接性增強，這進一步表明 CBT 能夠改善不同腦區的交互模式以提升心理健康結果（Shou et al., 2017）。最近的薈萃分析也發現，精神分裂症患者在治療過程中前額葉的活動普遍增加，說明這些區域在認知與功能恢復中發揮着重要作用（Ramsay & MacDonald, 2015）。

（三）心理健康研究的重要發現

在心理健康領域中，補償性和恢復性變化的證據正在不斷增多。舉例來說，Penadés 等（2013）在研究精神分裂症患者的認知矯正時發現，前額葉的功能在治療過程中逐漸接近健康個體的標準，而個別患者的恢復效果尚待進一步探討。此外，對於注意力缺陷多動症的兒童，研究顯示，神經反饋訓練能夠有效調動前額葉皮層的重要區域，使得多動和注意力不集中症狀顯著改善（Alegria et al., 2017）。在與年齡相關的記憶力衰退的研究中，基於策略的記憶訓練顯示出在未被激活的腦區域中產生了增強的腦活動，表明補償性機制的可能性（Belleville et al., 2015）。同樣，對於受虐待相關 PTSD 的兒童，CBT 治療期間額顳葉的正常化與情緒喚醒的降低已表現出積極的康復效果（Thomaes et al., 2012）。

通過針對心理健康干預的神經影像學研究，我們對大腦如何發生變化以改善認知、社會心理功能和整體康復有了重要見解。儘管該研究領域仍處於發展初期，但證據表明，與心理健康的改善相關的腦變化可能涉及恢復性和補償性機制。理解這些變化是補償還是恢復，依賴於對正常腦功能及其與疾病異常之間的關係的深入分析。隨着認知神經科學和臨床神經科學的迅速發展，這些研究將幫助我們明確大腦變化及其對治療效果的貢獻，進而為改善心理健康治療提供新的方向。綜上所述，通過結合心理健康治療研究與認知神經科學，我們可以更好地理解大腦變化如何支持現實世界的功能與康復，特別是對於社區心理健康診所中服務的弱勢群體更是至關重要。

第二節　成癮的神經科學：與預防和治療的相關性

在美國等歐美國家，成癮和物質使用障礙已成為嚴重的公共健康問題。2016 年，藥物過量導致超過 63,300 人的死亡（Hedegaard et al., 2017），而每年因酗酒和吸煙造成的死亡人數分別為 88,000（Stahre et al., 2014）和 480,000（國家慢性預防和健康促進中心，2014）。有超過 2000 萬美國人受到物質使用障礙的影響，然而，過量死亡只是其健康後果的冰山一角。例如，與阿片類藥物相關的急救就診率比死亡人數高出 20 倍（Weiss et al, 2014; Rockville, 2017）。此外，每 1000 名出生的嬰兒中就有 6 名患有新生兒戒斷綜合症（Patrick et al., 2015），甚至多達 9 名可能面臨胎兒酒精譜系障礙（FASDs）。

吸毒及其相關問題的廣泛影響不僅在健康上造成重大損失，在經濟上也造成了巨大的負擔，其中包括酒精導致的 2490 億美元（Sacks et al., 2010）、煙草帶來的 3000 億美元（吸煙和健康問題辦公室，2014），以及其他藥物造成的 1930 億美元（NDIC, 2011）。

雖然研究已確認多種證據支持的預防和治療策略可以有效減少酒精和藥物的使用及其引發的後果，但這些干預措施的採納率依然較低，且需因人而異。然而，隨着我們對成癮背後神經生物學、遺傳、表觀遺傳和環境機制的理解加深，研究者能夠進一步識別可以用於預防和治療的新靶點。此外，先進的技術手段，例如基因測序、敏感成像技術、腦刺激設備、信息技術與移動健康工具，極大增強了我們探索成癮及其根本原因的能力。

一、成癮風險的神經生物學

（一）生物因素

成癮的風險是生物因素（如遺傳和神經迴路）與環境因素（如社會和文化系統、壓力和創傷）之間複雜相互作用的結果。近年來的研究越來越揭示心理特徵、情緒和行為是如何在大腦中編碼的，以及環境因素如何影響這些大腦迴路，最終影響成癮的風險和韌性。

遺傳因素約佔成癮風險的一半（Volkow, 2005）。目前，研究已經確定大多數與成癮風險相關的基因主要影響個體對物質濫用的生物反應或其代謝（Yu & McClellan, 2016）。例如，編碼煙鹼受體 α5 亞基（該基因在韁核中高度表達）的基因變異與尼古丁成癮的較高易感性相關（Etter et al., 2009; Bierut et al., 2007）。此外，研究還發現此基因變異對中腦韁核—腳間核軸在尼古丁依賴與戒斷中的重要性（Görlich et al., 2013）。對轉基因小鼠的研究表明，α5 多態性可影響與精神分裂症患者吸煙易感性更高相關的前額葉皮層神經元放電模式（Koukouli et al., 2017）。持續的研究致力於探討基因在調節人類大腦發育中的作用，以及它們對影響物質使用障礙風險的環境因素的敏感性。

表觀遺傳因素協調基因表達，調節生物驅動因素的途徑與成癮動物模型中的持久性神經可塑性變化相關（Nestler, 2014）。例如，早期生活中的壓力對下視丘—腦下垂體—腎上腺軸（HPA 軸）的發育有深遠影響。HPA 軸是人體應對壓力的重要系統，負責分泌激素，如皮質醇。早期經歷的壓力，尤其是在家庭環境不穩定或遭受虐待時，可能導致 HPA 軸功能失調，表現為過度或不足激活。這種失調不僅影響情緒、行為，還可能導致長期的心理健康問題，如焦慮和抑鬱，以及生理健康問題，例如心血管疾病和代謝症候群。研究顯示，經歷早期壓力的個體，特別是在關鍵的發育階段，可能對未來壓力的反應更加敏感。此外，男性和女性在面對壓力時的 HPA 軸反應存在差異。對兒童和青少年心理健康的關注，以及實施適當的干預措施，對於減少早期壓力的負面影響至關重要。這些措施可促進兒童的身心健康發展，幫助他們更好地應對未來的壓力。此外，有研究表明，父母在受孕前使用物質可能對後代的成癮行為產生跨代的表觀遺傳效應（Watson et al., 2015; Vassoler et al., 2017），儘管這一點尚未在人類研究中得到確證。

青少年由於大腦尚未完全發育，因此比成年人更易於嘗試藥物並發展成為物質使用障礙。青少年的神經可塑性強於成年人，導致他們在尋求獎賞的行為和情緒反應上更為激烈，同時前額葉皮層的自我調節功能尚未成熟，令年輕人在衝動和冒險行為上表現得更加明顯（Giedd, 2008）。早期接觸濫用藥物可能進一步損害前額葉皮層的發育，增加長期成癮的風險（Nestler, 2014）。另外，青少年對影響吸毒的環境刺激（如壓力）更為敏感（Eiland & Romeo, 2013; Lewis & Olive, 2014），使其在面對社會壓力源時的脆弱性更加突出。已有研究表明，社會剝奪和早期不利經歷可能導致大腦連接受損，從而使這些兒童在行動時表現出更強的衝動性（Govindan et al., 2010）。關鍵在於，提供社會支持和照顧的干預措施有潛力逆轉部分損害，促使兒童展現出更高的韌性（Sheridan et al., 2012）。

（二）心理特徵

在多種心理特徵中，衝動性、尋求新奇和壓力反應性已經證明會影響成癮風險（Jasinska et al., 2014）。神經科學開始描繪出介導這些特徵的大腦迴路。例如，特質衝動與皮質紋狀體迴路失調相關，這種失調涉及前扣帶迴皮層和杏仁核之間的激活與功能連接變化（Bickel et al., 2012）。高度尋求刺激與前扣帶迴皮層和額中迴厚度減少（Holmes et al., 2016），以及中腦體積的改變（Cheng et al., 2015）相關。同時，壓力反應與前額葉皮質的調節作用直接關係到 HPA 軸的活動（Sinha, 2008）。深入了解這些特質的神經生物學基礎可能會為開發可用於針對高風險個體的預防干預措施提供生物標誌物。此外，這些知識能夠幫助制定增強特定神經迴路的策略，以提高個體的韌性並支持康復。

二、成癮大腦的神經生物學

腦成像研究描繪了介導成癮行為復發模式的神經迴路，這些環路包括中毒期間的獎勵反應、藥物及其線索的條件反射、戒斷期間的消極情緒，以及接觸線索或壓力源時的藥物渴望（Volkow et al., 2016）。

在中毒期間，藥物會通過激活中腦邊緣獎勵系統（包括伏隔核和背側紋狀體）釋放大量多巴胺，從而強化吸毒行為，並加強藥物使用前刺激與期望獎勵的條件關聯（Di Chiara, 2002; Volkow & Baler, 2015）。然而，與直覺相悖的是，成癮者對藥物引起的多巴胺反應會減弱，這一過程在人類受試者和動物模型中均有觀察到（Willuhn et al., 2014; Trantham-Davidson & Chandler, 2015; Volkow et al., 2010）。在中毒期間，藥物所引起的多巴胺反應減弱與有關獎勵的主觀體驗下降存在直接關係（Volkow et al., 2010）。儘管在討論藥物的獎勵與增強作用時，多巴胺能系統受到了廣泛關注，但其他神經遞質 —— 如阿片類物質、大麻素、GABA 和血清素 —— 同樣會在不同程度上影響個人對藥物的愉悅與欣快反應，導致神經適應並最終引發成癮（Lovinger, 2011）。

隨着藥物的欣快作用減弱，成癮者進入戒斷期，表現為負面情緒，包括快感缺乏、對壓力的敏感性增加以及明顯的焦慮和煩躁。這種反應在短期吸毒者身上通常未見，而不同藥物所需的暴露時間多有差異，阿片類藥物引起這些反應的速度尤其快。戒斷期涉及的迴路包括基底前腦區域，特別是延伸的杏仁核和韁核，並參與多個神經遞質和神經肽，如促腎上腺皮質激素釋放因子（CRF）、去甲腎上腺素和強啡肽（Koob & Le Moal, 2005; Batalla et al., 2017）。這些迴路的信號增強會引發厭惡症狀，使個體更加渴望藥物，並專注於使用藥物來對抗厭惡體驗。與此同時，藥物渴望的背後，多巴胺獎勵 / 動機系統的功能低下也導致戒斷期間的快感缺乏及厭惡狀態（Volkow & Morales, 2015）。

在渴望階段，條件刺激（藥物線索）本身導致紋狀體中的多巴胺釋放，從而增強尋求藥物的動機（Volkow et al., 2006）。這一階段涉及前額葉迴路，包括眶額葉皮層和前扣帶迴皮層，它們在顯著性或價值歸因中的作用不可或缺（Volkow et al., 2005），以及海馬體和杏仁核的迴路，負責介導條件反應（Robbins et al., 2008）。這些區域向腹側被蓋區和紋狀體的谷氨酸能投射調節對線索及與藥物相關情緒的敏感性和反應性（Volkow et al., 2016）。

在非成癮腦中，治療藥物渴望的迴路受前額葉皮層的控制，這些區域與執行功能相關，支持做出理性、健康的決策以及情緒調節。因此，個體能夠在對藥物所提供的即刻獎勵和長期目標之間找到平衡，從而作出合理選擇。然而，當前額葉的執行功能由於反覆接觸藥物或潛在易感性出現損失，同時邊緣迴路條件反應及壓力反應性過度活躍（而非藥物獎勵的敏感性持續降低）時，成癮者在抵禦強烈藥物渴望方面處於劣勢。這便解釋了為何成癮者即使在經歷明顯負面後果和對藥物愉悅作用產生耐受性時仍然難以戒除的問題。

三、大腦迴路與神經遞質的生物坐標

認識成癮相關腦迴路及多種神經遞質（如多巴胺、谷氨酸、強啡肽、腦啡肽、GABA 及血清素）之間的相互關係，不僅有助於識別成癮治療的潛在靶點，同時為制定新的預防和治療策略提供重要參考。例如動物模型實驗表明，增強多巴胺 D2 受體的信號傳導可以有效減少強迫性行為，這對於成癮行為的治療具有重要意義。D2 受體的下調與前額葉活動的損傷相關，透過增強 D2 受體的功能可以改善前額葉的活動，從而對抗成癮行為。研究顯示，前額葉與抑制控制、決策制定和行為調節等高級認知功能密切相關，而多巴胺則在這一過程中扮演關鍵角色。有氧運動被認為是一種有效的干預手段，能促進多巴胺釋放及改善神經可塑性，進而修復前額葉功能，為 MA 成癮者提供潛在益處。此外，調整 D2 受體信號傳導也有助於影響成癮行為的表現，增強 D2 受體的激活可抑制成癮性行為，而拮抗劑則可能增加成癮傾向。這些研究結果為未來針對成癮及強迫性行為的療法開發提供理論基礎，並可能揭示新的治療策略。（Volkow & Morales, 2015）。此外，針對前額葉皮層和杏仁核到腹側被蓋區及紋狀體之間的谷氨酸投射增強的反應性干預已被證明能夠防止在接觸線索和壓力源後使用藥物（Kalivas & Volkow, 2011）。針對戒斷狀態下負面情緒（如 CRF 或 κ 拮抗劑）的干預措施，也顯示出減輕藥物使用升級的潛力（Park et al., 2015; Schlosburg et al., 2013）。

在制定新的物質使用障礙預防和治療策略時，還需考慮精神疾病的高合併症率（Kessler, 2004; Kelly & Daley, 2013; Ross & Peselow, 2012）。相比於單獨患有任一疾病的個體，攜帶這些合併症的患者往往更為嚴重且對治療更有抵抗力（Kelly & Daley, 2013; Torrens et aL., 2012）。很多重疊的腦區和迴路（Kelly & Daley, 2013; Ross & Peselow, 2012; Wing et al, 2012; Tsuang et al., 2012），例如涉及獎勵、執行功能和情緒的區域，與物質使用障礙及其他精神疾病相關。同時，這些疾病的遺傳和環境風險因素也出現重疊。例如，影響壓力反應性、冒險行為和尋求新奇的基因，可能影響物質使用的起始以及發展為物質使用障礙和其他精神疾病的機率。環境方面，諸如慢性壓力、創傷及早期不良經歷等因素則增加了物質使用障礙和精神疾病的風險（Kelly & Daley, 2013; Enoch, 2012）。

綜上所述，成癮的神經科學為預防與治療物質使用障礙提供了新的視角。這些研究不僅揭示了大腦在成癮過程中的具體機制，還明確了在治療干預中可能靶向的神經生物學基礎。隨着對大腦神經迴路、神經遞質及其相互作用的理解深化，未來的治療策略將更加精準，並能夠針對高風險個體制定個性化的預防和干預措施。這一轉變將極大地提升心理健康治療的效果，最終幫助那些受成癮影響的個體獲得更好的生活質量。

第三節　基於神經科學的健康教育課程

近年來，神經科學在健康教育領域的應用逐漸受到廣泛關注，成為研究與實踐的重要焦點。研究表明，通過將神經科學的原則融入健康教育課程，不僅能夠提升學生的健康知識，還能有效改變他們的健康信念與行為。目前的研究結果顯示，將健康行為與大腦功能之間的聯繫納入高中健康教育課程是可行的，儘管在改善學生健康信念和行為方面的成效尚待進一步驗證。因此，相關研究建議應持續開發課程內容，明確變革的理論機制，加強神經科學知識與自我調節及成長心態之間的整合，並為教師提供更為全面的專業發展支持。

一、教學內容的設計

基於神經科學的健康教育課程旨在科學地引導學生理解大腦與健康行為之間的關係。具體而言，課程可以涵蓋以下幾個方面：

（1）神經生物學基礎：介紹大腦的基本結構與功能，幫助學生理解大腦如何處理信息、做出決策，並進而影響行為。

（2）情緒與行為的關聯：探討情緒與健康決策之間的關係，使學生認識到自身的情緒反應如何影響自我控制能力和健康選擇。

（3）韌性與適應：講解神經可塑性，教育學生如何培養心理韌性，以有效應對壓力和挑戰，從而促進整體健康。

二、教學策略的應用

在課程實施過程中，教師可以運用多種教學策略以增強學生的學習體驗。例如：

（1）互動式學習：通過小組討論、角色扮演及案例分析等方式，引導學生參與其中，使其在實踐中深刻理解神經科學原理。

（2）多媒體資源：利用視頻、動畫及模擬實驗等手段，生動展示大腦機制與健康行為之間的關係，增強學生的直觀認識。

（3）評估與反饋：定期進行評估與反饋，幫助學生認識到自身在健康知識與行為方面的變化，從而進行適當的調整。

三、對健康信念與行為的影響

研究表明，基於神經科學原則的健康教育課程能夠有效提高學生的健康知識，同時改善他們的健康信念與行為。例如，參加課程的學生在以下方面可能會經歷積極的轉變：

（1）健康意識：學生對大腦健康及其對生活方式的影響有了更深入的了解，從而促使他們關注自身的健康行為。

（2）行為改變：通過了解神經可塑性與自我調節，學生能夠採取更積極的健康行為，例如更健康的飲食、規律的鍛煉和戒煙等。

四、未來的研究方向

儘管神經科學在健康教育中的應用展現出良好的前景，但仍需進一步探索其在不同人群和環境中的有效性。未來的研究可以重點聚焦於：

（1）個性化教育：根據學生的學習風格和需求，調整課程內容與實施方式，以提高學習效果。

（2）長期追蹤：調查神經科學健康教育對學生健康行為的長期影響，以評估課程的可持續性與有效性。

（3）跨學科合作：促進心理學、教育學與醫學等領域的合作，豐富課程設計與實施。

總之，神經科學在健康教育中的應用為提升學生的健康意識與行為提供了新的視角與工具。通過科學理論與實踐的結合，未來的健康教育有望在改善公共健康方面發揮更大的作用。

章末小結

本章深入探討了認知神經科學在心理健康和教育領域的應用，強調其在改善精神健康干預和教育實踐中的重要性與潛在價值。通過分析精神疾病的神經生物學基礎，我們揭示了大腦功能失調與心理健康問題（如抑鬱症、焦慮症等）之間的緊密聯繫，從而為開發更有效的心理健康治療方法奠定了科學基礎。

首先，章節強調精神疾病的複雜性和多樣性，指出許多常見心理健康問題往往源自大腦內部神經網絡的功能失調。現代認知神經科學利用先進的神經影像技術，如功能性磁共振成像（fMRI）和正電子發射斷層掃描（PET），揭示了情緒、行為與大腦機制之間的相互作用。這種深入的生物學理解為臨床干預提供了新思路，尤其是在治療中考慮大腦的可塑性，以促進患者的康復和功能恢復。

其次，本章探討了將認知神經科學原理應用於教育的重要性。在當今社會，青少年心理健康問題日益凸顯，要求教育系統承擔起增強學生心理韌性和適應能力的責任。將神經科學的發現融入心理健康教育課程中，可以使學生更好地理解大腦功能及其與情緒和行為的關係，從而增強他們管理自身心理健康的能力。通過具體案例與研究成果，本文展示了如何設計切實有效的教育干預，以提高學生的心理健康素養和社會適應能力。

本章還突出了社會工作者在實施認知神經科學應用中的核心角色。他們不僅需要掌握與精神健康相關的神經生物學知識，還應具備將這些知識轉化為實際干預措施的能力。通過與心理學家和神經科學家的合作，社會工作者能夠參與制定更個性化和有效的治療方案，確保服務能夠滿足個體需求。

在總結部分，我們反思了認知神經科學在心理健康與教育領域應用所面臨的挑戰與機遇。儘管已有大量研究支持其發展，但仍需克服一些障礙，例如跨學科合作不足、公眾缺乏對心理健康問題的理解等。未來研究應關注提升社會對心理健康的重視，推動政策和教育領域的改革，以增強心理健康服務體系的有效性與適應性。

綜上所述，認知神經科學為改善心理健康與教育提供了強大的工具與指引。通過將科學研究與實際問題結合，我們希望在促進個體心理健康和社會福祉方面取得新的突破。希望讀者能夠從本章中汲取靈感，將認知神經科學的理論應用於教育實踐，以推動實現更健康的生活方式，提升社會整體的心理健康水平。

參考文獻

Alegria, A. A., Wulff, M., Brinson, H., Barker, G. J., Norman, L. J., Brandeis, D., & Giampietro, V. (2017). Real-time fMRI neurofeedback in adolescents with attention deficit hyperactivity disorder. *Human Brain Mapping, 38*(6), 3190-3209. https://doi.org/10.1002/hbm.23584

American Psychiatric Association. (2013). *Diagnostic and Statistical Manual of Mental Disorders* (5th ed.).

Amico, F., Meisenzahl, E. M., Koutsouleris, N., Reiser, M., Möller, H.-J., & Frodl, T. (2011). Structural MRI correlates for vulnerability and resilience to major depressive disorder. *Journal of Psychiatry & Neuroscience, 36*(1), 15-22. https://doi.org/10.1503/jpn.090186

Ansorge, M. S., Hen, R., & Gingrich, J. A. (2007). Neurodevelopmental origins of depressive disorders. *Current Opinion in Pharmacology, 7*(1), 8-17. https://doi.org/10.1016/j.coph.2006.11.006

Arnone, D., McIntosh, A. M., Ebmeier, K. P., Munafò, M. R., & Anderson, I. M. (2012). Magnetic resonance imaging studies in unipolar depression: Systematic review and meta-regression analyses. *European Neuropsychopharmacology, 22*(1), 1-16. https://doi.org/10.1016/j.euroneuro.2011.05.003

Batalla, A., Homberg, J. R., Lipina, T. V., Sescousse, G., Luijten, M., Ivanova, S. A., ... & Loonen, A. J. (2017). The role of the habenula in the transition from reward to misery in substance use and mood disorders. *Neuroscience & Biobehavioral Reviews, 80*, 276-285.

Belleville, S., Boller, B., Ouellet, É., Lecavalier, N. C., Mellah, S., & Gauthier, S. (2015). Strategy-based memory training in persons with subjective cognitive decline: Efficacy, neural effects, and implications for models of training-induced compensatory plasticity. *Alzheimer's & Dementia: The Journal of the Alzheimer's Association, 11*(7), 248. https://doi.org/10.1016/j.jalz.2015.07.307

Berger, J. M., Rohn, T. T., & Oxford, J. T. (2013). Autism as the early closure of a neuroplastic critical period normally seen in adolescence. *Biological Systems Open Access, 2*(3), 1-7. https://doi.org/10.4172/2329-6577.1000118

Bickel, W. K., Jarmolowicz, D. P., Mueller, E. T., Koffarnus, M. N., & Gatchalian, K. M. (2012). Excessive discounting of delayed reinforcers as a trans-disease process contributing to addiction and other disease-related vulnerabilities: Emerging evidence. *Pharmacology & Therapeutics, 134*(3), 287-297. https://doi.org/10.1016/j.pharmthera.2012.02.004

Bierut, L. J., Madden, P. A., Breslau, N., Johnson, E. O., Hatsukami, D., Pomerleau, O. F., Swan, G. E., Rutter, J., Bertelsen, S., Fox, L., Fugman, D., Goate, A. M., Hinrichs, A. L., Konvicka, K., Martin, N. G., Montgomery, G. W., Saccone, N. L., Saccone, S. F., Wang, J. C., ... & Ballinger, D. G. (2006). Novel genes identified in a high-density genome wide association study for nicotine dependence. *Human Molecular Genetics, 16(1)*, 24-35. https://doi.org/10.1093/hmg/ddl441

Bishop-Fitzpatrick, L., Minshew, N. J., & Eack, S. M. (2014). A systematic review of psychosocial interventions for adults with autism spectrum disorders. In F. R. Volkmar, B. Reichow, & J. McPartland (Eds.), *Adolescents and Adults with Autism Spectrum Disorders* (pp. 315-327). Springer.

Borgwardt, S., & Fusar-Poli, P. (2012). Third-generation neuroimaging in early schizophrenia: Translating research evidence into clinical utility. *The British Journal of Psychiatry, 200*(4), 270-272. https://doi.org/10.1192/bjp.bp.111.103234

Bruel-Jungerman, E., Davis, S., & Laroche, S. (2007). Brain plasticity mechanisms and memory: A party of four. *The Neuroscientist, 13*(5), 492-505. https://doi.org/10.1177/1073858407302725

Buonomano, D. V., & Merzenich, M. M. (1998). Cortical plasticity: From synapses to maps. *Annual Review of Neuroscience, 21*(1), 149-186. https://doi.org/10.1146/annurev.neuro.21.1.149

Bush, G. (1990). Decade of the brain, 1990-1999 (Proclamation No. 6158, Stat. 104). Washington, DC: Government Publishing Office. https://www.gpo.gov/fdsys/pkg/STATUTE-104/pdf/STATUTE-104-Pg5324.pdf

Calhoun, V. D., Maciejewski, P. K., Pearlson, G. D., & Kiehl, K. A. (2008). Temporal lobe and "default" hemodynamic brain modes discriminate between schizophrenia and bipolar disorder. *Human Brain Mapping, 29*(11), 1265-1275. https://doi.org/10.1002/hbm.20463

Cannon, T. D., Chung, Y., He, G., Sun, D., Jacobson, A., Van Erp, T. G., & Cadenhead, K. (2015). Progressive reduction in cortical thickness as psychosis develops: A multisite longitudinal neuroimaging study of youth at elevated clinical risk. *Biological Psychiatry, 77*(2), 147-157. https://doi.org/10.1016/j.biopsych.2014.05.023

Centers for Disease Control and Prevention (2022, August 22). *Tobacco-Related Mortality*. https://archive.cdc.gov/www_cdc_gov/tobacco/data_statistics/fact_sheets/health_effects/tobacco_related_mortality/index.htm

Centers for Disease Control and Prevention (2023, July 27). 2014 Surgeon General's Report: The Health Consequences of Smoking—50 Years of Progress. https://archive.cdc.gov/www_cdc_gov/tobacco/sgr/50th-anniversary/index.htm

Centers for Disease Control and Prevention (n.d.). Fetal Alcohol Spectrum Disorders (FASDs). https://www.cdc.gov/ncbddd/fasd/data.html

Chang, K., Garrett, A., Kelley, R., Howe, M., Sanders, E. M., Acquaye, T., & Reiss, A. (2017). Anomalous prefrontal-limbic activation and connectivity in youth at high-risk for bipolar disorder. *Journal of Affective Disorders, 222*, 7-13. https://doi.org/10.1016/j.jad.2017.05.051

Cheng, G. L., Liu, Y., Chan, C. C., So, K., Zeng, H., & Lee, T. M. (2015). Neurobiological underpinnings of sensation seeking trait in heroin abusers. *European Neuropsychopharmacology, 25*(11), 1968-1980. https://doi.org/10.1016/j.euroneuro.2015.07.023

Cook, I. A. (2008). Biomarkers in psychiatry: Potentials, pitfalls, and pragmatics. *Primary Psychiatry, 15*(3), 54-59.

Costafreda, S. G., Brammer, M. J., David, A. S., & Fu, C. H. Y. (2008). Predictors of amygdala activation during the processing of emotional stimuli: A meta-analysis of 385 PET and fMRI studies. *Brain Research Reviews, 58*(1), 57-70. https://doi.org/10.1016/j.brainresrev.2007.10.012

Cramer, S. C., Sur, M., Dobkin, B. H., O'Brien, C., Sanger, T. D., Trojanowski, J. Q., & Chen, D. (2011). Harnessing neuroplasticity for clinical applications. *Brain, 134*(6), 1591-1609. https://doi.org/10.1093/brain/awr039

Davidson, R. J., & McEwen, B. S. (2012). Social influences on neuroplasticity: Stress and intervention to promote well-being. *Nature Neuroscience, 15*(5), 689-695. https://doi.org/10.1038/nn.3093

Di Chiara, G. (2002). Nucleus accumbens shell and core dopamine: differential role in behavior and addiction. *Behavioural Brain Research, 137*(1-2), 75-114. https://doi.org/10.1016/s0166-4328(02)00286-3

Diamond, M. C., Krech, D., & Rosenzweig, M. R. (1964). The effects of an enriched environment on the histology of the rat cerebral cortex. *The Journal of Comparative Neurology, 123*(1), 111-119. https://doi.org/10.1002/cne.901230110

Draganski, B., Gaser, C., Busch, V., Schuierer, G., Bogdahn, U., & May, A. (2004). Neuroplasticity: Changes in grey matter induced by training. *Nature, 427*, 311-312. https://doi.org/10.1038/427311a

Driemeyer, J., Boyke, J., Gaser, C., Büchel, C., & May, A. (2008). Changes in gray matter induced by learning—revisited. *PLoS One, 3*(7), e2669. https://doi.org/10.1371/journal.pone.0002669

Eack, S. M., Hogarty, G. E., Cho, R. Y., Prasad, K. M., Greenwald, D. P., Hogarty, S. S., & Keshavan, M. S. (2010). Neuroprotective effects of cognitive enhancement therapy against gray matter loss in early schizophrenia: Results from a 2-year randomized controlled trial. *Archives of General Psychiatry, 67*(7), 674-682. https://doi.org/10.1001/archgenpsychiatry.2010.63

Eack, S. M., Newhill, C. E., & Keshavan, M. S. (2016). Cognitive enhancement therapy improves resting-state functional connectivity in early course schizophrenia. *Journal of the Society for Social Work and Research, 7*(2), 211-230. https://doi.org/10.1086/686538

Eiland, L., & Romeo, R. (2012). Stress and the developing adolescent brain. *Neuroscience, 249*, 162-171. https://doi.org/10.1016/j.neuroscience.2012.10.048

Enoch, M. A. (2012). The influence of gene—environment interactions on the development of alcoholism and drug dependence. *Current Psychiatry Reports, 14*(2), 150-158.

Erickson, K. I., Voss, M. W., Prakash, R. S., Basak, C., Szabo, A., Chaddock, L., & White, S. M. (2011). Exercise training increases size of hippocampus and improves memory. *Proceedings of the National Academy of Sciences, 108*(7), 3017-3022. https://doi.org/10.1073/pnas.1015950108

Etter, J., Hoda, J., Perroud, N., Munafò, M., Buresi, C., Duret, C., Neidhart, E., Malafosse, A., & Bertrand, D. (2009). Association of genes coding for the α-4, α-5, β-2 and β-3 subunits of nicotinic receptors with cigarette smoking and nicotine dependence. *Addictive Behaviors, 34*(9), 772-775. https://doi.org/10.1016/j.addbeh.2009.05.010

Faludi, G., & Mirnics, K. (2011). Synaptic changes in the brain of subjects with schizophrenia. *International Journal of Developmental Neuroscience, 29*(3), 305-309. https://doi.org/10.1016/j.ijdevneu.2011.02.013

Fossati, P., Radtchenko, A., & Boyer, P. (2004). Neuroplasticity: From MRI to depressive symptoms. *European Neuropsychopharmacology, 14*, S503-S510. https://doi.org/10.1016/j.euroneuro.2004.09.001

Fox, J. M., Abram, S. V., Reilly, J. L., Eack, S., Goldman, M. B., Csernansky, J. G., & Smith, M. J. (2017). Default mode functional connectivity is associated with social functioning in schizophrenia. *Journal of Abnormal Psychology, 126*(4), 392-405. https://doi.org/10.1037/abn0000253

Fuchs, E., & Flügge, G. (2014). Adult neuroplasticity: More than 40 years of research. *Neural Plasticity, 2014*, 1-10. https://doi.org/10.1155/2014/541870

Fusar-Poli, P., Radua, J., McGuire, P., & Borgwardt, S. (2011). Neuroanatomical maps of psychosis onset: Voxel-wise meta-analysis of antipsychotic-naive VBM studies. *Schizophrenia Bulletin, 33*(6), 1297-1307. https://doi.org/10.1093/schbul/sbr134

Fuss, J., Biedermann, S. V., Falfán-Melgoza, C., Auer, M. K., Zheng, L., Steinle, J., & Gass, P. (2014). Exercise boosts hippocampal volume by preventing early age-related gray matter loss. *Hippocampus, 24*(2), 131-134. https://doi.org/10.1002/hipo.22227

Garland, E. L., & Howard, M. O. (2009). Neuroplasticity, psychosocial genomics, and the biopsychosocial paradigm in the 21st century. *Health & Social Work, 34*(3), 191-199. https://doi.org/10.1093/hsw/34.3.191

Garland, E. L., Froeliger, B., & Howard, M. O. (2015). Neurophysiological evidence for remediation of reward processing deficits in chronic pain and opioid misuse following treatment with Mindfulness-Oriented Recovery Enhancement: Exploratory ERP findings from a pilot RCT. *Journal of Behavioral Medicine, 38*(2), 327-336. https://doi.org/10.1007/s10865-014-9607-0

Giedd, J. N. (2008). The Teen Brain: Insights from Neuroimaging. *Journal of Adolescent Health, 42*(4), 335-343. https://doi.org/10.1016/j.jadohealth.2008.01.007

Goldberg, T. E., Hyde, T. M., Kleinman, J. E., & Weinberger, D. R. (1993). Course of schizophrenia: Neuropsychological evidence for a static encephalopathy. *Schizophrenia Bulletin, 19*(4), 797-804. https://doi.org/10.1093/schbul/19.4.797

Goldstein, M. (1990). The decade of the brain. *Neurology, 40*(2), 321. https://doi.org/10.1212/WNL.40.2.321

Gong, Q., Li, L., Tognin, S., Wu, Q., Pettersson-Yeo, W., Lui, S., & Mechelli, A. (2013). Using structural neuroanatomy to identify trauma survivors with and without post-traumatic stress disorder at the individual level. *Psychological Medicine, 44*(1), 195-203. https://doi.org/10.1017/S0033291713000561

Görlich, A., Antolin-Fontes, B., Ables, J. L., Frahm, S., Ślimak, M. A., Dougherty, J. D., & Ibañez-Tallon, I. (2013). Reexposure to nicotine during withdrawal increases the pacemaking activity of cholinergic habenular neurons. *Proceedings of the National Academy of Sciences, 110*(42), 17077-17082. https://doi.org/10.1073/pnas.1313103110

Govindan, R. M., Behen, M. E., Helder, E., Makki, M. I., & Chugani, H. T. (2009). Altered Water Diffusivity in Cortical Association Tracts in Children with Early Deprivation Identified with Tract-Based Spatial Statistics (TBSS). *Cerebral Cortex, 20*(3), 561-569. https://doi.org/10.1093/cercor/bhp122

Green, D., & McDermott, F. (2010). Social work from inside and between complex systems: Perspectives on person-in-environment for today's social work. *British Journal of Social Work, 40*(8), 2414-2430. https://doi.org/10.1093/bjsw/bcq056

Gupta, A., Love, A., Kilpatrick, L. A., Labus, J. S., Bhatt, R., Chang, L., & Mayer, E. A. (2017). Morphological brain measures of cortico-limbic inhibition related to resilience. *Journal of Neuroscience Research, 95*(9), 1760-1775. https://doi.org/10.1002/jnr.24007

Han, M.-H., & Nestler, E. J. (2017). Neural substrates of depression and resilience. *Neurotherapeutics, 14*(3), 677-686. https://doi.org/10.1007/s13311-017-0527-x

Harvey, P. D., & Bellack, A. S. (2009). Toward a terminology for functional recovery in schizophrenia: Is functional remission a viable concept? *Schizophrenia Bulletin, 35*(2), 300-306. https://doi.org/10.1093/schbul/sbn171

Haxby, J. V., Connolly, A. C., & Guntupalli, J. S. (2014). Decoding neural representational spaces using multivariate pattern analysis. *Annual Review of Neuroscience, 37*, 435-456. https://doi.org/10.1146/annurev-neuro-062012-170325

Hedegaard H., Warner M. & Miniño A.M. (2017). Drug overdose deaths in the United States, 1999—2016. *National Center for Health Statistics Data Brief No. 294*. https://www.cdc.gov/nchs/products/databriefs/db294.htm

Herringa, R. J., Burghy, C. A., Stodola, D. E., Fox, M. E., Davidson, R. J., & Essex, M. J. (2016). Enhanced prefrontal-amygdala connectivity following childhood adversity as a protective mechanism against internalizing in adolescence. *Biological Psychiatry: Cognitive Neuroscience and Neuroimaging, 1*(4), 326-334. https://doi.org/10.1016/j.bpsc.2016.03.003

Holmes, A. J., Hollinshead, M. O., Roffman, J. L., Smoller, J. W., & Buckner, R. L. (2016). Individual differences in cognitive control circuit anatomy link sensation seeking, impulsivity, and substance use. *Journal of Neuroscience, 36*(14), 4038-4049. https://doi.org/10.1523/jneurosci.3206-15.2016

Hooley, J. M. (2010). Social factors in schizophrenia. *Current Directions in Psychological Science, 19*(4), 238-242. https://doi.org/10.1177/0963721410377597

Horn, S. R., Charney, D. S., & Feder, A. (2016). Understanding resilience: New approaches for preventing and treating PTSD. *Experimental Neurology, 284*(Part B), 119-132. https://doi.org/10.1016/j.expneurol.2016.07.002

Hunter, R. G., Gray, J. D., & McEwen, B. S. (in press). The neuroscience of resilience. *Journal of the Society for Social Work and Research.*

Insel, T. (2012, June 12). *Experimental Medicine* [Blog post]. National Institute of Mental Health. https://www.nimh.nih.gov/about/directors/thomas-insel/blog/2012/experimental-medicine.shtml

Insel, T. R. (2015). The NIMH experimental medicine initiative. *World Psychiatry, 14*(2), 151-153. https://doi.org/10.1002/wps.20227

Insel, T. R., & Gogtay, N. (2014). National Institute of Mental Health clinical trials: New opportunities, new expectations. *JAMA Psychiatry, 71*(7), 745-746. https://doi.org/10.1001/jamapsychiatry.2014.426

Insel, T. R., & Landis, S. C. (2013). Twenty-five years of progress: The view from NIMH and NINDS. *Neuron, 80*(3), 561-567. https://doi.org/10.1016/j.neuron.2013.09.041

Jasinska, A. J., Stein, E. A., Kaiser, J., Naumer, M. J., & Yalachkov, Y. (2014). Factors modulating neural reactivity to drug cues in addiction: A survey of human neuroimaging studies. *Neuroscience & Biobehavioral Reviews, 38*, 1-16. https://doi.org/10.1016/j.neubiorev.2013.10.013

Jones, E. G., & Mendell, L. M. (1999). Assessing the decade of the brain. *Science, 284*(5415), 739. https://doi.org/10.1126/science.284.5415.739

Judd, L. L., Schettler, P. J., Solomon, D. A., Maser, J. D., Coryell, W., Endicott, J., & Akiskal, H. S. (2008). Psychosocial disability and work role function compared across the long-term course of Bipolar I, Bipolar II and unipolar major depressive disorders. *Journal of Affective Disorders, 108*(1), 49-58. https://doi.org/10.1016/j.jad.2007.06.014

Kalivas, P. W., & Volkow, N. (2011). New medications for drug addiction hiding in glutamatergic neuroplasticity. *Molecular psychiatry, 16*(10), 974-986.

Kambeitz, J., Kambeitz-Ilankovic, L., Leucht, S., Wood, S., Davatzikos, C., Malchow, B., & Koutsouleris, N. (2015). Detecting neuroimaging biomarkers for schizophrenia: A meta-analysis of multivariate pattern recognition studies. *Neuropsychopharmacology, 40*(7), 1742-1751. https://doi.org/10.1038/npp.2015.22

Kelly, T. M., & Daley, D. C. (2013). Integrated treatment of substance use and psychiatric disorders. *Social Work in Public Health, 28*(3-4), 388-406.

Keshavan, M. S., & Hogarty, G. E. (1999). Brain maturational processes and delayed onset in schizophrenia. *Development and Psychopathology, 11*(3), 525-543.

Keshavan, M. S., Anderson, S., & Pettergrew, J. W. (1994). Is schizophrenia due to excessive synaptic pruning in the prefrontal cortex? The Feinberg hypothesis revisited. *Journal of Psychiatric Research, 28*(3), 239-265. https://doi.org/10.1016/0022-3956(94)90009-4

Keshavan, M. S., Mehta, U. M., Padmanabhan, J. L., & Shah, J. L. (2015). Dysplasticity, metaplasticity, and schizophrenia: Implications for risk, illness, and novel interventions. *Development and Psychopathology, 27*(2), 615-635. https://doi.org/10.1017/S095457941500019X

Keshavan, M. S., Vinogradov, S., Rumsey, J., Sherrill, J., & Wagner, A. (2014). Cognitive training in mental disorders: Update and future directions. *American Journal of Psychiatry, 171*(5), 510-522. https://doi.org/10.1176/appi.ajp.2013.13081075

Kessler, R. C. (2004). The epidemiology of dual diagnosis. *Biological Psychiatry, 56*(10), 730-737.

Koob, G. F., & Le Moal, M. (2005). Plasticity of reward neurocircuitry and the 'dark side' of drug addiction. *Nature neuroscience, 8*(11), 1442-1444.

Koukouli, F., Rooy, M., Tziotis, D., Sailor, K. A., O'Neill, H. C., Levenga, J., Witte, M., Nilges, M., Changeux, J., Hoeffer, C. A., Stitzel, J. A., Gutkin, B. S., DiGregorio, D. A., & Maskos, U. (2017). Nicotine reverses hypofrontality in animal models of addiction and schizophrenia. *Nature Medicine, 23*(3), 347-354. https://doi.org/10.1038/nm.4274

Koutsouleris, N., Borgwardt, S., Meisenzahl, E. M., Bottlender, R., Möller, H.-J., & Riecher-Rössler, A. (2012). Disease prediction in the at-risk mental state for psychosis using neuroanatomical biomarkers: Results from the FePsy Study. *Schizophrenia Bulletin, 38*(6), 1234-1246. https://doi.org/10.1093/schbul/sbr145

Krishnan, A., Williams, L. J., McIntosh, A. R., & Abdi, H. (2011). Partial least squares (PLS) methods for neuroimaging: A tutorial and review. *NeuroImage, 56*(2), 455-475. https://doi.org/10.1016/j.neuroimage.2010.07.034

Kuo, J. R., Kaloupek, D. G., & Woodward, S. H. (2012). Amygdala volume in combat-exposed veterans with and without posttraumatic stress disorder: A cross-sectional study. *Archives of General Psychiatry, 69*(10), 1080-1086. https://doi.org/10.1001/archgenpsychiatry.2012.73

Lakhan, S. E., Vieira, K., & Hamlat, E. (2010). Biomarkers in psychiatry: Drawbacks and potential for misuse. *International Archives of Medicine, 3*(1), 1-6. https://doi.org/10.1186/1755-7682-3-1

Lewandowski, K. E., Ongur, D., & Keshavan, M. S. (2018). Development of novel behavioral interventions in an experimental therapeutics world: Challenges, and directions for the future. *Schizophrenia Research, 192*, 6-8. https://doi.org/10.1016/j.schres.2017.06.010

Lewis, C. R., & Olive, M. F. (2014). Early-life stress interactions with the epigenome: Potential mechanisms driving vulnerability toward psychiatric illness. *Behavioural Pharmacology, 25*(5-6), 341-351. https://doi.org/10.1097/fbp.0000000000000057

Lovinger D.M. (2011): Neurobiological basis of drug reward and reinforcement. In Johnson B.A. (Ed.), *Addiction Medicine: Science and Practice* (pp 255-281). New York, Springer.

Lu, P., Jones, L., Snyder, E., & Tuszynski, M. (2003). Neural stem cells constitutively secrete neurotrophic factors and promote extensive host axonal growth after spinal cord injury. *Experimental Neurology, 181*(2), 115-129. https://doi.org/10.1016/s0014-4886(03)00037-2

Maguire, E. A., Gadian, D. G., Johnsrude, I. S., Good, C. D., Ashburner, J., Frackowiak, R. S. J., & Frith, C. D. (2000). Navigation-related structural change in the hippocampi of taxi drivers. *Proceedings of the National Academy of Sciences, 97*(8), 4398-4403. https://doi.org/10.1073/pnas.070039597

Matto, H. C., Hadjiyane, M. C., Kost, M., Marshall, J., Wiley, J., Strolin-Goltzman, J., & VanMeter, J. W. (2013). Functional magnetic resonance imaging clinical trial of a dual-processing treatment protocol for substance-dependent adults. *Research on Social Work Practice, 24*(6), 659-669. https://doi.org/10.1177/1049731513515056

McIntyre, R. S., & O'Donovan, C. (2004). The human cost of not achieving full remission in depression. *Canadian Journal of Psychiatry, 49*(1), 10-16.

McLaughlin, K. A., Sheridan, M. A., & Lambert, H. K. (2014). Childhood adversity and neural development: Deprivation and threat as distinct dimensions of early experience. *Neuroscience & Biobehavioral Reviews, 47*, 578-591. https://doi.org/10.1016/j.neubiorev.2014.10.012

Morey, R. A., Haswell, C. C., Hooper, S. R., & De Bellis, M. D. (2016). Amygdala, hippocampus, and ventral medial prefrontal cortex volumes differ in maltreated youth with and without chronic posttraumatic stress disorder. *Neuropsychopharmacology, 41*(3), 791-801. https://doi.org/10.1038/npp.2015.205

Morimoto, S. S., Wexler, B. E., & Alexopoulos, G. S. (2012). Neuroplasticity-based computerized cognitive remediation for geriatric depression. *International Journal of Geriatric Psychiatry, 27*(12), 1239-1247. https://doi.org/10.1002/gps.3776

Morimoto, S. S., Wexler, B. E., Liu, J., Hu, W., Seirup, J., & Alexopoulos, G. S. (2014). Neuroplasticity-based computerized cognitive remediation for treatment-resistant geriatric depression. *Nature Communications, 5*, 1-7. https://doi.org/10.1038/ncomms5579

Mueser, K. T., Deavers, F., Penn, D. L., & Cassisi, J. E. (2013). Psychosocial treatments for schizophrenia. *Annual Review of Clinical Psychology, 9*, 465-497. https://doi.org/10.1146/annurev-clinpsy-050212-185620

National Drug Intelligence Center, US Department of Justice (2011) *The Economic Impact of Illicit Drug Use on American Society.* https://www.justice.gov/archive/ndic/pubs44/44731/44731p.pdf

Nestler, E. J. (2014). Epigenetic mechanisms of drug addiction. *Neuropharmacology, 76*, 259-268. https://doi.org/10.1016/j.neuropharm.2013.04.004

Newby, J. M., McKinnon, A., Kuyken, W., Gilbody, S., & Dalgleish, T. (2015). Systematic review and meta-analysis of transdiagnostic psychological treatments for anxiety and depressive disorders in adulthood. *Clinical Psychology Review, 40*, 91-110. https://doi.org/10.1016/j.cpr.2015.06.002

Olsavsky, A. K., Brotman, M. A., Rutenberg, J. G., Muhrer, E. J., Deveney, C. M., Fromm, S. J., & Leibenluft, E. (2012). Amygdala hyperactivation during face emotion processing in unaffected youth at risk for bipolar disorder. *Journal of the American Academy of Child & Adolescent Psychiatry, 51*(3), 294-303. https://doi.org/10.1016/j.jaac.2011.12.008

Pantelis, C., Yücel, M., Wood, S. J., McGorry, P. D., & Velakoulis, D. (2003). Early and late neurodevelopmental disturbances in schizophrenia and their functional consequences. *Australian & New Zealand Journal of Psychiatry, 37*(4), 399-406. https://doi.org/10.1046/j.1440-1614.2003.01193.x

Park, P. E., Schlosburg, J. E., Vendruscolo, L. F., Schulteis, G., Edwards, S., & Koob, G. F. (2015). Chronic CRF 1 receptor blockade reduces heroin intake escalation and dependence-induced hyperalgesia. *Addiction biology, 20*(2), 275-284.

Patrick, S. W., Davis, M. M., Lehmann, C. U., Lehman, C. U., & Cooper, W. O. (2015). Increasing incidence and geographic distribution of neonatal abstinence syndrome: United States 2009 to 2012. *Journal of Perinatology, 35*(8), 650-655. https://doi.org/10.1038/jp.2015.36

Paus, T., Keshavan, M. S., & Giedd, J. N. (2008). Why do many psychiatric disorders emerge during adolescence? *Nature Reviews Neuroscience, 9*(12), 947-957. https://doi.org/10.1038/nrn2513

Penadés, R., Pujol, N., Catalán, R., Massana, G., Rametti, G., García-Rizo, C., & Junqué, C. (2013). Brain effects of cognitive remediation therapy in schizophrenia: A structural and functional neuroimaging study. *Biological Psychiatry, 73*(10), 1015-1023. https://doi.org/10.1016/j.biopsych.2013.01.017

Pittenger, C., & Duman, R. S. (2008). Stress, depression, and neuroplasticity: A convergence of mechanisms. *Neuropsychopharmacology, 33*(1), 88-109. https://doi.org/10.1038/sj.npp.1301574

Plitt, M., Barnes, K. A., Wallace, G. L., Kenworthy, L., & Martin, A. (2015). Resting-state functional connectivity predicts longitudinal change in autistic traits and adaptive functioning in autism. *Proceedings of the National Academy of Sciences, 112*(48), E6699-E6706. https://doi.org/10.1073/pnas.1510098112

Ramsay, I. S., & MacDonald, A. W. (2015). Brain correlates of cognitive remediation in schizophrenia: Activation likelihood analysis shows preliminary evidence of neural target engagement. *Schizophrenia Bulletin, 41*(6), 1276-1284. https://doi.org/10.1093/schbul/sbv025

Rao, U., Chen, L.-A., Bidesi, A. S., Shad, M. U., Thomas, M. A., & Hammen, C. L. (2010). Hippocampal changes associated with early-life adversity and vulnerability to depression. *Biological Psychiatry, 67*(4), 357-364. https://doi.org/10.1016/j.biopsych.2009.10.017

Rapoport, J. L., Giedd, J. N., & Gogtay, N. (2012). Neurodevelopmental model of schizophrenia: Update 2012. *Molecular Psychiatry, 17*(12), 1228-1238. https://doi.org/10.1038/mp.2012.23

Reus, V. I., Fochtmann, L. J., Bukstein, O., Eyler, A. E., Hilty, D. M., Horvitz-Lennon, M., Mahoney, J., Pasic, J., Weaver, M., Wills, C. D., McIntyre, J., Kidd, J., Yager, J., & Hong, S. (2018). The American Psychiatric Association practice guideline for the pharmacological treatment of patients with alcohol use disorder. *American Journal of Psychiatry, 175*(1), 86-90. https://doi.org/10.1176/appi.ajp.2017.1750101

Robbins, T. W., Ersche, K. D., & Everitt, B. J. (2008). Drug addiction and the memory systems of the brain. *Annals of the New York Academy of Sciences, 1141*(1), 1-21.

Ross, S., & Peselow, E. (2012). Co-occurring psychotic and addictive disorders: neurobiology and diagnosis. *Clinical neuropharmacology, 35*(5), 235-243.

Sacks, J. J., Luo, Y., & Helmick, C. G. (2010). Prevalence of specific types of arthritis and other rheumatic conditions in the ambulatory health care system in the United States, 2001-2005. *Arthritis Care & Research, 62*(4), 460-464. https://doi.org/10.1002/acr.20041

Schlosburg, J. E., Whitfield, T. W., Park, P. E., Crawford, E. F., George, O., Vendruscolo, L. F., & Koob, G. F. (2013). Long-term antagonism of κ opioid receptors prevents escalation of and increased motivation for heroin intake. *Journal of Neuroscience, 33*(49), 19384-19392.

Sheridan, M. A., Fox, N. A., Zeanah, C. H., McLaughlin, K. A., & Nelson, C. A. (2012). Variation in neural development as a result of exposure to institutionalization early in childhood. *Proceedings of the National Academy of Sciences, 109*(32), 12927-12932. https://doi.org/10.1073/pnas.1200041109

Shou, H., Yang, Z., Satterthwaite, T. D., Cook, P. A., Bruce, S. E., Shinohara, R. T., & Sheline, Y. I. (2017). Cognitive behavioral therapy increases amygdala connectivity with the cognitive control network in both MDD and PTSD. *NeuroImage: Clinical, 14*, 464-470. https://doi.org/10.1016/j.nicl.2017.01.030

Singh, I., & Rose, N. (2009). Biomarkers in psychiatry. *Nature, 460*(7252), 202-207. https://doi.org/10.1038/460202a

Sinha, R. (2008). Chronic stress, drug use, and vulnerability to addiction. *Annals of the New York Academy of Sciences, 1141*(1), 105-130. https://doi.org/10.1196/annals.1441.030

Smith, M. J., Schroeder, M. P., Abram, S. V., Goldman, M. B., Parrish, T. B., Wang, X., & Breiter, H. C. (2015). Alterations in brain activation during cognitive empathy are related to social functioning in schizophrenia. *Schizophrenia Bulletin, 41*(1), 211-222. https://doi.org/10.1093/schbul/sbu023

Stahre, M., Roeber, J., Kanny, D., Brewer, R. D., & Zhang, X. (2014). Contribution of excessive alcohol consumption to deaths and years of potential life lost in the United States. *Preventing Chronic Disease, 11*, E109. https://doi.org/10.5888/pcd11.130293

Swartz, J. R., Knodt, A. R., Radtke, S. R., & Hariri, A. R. (2015). A neural biomarker of psychological vulnerability to future life stress. *Neuron, 85*(3), 505-511. https://doi.org/10.1016/j.neuron.2014.12.055

Taub, E. (1980). Somatosensory deafferentation research with monkeys: Implications for rehabilitation medicine. In L. P. Ince (Ed.), *Behavioral psychology in rehabilitation medicine: Clinical applications.* Williams & Wilkins.

Taub, E., Miller, N. E., Novack, T. A., Cook, E. W., III, Fleming, W. C., Nepomuceno, C. S., & Crago, J. E. (1993). Technique to improve chronic motor deficit after stroke. *Archives of Physical Medicine and Rehabilitation, 74*(4), 347-354.

Taub, E., Uswatte, G., & Mark, V. W. (2014). The functional significance of cortical reorganization and the parallel development of CI therapy. *Frontiers in Human Neuroscience, 8*(396), 1-20. https://doi.org/10.3389/fnhum.2014.00396

Thomaes, K., Dorrepaal, E., Draijer, N., De Ruiter, M., Elzinga, B., Van Balkom, A., & Veltman, D. (2012). Treatment effects on insular and anterior cingulate cortex activation during classic and emotional Stroop interference in child abuse-related complex posttraumatic stress disorder. *Psychological Medicine, 42*(11), 2337-2349. https://doi.org/10.1017/S0033291712000499

Torrens, M., Rossi, P. C., Martinez-Riera, R., Martinez-Sanvisens, D., & Bulbena, A. (2012). Psychiatric co-morbidity and substance use disorders: treatment in parallel systems or in one integrated system?. *Substance Use & Misuse, 47*(8-9), 1005-1014.

Tottenham, N., & Galv á n, A. (2016). Stress and the adolescent brain. *Neuroscience & Biobehavioral Reviews, 70*, 217-227. https://doi.org/10.1016/j.neubiorev.2016.07.030

Trantham-Davidson, H., & Chandler, L. J. (2015). Alcohol-induced alterations in dopamine modulation of prefrontal activity. *Alcohol, 49*(8), 773-779.

Tsuang, M. T., Francis, T., Minor, K., Thomas, A., & Stone, W. S. (2012). Genetics of smoking and depression. *Human Genetics, 131*, 905-915.

U.S. Burden of Disease Collaborators. (2013). The state of U.S. health, 1990-2010: Burden of diseases, injuries, and risk factors. *JAMA, 310*(6), 591-606. https://doi.org/10.1001/jama.2013.13805

Van der Werff, S., Van den Berg, S., Pannekoek, J., Elzinga, B., & Van Der Wee, N. (2013). Neuroimaging resilience to stress: A review. *Frontiers in Behavioral Neuroscience, 7*(39). https://doi.org/10.3389/fnbeh.2013.00039

Vassoler, F. M., Oliver, D. J., Wyse, C., Blau, A., Shtutman, M., Turner, J. R., & Byrnes, E. M. (2016). Transgenerational attenuation of opioid self-administration as a consequence of adolescent morphine exposure. *Neuropharmacology, 113*, 271-280. https://doi.org/10.1016/j.neuropharm.2016.10.006

Volkow, N. D. (2005). What do we know about drug addiction? *American Journal of Psychiatry, 162*(8), 1401-1402. https://doi.org/10.1176/appi.ajp.162.8.1401

Volkow, N. D., & Baler, R. D. (2015). NOW vs LATER brain circuits: implications for obesity and addiction. *Trends in Neurosciences, 38*(6), 345-352.

Volkow, N. D., & Morales, M. (2015). The brain on drugs: from reward to addiction. *Cell, 162*(4), 712-725.

Volkow, N. D., Koob, G. F., & McLellan, A. T. (2016). Neurobiologic advances from the brain disease model of addiction. *New England Journal of Medicine, 374*(4), 363-371. https://doi.org/10.1056/nejmra1511480

Volkow, N. D., Wang, G. J., Fowler, J. S., Tomasi, D., Telang, F., & Baler, R. (2010). Addiction: Decreased reward sensitivity and increased expectation sensitivity conspire to overwhelm the brain's control circuit. *BioEssays, 32*(9), 748—755.

Volkow, N. D., Wang, G. J., Ma, Y., Fowler, J. S., Wong, C., Ding, Y. S., ... & Kalivas, P. (2005). Activation of orbital and medial prefrontal cortex by methylphenidate in cocaine-addicted subjects but not in controls: Relevance to addiction. *Journal of Neuroscience, 25*(15), 3932-3939.

Volkow, N. D., Wang, G. J., Telang, F., Fowler, J. S., Logan, J., Childress, A. R., ... & Wong, C. (2006). Cocaine cues and dopamine in dorsal striatum: Mechanism of craving in cocaine addiction. *Journal of Neuroscience, 26*(24), 6583-6588.

Wackerhagen, C., Wüstenberg, T., Mohnke, S., Erk, S., Veer, I. M., Kruschwitz, J. D., & Schweiger, J. I. (2017). Influence of familial risk for depression on cortico-limbic connectivity during implicit emotional processing. *Neuropsychopharmacology, 42*, 1729-1738. https://doi.org/10.1038/npp.2017.59

Walter, A., Suenderhauf, C., Harrisberger, F., Lenz, C., Smieskova, R., Chung, Y., & Bendfeldt, K. (2016). Hippocampal volume in subjects at clinical high-risk for psychosis: A systematic review and meta-analysis. *Neuroscience & Biobehavioral Reviews, 71*, 680-690. https://doi.org/10.1016/j.neubiorev.2016.10.007

Wang, X., Cao, Q., Wang, J., Wu, Z., Wang, P., Sun, L., & Wang, Y. (2016). The effects of cognitive-behavioral therapy on intrinsic functional brain networks in adults with attention deficit/hyperactivity disorder. *Behaviour Research and Therapy, 76*, 32-39. https://doi.org/10.1016/j.brat.2015.11.003

Watson, C. T., Szutorisz, H., Garg, P., Martin, Q., Landry, J. A., Sharp, A. J., & Hurd, Y. L. (2015). Genome-Wide DNA methylation profiling reveals epigenetic changes in the rat nucleus accumbens associated with Cross-Generational effects of adolescent THC exposure. *Neuropsychopharmacology, 40*(13), 2993-3005. https://doi.org/10.1038/npp.2015.155

Weiss, A. J., Wier, L. M., Stocks, C., & Blanchard, J. (2014). Overview of Emergency Department Visits in the United States, 2011. In *Healthcare Cost and Utilization Project (HCUP) Statistical Briefs.* Agency for Healthcare Research and Quality. https://www.ncbi.nlm.nih.gov/books/NBK235856/

Willuhn, I., Burgeno, L. M., Groblewski, P. A., & Phillips, P. E. (2014). Excessive cocaine use results from decreased phasic dopamine signaling in the striatum. *Nature neuroscience, 17*(5), 704-709.

Wing, V. C., Wass, C. E., Soh, D. W., & George, T. P. (2012). A review of neurobiological vulnerability factors and treatment implications for comorbid tobacco dependence in schizophrenia. *Annals of the New York Academy of Sciences, 1248*(1), 89-106.

Wojtalik, J. A., Smith, M. J., Keshavan, M. S., & Eack, S. M. (2017). A systematic and meta-analytic review of neural correlates of functional outcome in schizophrenia. *Schizophrenia Bulletin, 43*(6), 1329-1347. https://doi.org/10.1093/schbul/sbx008

Wolf, R. C., Höse, A., Frasch, K., Walter, H., & Vasic, N. (2008). Volumetric abnormalities associated with cognitive deficits in patients with schizophrenia. *European Psychiatry, 23*(8), 541-548. https://doi.org/10.1016/j.eurpsy.2008.02.002

Woo, C.-W., Chang, L. J., Lindquist, M. A., & Wager, T. D. (2017). Building better biomarkers: Brain models in translational neuroimaging. *Nature Neuroscience, 20*(3), 365-377. https://doi.org/10.1038/nn.4478

World Health Organization. (2013). *Investing in Mental Health: Evidence for Action.* http://apps.who.int/iris/bitstream/10665/87232/1/9789241564618_eng.pdf?uap1

Yamada, M., Hirao, K., Namiki, C., Hanakawa, T., Fukuyama, H., Hayashi, T., & Murai, T. (2007). Social cognition and frontal lobe pathology in schizophrenia: A voxel-based morphometric study. *Neuroimage, 35*(1), 292-298. https://doi.org/10.1016/j.neuroimage.2006.10.046

Yu, C., & McClellan, J. (2016). Genetics of substance use disorders. *Child and Adolescent Psychiatric Clinics of North America, 25*(3), 377-385. https://doi.org/10.1016/j.chc.2016.02.002

Zhong, M., Wang, X., Xiao, J., Yi, J., Zhu, X., Liao, J., & Yao, S. (2011). Amygdala hyperactivation and prefrontal hypoactivation in subjects with cognitive vulnerability to depression. *Biological Psychology, 88*(2), 233-242. https://doi.org/10.1016/j.biopsycho.2011.08.007

第六章

神經科學在特殊與包容教育中的應用

李輝

本章導讀

本章旨在探索神經科學在特殊和包容教育中的關鍵應用，借助神經科學知識優化教育實踐，為神經發育差異的學生提供支持性、包容性的學習環境。

首先，我們將回顧全球教育系統對包容性教育需求的增加，特別是對自閉症譜系障礙（ASD）、注意缺陷多動障礙（ADHD）和閱讀障礙（Dyslexia）等神經發育差異學生的關注。現代神經科學揭示了大腦的獨特性和可塑性，為教育工作者改進教學策略提供了理論基礎。

隨後，本章還會探討維果茨基的社會建構理論，強調社會文化和心理發展對教育的影響，與神經科學研究發現相互補充，凸顯理解大腦發育機制的重要性，促進學生在適當的支持下發展。

接下來，將詳細介紹神經發育差異學習者的特點和需求，強調這些學生既面臨注意力、執行功能、語言和社交方面的挑戰，也具備創造力、專注力和對細節敏銳的獨特優勢。教育的關鍵在於識別和利用這些優勢，助力每個學生實現其潛能。

在具體應用部分，本章提出四種神經科學在課堂教學中的實際應用方式：差異化教學、個性化學習路徑、執行功能訓練和使用技術輔助工具，以量身定制學習體驗，提升學業表現和參與度。

此外，本章還會討論教師在包容教育中的角色和培訓需求，強調教師不僅需掌握神經科學的基礎知識，還需具備反思能力和創建支持性學習環境的能力，通過專業培訓和持續的教學實踐反思，更好地適應不同學生的需求，推動教育公平的實現。

最後，本章提出未來研究的建議，強調需要進一步探索神經科學在不同教育階段的具體應用、教師培訓方案的有效性及技術在支持神經發育差異學習者中的應用效果，為提升包容性教育質量提供理論和實踐依據。

近年來，全球教育系統不斷致力於提升對多樣化學習需求的認知和響應，尤其是對包括自閉症譜系障礙、注意缺陷多動障礙、閱讀障礙等神經發育差異學習者的包容性教育需求。

在這過程中，神經科學的研究逐漸顯現出關鍵作用。神經科學逐步揭示了人腦的獨特性和可塑性，教育界也開始逐步探索如何在教學實踐中應用這些知識，以創造更具包容性和支持性的學習環境。在全球範圍內，教育工作者和教育機構越來越關注學生在學習過程中因神經多樣性和學習風格而面臨的障礙（Clouder et al., 2020）。這包括自閉症譜系障礙、注意缺陷多動障礙、閱讀障礙以及其他神經或發育差異。實現包容性教育被認為是對教育事業的發展必不可少的。在過去的一個世紀裏，社會在教育和支持服務方面不斷發展，從最初的分離性照顧到如今更加包容的社區服務。

第一節　融合教育的理論基礎：神經多樣性

在對有認知差異和教育需求的兒童的教育服務方面，社會逐漸趨向於融合教育（國家特殊教育委員會，2024）。儘管在融合與公平方面取得了進展，但對神經多樣性學習者的需求仍然沒有給予充分重視。神經多樣性指人類大腦功能的自然差異，導致個體在學習、信息處理和與世界互動方式上的不同。這種差異既不局限於性別、種族或文化背景，也包括影響學習能力和社交互動的神經差異。

一、神經多樣性

神經多樣性是用來描述人類大腦個體差異性的總括性術語，包括對社交和感覺信息的處理方式、注意力分配以及動作計劃和執行的差異（Bertilsdotter Rosqvist et al., 2020; Singer, 1999）。這一概念涵蓋了通常被稱為神經正常性者（NT）的人群，他們的信息處理方式符合社會「多數」或「規範」，以及被稱為神經多樣性者（ND）的人群，他們在處理方式上有別於前者。神經多樣性包括自閉症、注意缺陷多動障礙和閱讀障礙等發展差異，以及創傷後應激障礙（PTSD）或腦損傷等後天形成的差異。

這種將差異視為「多樣性」而非「障礙」的概念，承認了人類個體所處社會背景中的系統性問題，並質疑社會對「障礙」的定義（Bertilsdotter Rosqvist et al., 2020）。例如，若有錄音機輔助，即便記憶工作信息量較少的人也不會構成學習障礙。神經多樣性運動還質疑必須按照標準期望（如與同齡人以同樣速度發展、找到工作、建立戀愛關係）來過上充實生活的假設（Waltz, 2020）。這種超越假設的行為對教育者很重要，因為它挑戰了對「理想學生」成功的期望。

神經多樣性學生的學習和行為方式可能偏離對「理想學生」

或神經典型學習者的期望。這可能與教育者對學生如何體驗學習（例如在課堂上看起來專心致志）、如何表達自己（例如使用流利口語交際）及其意義（例如他們是否投入並有能力）的假設不符。這些假設在本質上是「神經規範的」，由社會對可接受（或「正常」）行為的期望所塑造，並通常基於佔社會多數的神經典型人群的行為。因此，當有人以意外的方式表現時，我們根據不同的規範來對其行為作出判斷，可能會導致誤解。例如，雙重同理心問題（Double empathy problem, DEP），由 Milton（2012）提出，指的是自閉症患者和非自閉症患者之間可能出現的溝通困難。Milton 認為，應認識到自閉症人士和非自閉症人士都在依據不同的規範和情境信息進行溝通，而不是將自閉症人士的社交溝通標記為「缺陷」（Constantino, 2011）。

神經發育差異的學習者特點和需求多樣，涵蓋自閉症、注意缺陷多動障礙、閱讀障礙等多種情況。這些差異雖然帶來注意力、執行功能、語言和社會互動上的挑戰，但也帶來了獨特的優勢，如創造力、專注力和對細節的敏銳感（Mahdi et al., 2017; de Zeeuw et al., 2012）。教育的關鍵在於如何識別和利用這些優勢，幫助每個學生實現其潛力。總之，理解和接納神經多樣性不僅能促進更包容的社會，還能讓教育者更好地服務於各類學生，實現他們獨特的學習需求和優勢。

二、神經多樣性教育的基本原則

教育實踐可以遵循以下幾個神經多樣性的基本原則，以更好地支持神經多樣性學生的學習與發展。

原則一：不假設學生具有惡意，並認識到他們的優勢

例如，我們應該理解雙重同理心問題的重要性，不根據自閉症患者的行為作出意圖方面的假設。這非常重要，因為這些假設可能會導致對學生進行訓斥，目的是消除「壞」行為，而這對神經多樣性學生來說可能是有害的。研究建議，即使那些認為自己對殘障問題有知識的教育工作者，也不一定在對待學生時採取包容的方式（Van Below et al., 2021）。因此，教育工作者應當意識到自己的偏見，並了解這些偏見在與學生互動時可能的表現形式。

原則二：重新定義出勤和注意

用出勤和注意作為參與度的唯一指標可能對於神經多樣性學生不夠有效。對神經多樣性學生而言，出勤不一定意味着參與。例如，他們可能因為對社交環境感到不適或與期望的學習節奏不符而選擇不來上課。評估參與時應當考慮多種因素，如學生對材料的互動質量和在其他環境下的表現。

原則三：方式靈活，允許選擇

提供選擇和靈活性是遵循神經多樣性的教學設計。儘管教育工作者可能擔心這會分散學生的注意力或影響學習進程，但對於神經多樣性學生來說，這些靈活性和選擇可以提高他們的學習效率。例如，允許學生選擇適合自己的作業形式（如文字、視頻、口頭報告）或調整作業和考試的時間安排。

原則四：全班、小組、個人活動三結合

小組合作對許多神經多樣性學生來說可能是壓力源。可以通過分配具體角色和任務緩解一些問題，但更好的方法是提供獨立完成任務的選擇並提供反饋，以減輕他們的壓力。

原則五：教室環境設計

感官敏感是許多神經多樣性學生的關鍵特徵（Neufeld et al., 2021）。教室環境中的光線、噪音水平等可能對某些學生而言非常難受。考慮這些差異，可以採取一些措施，如使用自然光、多感官教具、安靜區域等，幫助學生更好地適應學習環境。

原則六：明確期望和相關性

設定明確可達的期望可以增加神經多樣性學生的成功機會。許多學生可能無法理解隱含的指示或潛台詞，因此明確所有要求尤其重要，特別是在評估方面。通過與學生共同制定期望並解釋任務的相關性，可以幫助他們更好地理解和參與學習活動。

三、維果茨基理論與神經多樣性

維果茨基的社會建構主義理論強調教育需要着眼於個體的心理和社會發展過程，重視社會文化因素對人類心智能力的影響。他提出的「最近發展區」(Zone of proximal development, ZPD)理論指出，學生在適當的支持和挑戰條件下可以達到更高的發展水平。ZPD 理論強調學生在有指導的情況下能夠完成超出其獨立能力範圍的任務，這與神經科學的研究一致，後者證明了大腦在適應環境中的可塑性和發展潛力(Proal et al., 2011; Shaw et al., 2013)。

維果茨基理論在神經多樣性教育中具有特別重要的應用價值。神經多樣性強調個體差異，如自閉症、注意缺陷多動障礙和閱讀障礙等，這些學生在傳統教育設置中往往被視為「不足」或「異常」。然而，基於維果茨基的觀點，教育工作者應更多地關注這些學生的潛力，利用 ZPD 理論，通過科學的教育方式促進其全方位發展。在實際操作中，這意味着教育者應針對不同神經多樣性學生的獨特需求，提供個性化的支持和挑戰。例如，對於有閱讀障礙的學生，教師可以通過分級閱讀材料、使用多感官教學方法等，提高其閱讀能力；對於有自閉症的學生，可以通過結構化教學、社交技能訓練來促進其社會交往能力。這種基於 ZPD 的教育方式不僅能幫助神經多樣性學生克服其面臨的挑戰，還能充分挖掘其潛在優勢，如創造力、專注力和對細節的敏銳感。此外，維果茨基的理論還強調了社會互動在學習中的關鍵作用，對於神經多樣性學生，社會互動則顯得尤為重要。教育者可通過小組合作學習、同伴教學等方式，促進學生之間的相互學習和支持，營造包容的教育環境。

具體而言，以下幾點突顯了維果茨基理論與神經多樣性教育的緊密關係：

（1）個性化教育與 ZPD：維果茨基的 ZPD 理論倡導根據每個學生的當前能力和潛力量身定制教育支持。這與神經多樣性教育的基本理念不謀而合，即識別和尊重個體差異。教師通過設計適應不同學習風格和能力水平的任務，為學生提供具針對性的支持，幫助他們在掌握基本技能的同時，逐步應對更複雜的挑戰。

（2）支持性互動：維果茨基強調社會互動在學習過程中的重要性，認為學生通過與教師和同伴的互動，可以獲得更有效的學習體驗。對於神經多樣性學生，這種互動尤為重要。教師可以通過合作學習、小組討論和互動式教學，促進神經多樣性學生的社交能力和溝通技巧，同時也增強其他學生對神經多樣性的理解和接納。

（3）社會文化因素：維果茨基指出，學習不僅是一個心理過程，也是一個社會文化過程。神經多樣性教育強調創造包容的教育環境，消除對神經多樣性學生的偏見和歧視。通過應用社會文化理論，教師能夠認識到不同背景和文化對學習的影響，從而為神經多樣性學生提供更寬容和支持的教學環境。

（4）知識建構與大腦可塑性：維果茨基的社會建構主義理論認為，學生通過有意義的活動和互動來建構知識。神經科學研究則證明，大腦具有高度的可塑性，能夠在適應環境中不斷發展（Proal et al., 2011; Shaw et al., 2013）。這一觀點支持通過動態、互動性學習活動來激發神經多樣性學生的潛能，促進他們的認知和社會情感發展。

（5）科學的教與學策略：結合維果茨基的理論和神經科學的發現，教育工作者可以通過科學的教育方式更好地支持神經多樣性學生的發展。例如，基於神經科學的證據，教育者可以設計大腦友好的學習環境，這包括提供結構化的日常程序、使用視覺支持，以及創造一個減少感官刺激的課堂環境，這些都能夠幫助神經多樣性學生更好地集中注意力和參與學習。

總的來說，將維果茨基的社會建構理論與神經多樣性教育進行整合，不僅可以為學生提供更加個性化和支持性的教育體驗，還可以激發他們獨特的潛能。這種教育模式承認並尊重每個學生的獨特性，通過適當的社會互動、文化理解和科學支持，幫助所有學生實現最大的學習和發展潛力。

第二節　常見神經發育差異者的特點與需求

神經發育差異（Neurodevelopmental differences），是指人類大腦在結構和功能上存在的自然變異。這種差異涵蓋了諸多情況，包括自閉症譜系障礙、注意缺陷多動障礙、閱讀障礙等。這些神經發育差異雖然給個體帶來了諸如注意力不集中、執行功能欠缺、語言發展遲緩和社會互動困難等挑戰，但同時也賦予了這些個體一些獨特的優勢，例如創造力、專注力和對細節敏銳的感知（Mahdi et al., 2017; de Zeeuw et al., 2012）。

一、自閉症譜系障礙

自閉症譜系障礙（Autism spectrum disorder, ASD）是一種複雜的神經發育障礙。ASD 的表現形式多種多樣，症狀和嚴重程度因人而異。不僅包括經典的自閉症（Kanner's autism）和阿斯伯格綜合症（Asperger's syndrome），還涵蓋了廣泛性發育障礙（Pervasive developmental disorder-not otherwise specified, PDD-NOS）等多個亞型。這種多樣性也使得 ASD 被稱為一個「譜系」障礙，因為受到影響的個體可能在不同方面表現出高度不同的能力和需求。

（一）主要特徵

1. 社會交流和互動困難

自閉症患者通常在社會互動中存在明顯的挑戰。他們可能在理解和表達情感、非言語交流（如面部表情、手勢）以及與他人的互動中遇到困難。語言發展遲緩或異常也是常見現象，一些自閉症患者可能終生沉默寡言，另一部分則可能具有良好的語言能力，但缺乏與他人進行對話的技巧（American Psychiatric Association, 2013）。

2. 局限性和重複性行為模式

自閉症譜系障礙的另一個核心特徵是局限性和重複性行為模式。這些行為表現為刻板的日常活動、對特定事物或興趣的強烈關注，以及對環境變化的高度敏感。例如，一些自閉症患者可能會長時間專注於特定的玩具、圖形或數字，對細微的變化表現出強烈的反應（Baron-Cohen et al., 2009）。

3. 認知和感知的獨特優勢

儘管自閉症患者在社會互動和溝通上存在顯著挑戰，但他們在某些領域可能表現出卓越的才能。例如，在細節處理、圖形識別和記憶能力上，有些自閉症患者表現出超常的能力。有研究表明，自閉症個體在某些任務上可能具有較一般人群更強的能力，他們能夠在複雜細節中迅速捕捉信息（Happé & Frith, 2009）。

（二）教育策略和課程設計

教育的關鍵在於如何設計課程，以激發並利用這些獨特的才能，支持自閉症學生的全面發展。針對自閉症學生的教育策略應注重個性化和靈活性，教師需要理解每個學生的獨特需求與能力，並據此調整教學方法。以下是一些核心策略和設計理念：

1. 結構化和可預測的教學環境

自閉症學生通常在結構化和可預測的環境中表現得更好。教師可以通過制定清晰的日常時間表、使用視覺輔助工具（如圖表、卡片）和建立可預見的課堂規則，來幫助自閉症學生了解和適應課堂活動。

2. 個性化教育計劃

每個自閉症學生的需求是不同的，創建個性化教育計劃（Individualized education plan, IEP）可以確保每個學生都能獲得適合其特定需求的支持和資源。IEP 應該包括明確的目標，針對社交技能、學術發展和生活技能等各方面制定具體的教學計劃和評價標準。

3. 多感官教學法

自閉症學生可能在感知和信息處理上與典型發展兒童有所不同。使用多感官教學法，可以通過視覺、聽覺、觸覺等多種渠道來傳遞信息，幫助他們更好地理解和記憶學習內容。例如，結合視覺材料（如圖片和視頻）、觸覺活動（如動手實驗）和實踐練習，都有助於增強自閉症學生的學習體驗。

4. 利用技術輔助教學

現代技術為自閉症教育提供了許多創新的工具和方法。應用程式、計算機軟件和互動設備可以為自閉症學生提供更多個性化的學習體驗。例如，人工智能支撐的軟件可以幫助那些語言表達困難的學生提高溝通能力，虛擬現實技術可以模擬不同的社交場景，幫助他們練習社交技能。

5. 社會技能訓練

針對自閉症學生的社交困難，系統的社會技能訓練是必不可少的。教師可以通過角色扮演、小組討論和遊戲等活動，幫助學生學習和練習有效的社交技巧。這不但有助於他們在課堂內外建立和維護人際關係，還能增強其自信心和社交能力。

6. 專注興趣和才能的課程設計

自閉症學生常常對某些特定的興趣或活動表現出高度專注和熱情。教師應通過設計相關課程來激發和利用這些獨特的才能。例如，如果學生對計算機編程、音樂或藝術充滿興趣，教師可以在這些領域提供更多的機會和資源，幫助他們深入探索並發展自己的潛力。

（三）家庭與學校的合作

自閉症學生的教育成功離不開家庭和學校的緊密合作。教師需要與家長保持開放的溝通，共同了解學生的需求、進展和挑戰。定期召開家長會、家庭訪問和通過電子郵件或社交媒體保持溝通，都是建立強大支持網絡的有效方式。家庭環境中的策略和學校教學方法應儘可能一致，以提供持續的支持和指導。

1. 提高教師的專業技能

為了更好地服務自閉症學生，教師需要接受專門的培訓和持續的專業發展。了解自閉症譜系障礙的特徵、教育策略和最新研究成果，可以幫助教師更好地應對課堂上的各種挑戰。此外，學校可以邀請專家進行講座或組織工作坊，促進教育團隊成員之間的經驗分享和合作學習。

2. 包容性教育和全校文化

創建包容性的教育環境和全校文化對自閉症學生的全面發展至關重要。這不僅涉及到課程設計和教師培訓，還包括學校政策和價值觀的體現。推行包容性教育政策，確保自閉症學生在學校內得到平等的教育機會和支持，是每所學校應努力的方向。

3. 長期支持與職業發展

自閉症學生不僅在學齡階段需要支持，成年後的職業發展同樣需要關注。學校可以與社區組織和企業建立合作關係，提供實習和職業培訓機會，幫助自閉症青年順利過渡到職場。職業輔導和支持性就業環境能夠進一步幫助自閉症個體發揮其獨特的才能，為社會做出積極貢獻。

二、注意缺陷多動障礙

注意缺陷多動障礙（Attention deficit hyperactivity disorder, ADHD）是一種常見的神經發育差異，主要表現為注意力不集中、多動和衝動行為。這種障礙通常在兒童時期就開始顯現，且可能持續到成年。自閉症譜系障礙與 ADHD 在神經多樣性範疇內有相似之處，但兩者在症狀上表現有所不同。

（一）主要特徵

1. 注意力不集中

ADHD 學生常常難以長時間集中注意力。他們可能：（1）容易分心：對來自環境中的干擾特別敏感，如同學的談話、教室的噪音或窗外的景象。（2）難以完成任務：在長期任務中常常感到疲倦或失去興趣，導致任務不能按時完成。（3）組織困難：在整理學習材料、規劃任務和管理時間上遇到困難，經常丟三落四（American Psychiatric Association, 2013）。

2. 多動行為

ADHD 學生在課堂上通常表現為：（1）靜坐困難：難以在

座位上安靜地坐著，常常表現出坐立不安或頻繁移動。（2）過度活躍：喜歡跑動、爬高、在不適當的場合跳動，傾向於更多的身體活動。

3. 衝動行為

衝動行為是 ADHD 的另一個顯著特徵，表現為：（1）無法等待：在隊伍或遊戲中難以等待，喜歡插隊或搶答。（2）不適當的干擾：經常打斷他人談話或干擾課堂活動。（3）冒險行為：可能會做出沒有充分考慮後果的風險行為，導致意外受傷或其他麻煩（Barkley, 2014）。

4. 認知和感知的獨特優勢

儘管 ADHD 學生在注意力和行為控制上存在挑戰，但他們在某些方面具有獨特的優勢。例如：（1）高度的創造力：ADHD 學生常常展現出豐富的想像力和創造力，他們能夠在解決問題時提出創新的想法和獨特的解決方案。（2）靈活的思維方式：他們能夠快速切換不同的思維路徑，通常表現出靈活和發散的思維能力，這對於創新和創造性任務特別有利。（3）高能量和熱情：ADHD 學生常常精力充沛，對充滿挑戰和動態的活動表現出極大的興趣和熱情。

（二）教育策略和課程設計

為了有效支持 ADHD 學生的學習與發展，需要採用個性化的學習計劃和行為管理技巧。以下是一些核心策略和設計理念：

1. 個性化學習計劃

每位 ADHD 學生的症狀和需求都是獨特的，為他們量身定制個性化學習計劃（IEP）至關重要。IEP 應包含具體的學術目標、社交技能發展策略和行為管理計劃。

2. 視覺輔助工具

使用視覺輔助工具可以幫助 ADHD 學生更好地理解和記憶學習內容。例如：（1）圖表和流程圖：可以幫助他們組織信息。（2）視覺時間表：幫助他們管理時間和任務。（3）色彩編碼系統：用於分類和整理學習材料。

3. 分段式任務

將大型任務分解為較小的、可管理的部分，有助於 ADHD 學生逐步完成任務，減少壓力和分心的可能性。教師可以設立多個小階段目標，為每個階段提供反饋和獎勵。

4. 積極強化策略

積極的行為管理策略對於 ADHD 學生尤為重要。教師可以通過設立獎勵系統，及時表揚和獎勵學生的良好行為，來增強他們的自我控制和任務完成能力。

5. 環境優化

創造一個有利於專注和學習的課堂環境，包括：（1）減少干擾：例如，使用隔板或耳機減少外界噪音干擾。（2）固定座位：選擇靠近教師或遠離嘈雜地區的位置。（3）定期休息：提供短暫的休息時間，允許學生進行身體活動或簡單的放鬆。

三、閱讀障礙

閱讀障礙（Dyslexia）是一種特定的學習障礙，主要影響個體的閱讀和拼寫能力。然而，這並不意味着這些學生在所有學習領域都存在不足。恰恰相反，閱讀障礙學生通常在其他方面表現出顯著優勢和獨特才能，例如視覺空間技能、創造性思維和解決問題能力（Eden & Moats, 2002）。

（一）主要特徵

1. 語音處理困難

閱讀障礙學生常常在語音處理方面面臨挑戰。這包括：（1）語音意識低下：很難將單詞分解成小的聲音單位（音素），或者難以進行聲音和單詞的匹配。（2）拼讀困難：在拼寫單詞時，學生可能難以將聲音和字母對應起來，導致拼讀錯誤。

2. 文字識別困難

閱讀障礙學生在識別和理解文字方面常常表現出問題。這可能表現為：（1）閱讀速度慢：閱讀過程比同齡人慢，往往需要更多時間來認出單詞。（2）閱讀理解困難：由於讀詞速度慢和拼讀困難，他們在理解文字的整體含義方面也面臨挑戰。

3. 認知和感知的獨特優勢

儘管閱讀障礙學生在閱讀和拼寫上存在挑戰，但他們在其他認知和感知領域常常表現出顯著的優勢，例如：（1）視覺空間技能：這些學生通常有很強的視覺空間能力，能夠快速理解和記住複雜的圖形和空間佈局。（2）創造性思維：閱讀障礙學生往往富有創造力，能夠提出新穎和創新的想法，解決問題時具有靈活和發散的思維方式。（3）解決問題能力：他們在解決問題時顯示出非凡的能力，能夠從不同角度分析和應對複雜的挑戰（Eden & Moats, 2002）。

（二）教育策略和課程設計

為了幫助閱讀障礙學生更好地應對閱讀和拼寫的挑戰，教育工作者需採用多感官教學方法，並提供個性化的支持和指導。以下是一些核心策略和設計理念：

1. 多感官教學法

多感官教學法（Multisensory teaching approach）是一種有效的教學方法，結合視覺、聽覺和動覺來幫助學生學習。這種方法利用多個感官通道來強化記憶和理解。例如：（1）視覺材料：使用圖表、插圖、顏色編碼等視覺工具，幫助學生更好地理解和記憶文字信息。（2）聽覺支持：通過口頭朗讀、錄音和語音指示來輔助理解和發音，逐步改善學生的語音處理能力。（3）動覺活動：結合動手操作和身體活動，例如通過書寫、繪圖或操作學習工具（如拼字塊），使學習更具互動性。

2. 個性化教育計劃

制定個性化教育計劃（IEP）對於閱讀障礙學生尤為重要。這應包括具體的學術目標、適應措施和支持策略。IEP 應該考慮每個學生的獨特需求和優勢，制定具體的教學計劃和評價標準，以確保他們在學習過程中獲得最佳支持。

3. 分級和分段式任務

將複雜的閱讀和寫作任務分解成更小、更易管理的部分，可以幫助學生逐步完成任務。通過設定多個小目標，提供定期的反饋和表揚，增強他們的成就感和動力。例如：（1）分段閱讀：將較長的文本分成小段，逐段進行閱讀和理解，減少信息負荷和焦慮。（2）分步驟寫作：提供清晰的寫作步驟，從構思、列提綱到逐段寫作和編輯，幫助學生逐步完成寫作任務。

4. 技術輔助

人工智能技術提供了許多支持閱讀障礙學生的工具和資源。例如：（1）語音識別軟件：幫助學生通過口述生成文字，減輕他們在拼寫和打字方面的負擔。（2）電子教材和有聲讀物：提供同步視聽學習材料，幫助學生通過聽覺和視覺雙重通道理解和記憶文本內容。

四、神經發育差異學生的獨特優勢與教育策略

神經發育差異學生的獨特優勢需要通過適當的教育策略來識別和利用，從而幫助他們實現最大潛能。

（1）創造力和創新思維：許多神經發育差異學生在創造力和創新思維方面表現突出。這不僅體現在他們提出獨特觀點和解決問題的能力上，也體現在他們對特定領域的深入專注和熱愛上。例如，自閉症學生可能在某些學科領域表現出超凡的專注力和記憶力，而 ADHD 學生則常常在面對多樣化和複雜的問題時，能夠迅速生成創新的解決方案。

教育策略：教師可以設計開放性問題和任務，鼓勵學生表達他們的創造性思維，並給予他們自主探索的空間。此外，項目式學習（Project-based learning, PBL）也可以有效引導學生運用創造力解決實際問題，發展他們的綜合能力。

（2）視覺空間技能和細節敏感度：一些神經發育差異學生在視覺空間技能和對細節的敏感度方面表現出色。例如，閱讀障礙學生可能在圖形識別和視覺記憶上具有優勢，自閉症學生則往往擅長觀察和記住複雜的細節。

教育策略：教師可以利用這些優勢，通過圖形化的學習工具（如思維導圖、圖表和視覺輔助材料）來幫助學生理解和記

憶學習內容。同時，提供基於細節分析的任務，如實驗設計和數據分析等，可以讓學生充分展示和發展他們的視覺空間能力。

（3）專注力和高效學習：儘管一些神經發育差異學生在一般的課堂環境中表現出注意力不集中，但他們可能在特定的興趣領域具有極高的專注力。例如，自閉症學生常常在他們感興趣的學科或活動中表現出極高的專注力和持久的學習動機。

教育策略：教師應識別並鼓勵學生發展興趣領域，利用這些興趣作為教學的切入點。例如，可以通過項目式學習或個性化作業，讓學生在興趣領域中完成任務，進而提高他們的學習動力和效果。另外，教師還應建立一個無干擾的學習環境，減少不必要的干擾，幫助學生集中精力完成學業任務。

五、神經發育差異性教學在課堂中的具體實踐

為了幫助神經發育差異學生更好地適應課堂環境，教育工作者需要關注並滿足其特定的學習需求。這些需求既包括情感支持，也包括個性化的教學方法。

（一）個性化學習計劃

由於神經發育差異學生的學習方式和速度各不相同，因此需要為他們制定個性化學習計劃（IEP）。個性化學習計劃應包

括具體的學習目標、步驟、評估方法以及所需的支持與資源。

教育策略：教師應與家長和專業人員共同制定並定期評估個性化學習計劃，確保其適應學生的進步和變化。同時，教師可以利用科技工具，例如教育軟件和應用程式，幫助學生制定和跟蹤個人學習進度。

（二）多感官教學法

多感官教學法強調通過多種感官渠道（視覺、聽覺、觸覺等）進行教學，可以幫助神經發育差異學生更有效地接受和處理信息。這種方法不僅能強化學生的記憶和理解，還能提高他們的學習興趣和參與度。

教育策略：教師可以在教學中使用豐富的視覺材料（如圖表、視頻）、音頻材料（如錄音、音樂）和動手活動（如實驗、手工製作），以調動學生的多種感官，增強他們的學習體驗。例如，在教授數學概念時，可以結合實物模型和數字遊戲，使學生通過視覺和觸覺了解抽象概念。

（三）執行功能訓練

執行功能是指一系列高級認知過程，包括計劃、組織、時間管理、任務啟動和情緒控制等能力。這些能力對神經發育差異學習者尤為重要，因為很多學生可能在這些方面表現出顯著的不足。

教育策略：執行功能訓練可以通過專門設計的活動和練習逐步進行。例如，通過設置清晰的每日和每週目標，幫助學生學會計劃和管理時間；通過組織和分類練習，幫助學生提高整理和組織信息的能力；通過任務分析和分解技巧，幫助學生應對複雜任務。此外，教師還可以教導並應用情緒調節技巧，幫助學生學會緩解壓力和焦慮情緒。

（四）使用技術輔助工具

科技的發展為神經發育差異學習者提供了大量輔助工具，以幫助他們克服學習上的障礙。這些工具包括文字轉語音軟件、思維導圖軟件、時間管理應用程式、以及有助於注意力集中和行為管理的各種應用程式。

教育策略：教師應熟悉並積極運用這些技術輔助工具，根據每個學生的特殊需求推薦適當的技術支持。例如，閱讀障礙的學生可以使用文字轉語音軟件來輔助閱讀，而注意缺陷多動障礙的學生則可以使用時間管理應用程式來幫助他們安排學習任務。

（五）情感和社會支持

神經發育差異學習者在情感和社會互動上常常面臨挑戰，因此他們需要更多的情感支持和社會技能訓練。學校和教師應提供一個包容和支持的環境，幫助學生建立信心和自尊，同時增進他們與同伴之間的互動和理解。

教育策略：教師可以通過以下方式提供情感和社會支持：(1)建立一個尊重和包容的課堂文化，鼓勵學生互相支持和包容。(2)開展社交技能培訓課程，通過角色扮演和情境練習，幫助學生學習和實踐社交技巧。(3)提供心理諮詢和情感支持服務，幫助學生應對情感壓力和社交困擾。(4)定期與家長和專業人員溝通，共同制定和調整支持策略，確保學生得到全面的支持。

通過這些策略，教育工作者不僅能幫助神經發育差異學生克服學習上的挑戰，還能充分激發他們的潛力，使其在學術和個人發展方面不斷進步。教師、家長和專業人員的通力合作，是實現這一目標的關鍵。未來的教育改革應重視並推動包容性教育的發展，使每一個學生，無論其神經結構如何，都能在教育環境中獲得公平的學習機會並茁壯成長。

第三節　教育神經科學在課堂實踐中的應用

教育神經科學為教育工作者提供了豐富的理論和實踐指導，能夠幫助他們更好地理解和支持多樣化的學生群體。通過科學的方法和策略，將神經科學的研究成果應用於課堂實踐，有助於提高學生的學習效果和總體學習體驗。以下是幾種教育神經科學原理在教學中的具體應用方式。

一、差異化教學

差異化教學是基於學生個體差異提供多樣化的教學材料和方法，以滿足每個學生的學習需求。神經科學研究表明，大腦發育和學習能力存在顯著差異，因此，採用單一的教學方法很難滿足所有學生的需求。通過差異化教學，可以有效應對這些差異，提升學生的學習效果。

（一）差異化教學具體策略

（1）多感官教學：利用視覺、聽覺和動覺等多感官輸入，幫助學生更好地理解和記憶內容。例如，教師可以結合圖片、視頻和實物展示講解抽象概念，增強學生的記憶和理解。

（2）分層教學：根據學生的能力和水平，為他們提供不同層次的學習材料和任務。這樣既可以挑戰高水平學生的能力，也能確保基礎較弱的學生能夠跟上學習進度。

（3）靈活的課堂安排：允許學生選擇適合自己的學習方式和進度，例如自學、小組討論或老師指導下的個別輔導。這樣可以滿足不同學生的學習需求，提高課堂參與度。

（二）差異化教學實踐案例

（1）數學課：在數學課堂上，教師可以通過視覺（如圖表和模型）、聽覺（如講解和音樂）和動覺（如實際操作）等多種方式教授複雜的數學概念。這樣的多感官教學方式可以幫助學生更全面地理解和掌握知識點。

（2）語文課：在文學課堂上，教師可以根據學生的閱讀水平，提供不同難度的閱讀材料，並通過小組討論、角色扮演和寫作練習等多種活動，幫助學生加深對文本的理解。

二、個性化學習

（一）個性化學習路徑

神經科學研究表明，大腦在學習過程中的可塑性和個體差異巨大。因此，為學生提供個性化的學習路徑，可以更好地滿足他們的獨特需求，確保他們能夠在最佳狀態下進行學習。個性化學習路徑允許學生以適合自己的速度和方式學習，提高了學習效果和學生的自我效能感。具體策略有：

（1）自定進度學習：允許學生根據自己的進度和理解能力，自由選擇學習內容和順序。教師可以提供在線課程和模塊化的學習資源，學生可以根據自己的需求和興趣進行選擇。

（2）個性化反饋：教師應定期提供個性化的反饋，幫助學生識別和改進學習中的問題。同時，利用各種評估工具，如在線測驗、自我評估和同伴評估等，幫助學生不斷調整和優化自己的學習策略。

（3）學習檔案：建立每個學生的學習檔案，記錄他們的學習進度、成績和興趣。這些檔案可以為教師提供寶貴的數據，幫助他們制定和調整個性化的教學計劃。

（二）個性化學習實踐案例

（1）科學課：在科學課堂上，教師可以設計一個涵蓋多個主題的在線課程，每個主題分為不同的模塊。學生可以自主選擇和完成各個模塊，並根據模塊中的反饋和評估，調整自己的學習計劃和策略。

（2）語文課：在語言學習方面，教師可以制定個性化的聽力、閱讀和寫作任務，根據學生的水平和興趣，提供不同難度和類型的材料，確保每個學生都能在自己的最佳學習狀態下進行學習。

三、執行功能訓練

執行功能是指一系列高級認知過程，包括計劃、組織、時間管理、任務啟動和情緒控制等能力。這些能力對神經發育差異學習者尤為重要，因為很多學生可能在這些方面表現出顯著不足。通過有針對性的訓練，可以有效提高學生的執行功能，從而改善他們的整體學習能力。

（一）執行功能訓練策略

（1）時間管理訓練：幫助學生制定每日和每週的學習計劃，設定明確的目標和時間安排。利用時間管理工具，如時鐘、日曆和提醒應用程式，幫助學生跟蹤和管理自己的學習時間。

（2）任務分解與組織：教授學生如何將複雜任務分解為可管理的小步驟，並通過組織和分類練習，提高他們的計劃和組織能力。

（3）情緒調節技巧：通過專門的活動和練習，培養學生的情緒調節能力。例如，教授學生進行深呼吸、冥想和正念練習，幫助他們在面對學習壓力時能夠自我調節和減壓。

（二）實踐案例

（1）在學術計劃中，教師可以分階段幫助學生設定短期和長期目標，通過定期會議和反饋，指導學生逐步實現目標。使用在線工具如 Trello 或 Asana，學生可以更好地組織和管理任務。

（2）在文學課程中，教師可以讓學生分解複雜的寫作任務，從頭腦風暴到草稿再到修改，每個過程都設定明確的步驟和期限。在此過程中，教師提供持續的指導和反饋，幫助學生更好地組織和完成任務。

四、使用技術輔助工具

科技的發展給教育帶來了許多新的可能性，尤其是對於神經發育差異學習者而言，技術輔助工具能夠大大提升他們的學習效果和體驗。例如，文字轉語音軟件可以幫助閱讀障礙學生更順利地接觸文本內容，思維導圖工具可以幫助有組織障礙的學生更好地整理和記憶信息。

（一）具體策略

（1）文字轉語音軟件：這種軟件可以將書面內容轉化為有聲讀物，幫助閱讀障礙學生更容易地理解和記憶文本。例如，工具如 Read&Write 和 NaturalReader 可以在學生閱讀課文時提供支持。

（2）思維導圖工具：利用像 MindMeister 或 XMind 這樣的思維導圖軟件，學生可以將複雜的信息結構化，創建視覺化的筆記和計劃。這對於有組織困難的學生特別有用。

（3）學習管理系統（LMS）：通過 Moodle、Canvas 等平台，

教師可以為學生提供個性化的學習內容和進度管理工具，幫助他們自主安排學習，提高學習的自主性和靈活性。

（4）互動練習應用：諸如 Kahoot、Quizlet 和 Socrative 等應用可以通過遊戲化的方式增強學生的學習體驗，提升他們的參與度和興趣。

（二）實踐案例

（1）數學課：數學課堂上，教師可以使用 GeoGebra 等數學工具，讓學生可視化複雜的幾何問題，通過互動練習提高理解能力和解決問題的能力。

（2）歷史課：在歷史課上，使用虛擬現實（Virtual reality, VR）技術，可以讓學生「親身體驗」歷史事件，增強他們對歷史的興趣和理解。例如，教師可以帶學生「參觀」古希臘的遺跡，通過虛擬現實技術感受當時的文化與風貌。

五、綜合應用策略

為了在教育實踐中有效運用神經科學的發現，教師應綜合運用差異化教學、個性化學習路徑、執行功能訓練和技術輔助工具，形成全面的教學策略。以下是具體綜合應用的案例和實施步驟。

（一）案例：多感官整合的科學課程

背景：一個班級中有幾名學生被診斷為自閉症、注意缺陷多動障礙和閱讀障礙，他們在標準教學模式下進度緩慢且參與度低。

實施步驟：

1. 課堂準備

（1）教師準備了多種感官材料，包括視頻、實物模型、互動圖表和動手實驗工具。（2）使用學習管理系統（如 Canvas）為每個學生創建個性化的學習路徑，允許他們選擇適合自己的模塊和進度。

2. 課堂活動

（1）通過基於主題的項目式學習，學生分組或獨立完成與當前科學主題相關的任務。（2）每個任務包含不同的學習方式選擇，如觀看教學視頻、參與動手實驗、使用思維導圖工具整理信息等。（3）設置每日和每週的小目標，通過時間管理工具（如 Trello）幫助學生跟蹤和調整進度。

3. 反饋與評估

（1）定期與每個學生對話，討論他們的進展和面臨的困難，提供個性化反饋和調整學習計劃。（2）通過技術輔助工具（如 Kahoot 和 Quizlet）進行定期測驗，以遊戲化的方式評估學生對知識的掌握情況。

4. 結果

經過幾週的綜合應用，教師發現：自閉症學生在動手實驗和視覺化學習工具的幫助下，參與度和理解能力顯著提高；注意缺陷多動障礙學生在個性化學習路徑和分段任務的引導下，學習進度變得更加穩健；閱讀障礙學生利用文字轉語音軟件，更加順利地完成了閱讀任務，並通過思維導圖工具有效整理了信息。

（二）實踐反思和持續改進

通過綜合運用多種神經科學的教學策略，教育工作可以更加有效地支持神經發育差異學生。同時，這種方法也為未來的教育實踐提供了新的模式和思路。為了確保這些策略在各類教育環境中的有效性，教師和教育工作者應定期進行反思和持續改進：

（1）反饋機制：建立有效的反饋機制，包括學生反饋、家長反饋以及同事的專業反饋。通過多方反饋，可以更全面地了解每個策略的實際效果。

（2）課題研究：與教育研究機構合作，進行系統性的課題研究，探討不同教學策略的長效影響和適用範圍。這不僅有助於提升教學質量，也能為教育政策的制定提供依據。

（3）教師培訓：定期舉辦針對神經科學和教育策略的培訓和研討會，提升教師的專業素養和教學技巧。通過不斷學習和交流，教師可以不斷更新自己的知識體系，應用新的教育科技和教學方法。

（4）跨學科合作：與心理學家、神經科學家和教育技術專家進行跨學科合作，共同研究和開發新的教學工具和方法。跨學科合作可以為個性化和差異化教學提供更多科學依據和技術支持。

神經科學在課堂實踐中的應用，提供了多種有效策略和工具，支持神經發育差異學習者的全面發展。通過差異化教學、個性化學習路徑、執行功能訓練和技術輔助工具，教師可以為每個學生提供量身定制的教育支持。在這個過程中，教育工作者需要不斷反思和改進教學方法，利用反饋機制、課題研究、教師培訓和跨學科合作，確保教學策略的有效性和應用範圍不斷擴大。這樣，教育不僅能幫助學生克服學習障礙，還能激發他們的潛力，促進他們的全面發展。未來的教育改革應該更加重視神經科學的應用，將科學研究與教學實踐緊密結合，為所有學生創造一個包容、支持和有助於他們成長的學習環境。這不僅是對當前教育挑戰的積極回應，也是給每一個學生公平學習的機會。

第四節　教師的角色和培訓

教師在包容教育中的角色不僅是知識的傳授者，更是學生學習過程的支持者。為實現全面支持學生的學習和發展，教師需要具備深厚的專業知識、靈活的教學策略和高度的反思能力。在這一節中，我們將深入探討教師在包容教育中的角色及其專業發展需求，強調神經科學在教師培訓中的重要性。

一、必須掌握神經科學基本知識

了解神經科學基本知識是教師在包容教育中的首要任務。通過深入理解大腦的運作機制和神經發育過程，教師可以更科學地設計教學策略，以適應不同學生的學習需求。神經科學揭示了大腦如何學習、記憶和處理信息。這些知識不僅幫助教師理解學生在學習過程中的行為，還能為改進教學方法提供理論依據。例如，了解大腦的可塑性可以幫助教師設計更具適應性的教學活動，促進學生的認知發展（Maguire et al., 2000）。

（一）融合與特殊教育師資培訓內容

融合與特殊教育師資專業培訓應涵蓋以下幾個方面：（1）神經科學基礎：包括大腦的基本結構與功能、神經元的運作機制、神經可塑性等。（2）學習與記憶：了解大腦在學習與記憶過程中的生理機制，以及如何通過教學方法優化這些過程。（3）情緒與行為：研究情緒如何影響學習，如何通過有效的情感教育策略支持學生的情感發展。（4）發展與障礙：了解常見的神經發育障礙（如 ASD、ADHD、Dyslexia）的神經基礎，及其對學習和行為的影響。

（二）融合與特殊教育教師培訓方法

神經科學知識的培訓可以通過以下方式進行：（1）講座與課程：由神經科專家或教育學者主講的系列專題講座和課程，讓教師系統地學習神經科學基礎及其在教育中的應用。（2）研討會與工作坊：組織小型研討會和主題工作坊，通過互動和實踐活動，幫助教師將理論知識轉化為具體的教學方法。（3）在線資源與自學材料：提供大量的在線課程、視頻、文章和書籍，便於教師自主學習和持續更新知識。（4）跨學科交流：建立與心理學家、神經科學家和教育技術專家的合作渠道，進行跨學科交流和聯合研究，拓展教師的視野和知識面。

（三）融合與特殊教育教師反思能力的培養

具備反思能力是現代教育者的核心素質。反思能力不僅幫助教師不斷優化教學方法，還能深入理解每個學生的獨特需求與學習風格。

1. 反思的重要性

反思是教師自我評估和改進教學的過程。通過反思，教師可以識別教學中的不足，理解學生的反饋，調整自己的教學策略，從而提高教學效果。反思還促使教師不斷探索和實踐新的教育方法，保持教學的活力和創新（Schön, 1983）。

2. 如何進行反思

有效的反思包括以下幾個步驟：

（1）記錄與觀察：詳細記錄課堂教學過程，觀察學生的行為和表現，收集第一手資料。

（2）分析與評估：分析記錄資料，評估教學活動的效果，識別成功和需要改進的部分。

（3）反饋與調整：根據分析結果，制定改進計劃，調整教學策略。可以通過學生反饋、同事評議和自我評估等多種方式獲取反饋。

（4）持續改進：改進教學應是一個持續的過程，教師需要定期進行反思，確保教學方法不斷得到優化和提高。

3. 實踐案例

（1）教學日誌：教師可以每天或每週撰寫教學日誌，記錄教學活動、學生表現和自我反思。通過定期回顧和分析日誌，教師可以識別教學中的模式和趨勢，制定改進措施。

（2）視頻反思：錄製課堂教學視頻，邀請同事或專家觀看並提供反饋，幫助教師客觀地審視自己的教學實踐。視頻反思不僅能幫助教師識別自身的盲點，還能為後續的專業發展提供寶貴的數據和素材。

二、建立支持性的學習環境

教育心理學表明，學生在一個支持性和包容性環境中更容易達到最佳的學習狀態。教師在創造這樣的環境中起着至關重要的作用。

（一）支持性課堂的特徵

一個支持性的學習環境應具備以下特徵：

（1）尊重與包容：教師應尊重每位學生的獨特性，避免使用標籤化和歧視性的語言或行為。鼓勵多樣性，創造一個所有學生都能感到被接受和尊重的環境。

（2）情感支持：教師應關心學生的情感狀態和心理健康，及時提供情感支持。例如，建立完善的心理輔導機制，幫助學生應對學習壓力和情感困擾。

（3）積極互動：鼓勵學生之間、學生與教師之間的積極互動，培養合作精神和團隊意識。通過小組討論、合作項目等活動，增強學生的歸屬感和責任感。

（4）公平和公正：確保每位學生都有平等的學習機會，避免任何形式的偏愛或歧視。在評估和評價過程中，採用公正客觀的標準，反映學生的真實水平和進步。

（二）實踐策略

（1）課堂管理技巧：採用積極的課堂管理策略，如制定清晰的課堂規則和期望，及時給予表揚和鼓勵，建立獎懲制度等。

（2）個性化支持：根據學生的不同需求提供個性化支持，例如通過一對一輔導、小組合作學習等方式，幫助學生克服學習障礙，提升學習效果。

（3）校園文化建設：通過校園活動、宣傳教育、安全知識等多種形式，營造一種尊重差異、包容多樣的校園文化，使所有學生都能感受到歸屬感和安全感。

（4）建立家校合作機制：加強與家長的溝通合作，建立有效的家校交流機制，通過家長會、家訪、電話聯繫等方式，了解學生的家庭背景和需求，形成教育合力。

第五節　未來研究的建議

進一步探索神經科學在包容教育中的應用領域仍存在許多未解決的問題。因此，未來的研究應着重以下幾個方面：

（1）適應神經多樣學生的具體課堂策略：儘管通用設計被認為是適應神經多樣學生的有效策略，但具體的課堂策略研究還不足，需要更詳細的研究以滿足不同教育背景中神經多樣學生的多樣化需求。

（2）神經多樣性對教師工作效率和福祉的影響：目前，關於神經多樣性對教師工作效率和福祉的影響研究尚未充分。未來研究可探索如何通過優化工作環境提升教師生產力和舒適度，包括應對壓力和精神健康挑戰。

（3）個性化學習路徑的具體要素：已知個性化學習對神經多樣學生有益，但對於哪些具體要素特別有效尚缺乏詳細研究。未來應探尋成功實施這些要素的特徵，並研討其對不同學生有效的機制。

通過嚴格的研究和實證研究，包容性教學設計的文獻可以得到豐富，從而為多元化學習群體制定更有效且定制化的策略。

神經多樣性是學習者多樣性的自然和寶貴組成部分。通過承認和適應這些學習者的獨特差異，採用包容性教學設計可以幫助發掘他們的潛力，創造更具包容性的學習環境。教育工作者、教學設計者和政策制定者應共同努力，優先考慮神經多樣學習者的需求，推動更加包容和多元的教育空間。關注神經多樣學習者的包容性教學設計代表着教育領域的一次範式轉變，邁向承認和接受不同學習者的獨特學習風格。這也是對教育工作者的號召，接受包容性教學設計，創造能夠賦予每位學習者充分發揮其潛力的學習環境。對於不同學習者實施有效的包容性教學設計實踐，持續研究至關重要。同時，還需探索創新的支持模式，以進一步促進包容性教育實踐。通過不斷擴展對包容性教育的理解和改進方法，教育工作者可以確保所有學習者都有機會表達自己並貢獻其獨特能力。

章末小結

在本章中，我們深入探討了神經科學在特殊和包容教育中的重要應用，闡明了這一前沿領域對於優化教育實踐、提升學生學習體驗的重要性。本章通過理論與實踐相結合，為教育工作者提供了豐富的指導，展示了如何使用神經科學的知識，創建更具包容性和支持性的學習環境，為神經發育差異學生創造更有利的教育條件。

首先，我們回顧了近年來全球教育系統對包容性教育需求的增加，特別是對自閉症譜系障礙、注意缺陷多動障礙和閱讀障礙等神經發育差異學生的關注。現代神經科學為我們揭示了大腦的獨特性和可塑性，這為教育工作者提供了理論基礎，用以改進教學策略和方法。

接着，本章討論了維果茨基的社會建構理論，並將其與神經科學的研究發現相結合。這一融合強調了理解大腦發育機制的重要性，指出教育不僅是知識的傳授，更是對學生心理社會發展的支持。我們詳細分析了神經發育差異學習者的特點和需求，強調他們既面臨一定的挑戰，同時也擁有許多潛能和獨特優勢。教育工作者的關鍵任務在於識別和利用這些優勢，幫助每個學生實現其最大潛能。

在具體應用方面，本章提出了四種神經科學在課堂教學中的實際應用方式：差異化教學、個性化學習、執行功能訓練以及使用技術輔助工具。這些方法都旨在為神經發育差異學習者量身定制學習體驗，提升他們的學業表現和課堂參與度。例如，通過差異化教學方法，教師能根據學生的學習需求調整教學策略，而個性化學習路徑則允許學生按照自己的節奏和興趣學習內容。

此外，本章探討了教師在包容教育中的重要角色及其培訓需求。教師不僅需要掌握神經科學的基礎知識，還應具備反思能力和建立支持性學習環境的能力。通過持續的專業發展和反思性實踐，教師能夠更好地滿足不同學生的需求，促進教育公平的實現。

本章最後提出了未來研究的若干建議，指出需要進一步探索神經科學在不同教育階段的應用、教師培訓方案的有效性以及技術在支持神經發育差異學習者中的具體效果。強調這些研究和實踐可以擴大學術界對神經科學與教育交叉領域的理解，並為包容性教育質量的提升提供堅實的理論和實踐依據。

綜合來看，通過整合神經科學的知識和教育策略，本章展示了如何為每個學生，尤其是神經發育差異學生，創造一個支持性的學習環境。這不僅提升了學生的學業表現，也為實現教育公平打下了堅實的基礎。未來，教育工作者、研究人員和政策制定者應繼續努力，推動神經科學與教育的融合，為所有學生創造更加包容和有利的學習環境。

參考文獻

American Psychiatric Association. (2013). *Diagnostic and Statistical Manual of Mental Disorders* (5th ed.). American Psychiatric Publishing.

Barkley, R. A. (2014). *Attention-deficit Hyperactivity Disorder: A Handbook for Diagnosis and Treatment*. Guilford Publications.

Baron-Cohen, S., Ashwin, E., Ashwin, C., Tavassoli, T., & Chakrabarti, B. (2009). Talent in autism: hyper-systemizing, hyper-attention to detail and sensory hypersensitivity. *Philosophical Transactions of the Royal Society B: Biological Sciences, 364*(1522), 1377-1383.

Bertilsdotter Rosqvist, H., Chown, N., & Stenning, A. (2020). *Neurodiversity Studies: A New Critical Paradigm*. Routledge.

Clouder, L., Karakus, M., Cinotti, A., Ferreyra, M. V., Fierros, G. A., & Rojo, P. (2020). Neurodiversity in higher education: a narrative synthesis. *Higher Education, 80*(4), 757-778.

Constantino, J. N. (2011). The quantitative nature of autistic social impairment. *Pediatric Research, 69*(8), 55-62.

de Zeeuw, P., Weusten, J., van Dijk, S., van Belle, J., & Durston, S. (2012). Deficits in cognitive control, timing and reward sensitivity appear to be dissociable in ADHD. *PloS One, 7*(12), e51416.

Eden, G. F., & Moats, L. (2002). The role of neuroscience in the remediation of students with dyslexia. *Nature neuroscience, 5*(Suppl 11), 1080-1084.

National Council for Special Education. (2024). *An Inclusive Education for an Inclusive Society: Policy Advice Paper on Special Schools and Classes.*

Happé, F., & Frith, U. (2009). The beautiful otherness of the autistic mind. *Philosophical Transactions of the Royal Society B: Biological Sciences, 364*(1522), 1345-1350.

Maguire, E. A., Mummery, C. J., & Büchel, C. (2000). Patterns of hippocampal-cortical interaction dissociate temporal lobe memory subsystems. *Hippocampus, 10*(4), 475-482.

Mahdi, S., Viljoen, M., Massuti, R., Selb, M., Almodayfer, O., Karande, S., ... & Bölte, S. (2017). An international qualitative study of ability and disability in ADHD using the WHO-ICF framework. *European child & Adolescent Psychiatry, 26*, 1219-1231.

Milton, D. E. (2012). On the ontological status of autism: The 'double empathy problem'. *Disability & society, 27*(6), 883-887.

Neufeld, J., Taylor, M. J., Lundin Remnélius, K., Isaksson, J., Lichtenstein, P., & Bölte, S. (2021). A co-twin-control study of altered sensory processing in autism. *Autism, 25*(5), 1422-1432.

Proal, E., Reiss, P. T., Klein, R. G., Mannuzza, S., Gotimer, K., Ramos-Olazagasti, M. A., ... & Castellanos, F. X. (2011). Brain gray matter deficits at 33-year follow-up in adults with attention-deficit/hyperactivity disorder established in childhood. *Archives of General Psychiatry, 68*(11), 1122-1134.

Schon, D.A. (1983) *The Reflective Practitioner: How Professionals Think in Action.* Basic Books.

Shaw, P., Malek, M., Watson, B., Greenstein, D., De Rossi, P., & Sharp, W. (2013). Trajectories of cerebral cortical development in childhood and adolescence and adult attention-deficit/hyperactivity disorder. *Biological Psychiatry, 74*(8), 599-606.

Singer, W. (1999). Neuronal synchrony: a versatile code for the definition of relations? *Neuron, 24*(1), 49-65.

van Below, R., Spaeth, E., & Horlin, C. (2021). Autism in higher education: Dissonance between educators' perceived knowledge and reported teaching behaviour. *International Journal of Inclusive Education, 28*(6), 940-957. https://doi.org/10.1080/13603116.2021.1988159

Waltz, M. (2020). The production of the 'normal' child: Neurodiversity and the commodification of parenting. In H. Bertilsdotter Rosqvist, N. Chown, & A. Stenning (Eds.), *Neurodiversity Studies: A New Critical Paradigm* (pp. 55). Routledge. https://doi.org/10.4324/9780429322297

第七章

神經科學在科技與媒體教育中的應用

吳丹丹

本章導讀

在信息爆炸的數字時代，各種數字設備和應用改變着我們的生活和學習方式。本章將探討神經科學、科技與媒體如何共同塑造未來教育。

首先，定義和應用數字技術，以及其對社會、經濟、文化和教育的廣泛影響是我們的出發點。我們會基於數字福祉理論，了解科技帶來的便利和潛在風險。

接着，章節將深入探討數字技術對大腦的影響，特別是如何影響我們的執行功能、注意力和記憶力。過度使用數字設備可能導致注意力分散和認知能力下降，但積極的數字互動也能促進學習。注意力在學習中至關重要。本章會分析節目節奏、媒體多任務處理等如何影響注意力，並思考如何設計有效的學習體驗，以充分利用數字科技的特性。同時，我們將討論如何運用數字工具增強記憶力，同時避免過度依賴。

此外，數字鴻溝則是教育面臨的重大挑戰，本章將分析其三個層面：接入、技能和效益鴻溝，探討影響因素以及如何培養學生的數字素養和能力，使其負責任地使用數字技術。

最後，本章展望元宇宙、腦機接口和人工智能等新興技術在教育中的應用，討論這些技術如何提供個性化、沉浸式的學習體驗。

通過本章的學習，讀者將深入理解神經科學與教育的複雜關係，並能夠更有效地利用數字技術推動學習與發展，攜手共創數字時代的教育未來。

第一節　數字技術、數字學習與大腦發展

一、數字技術的定義與應用

數字技術（Digital technologies）是指一系列使用不同類型的硬件和軟件的技術、工具、服務和應用。它們通過電子手段促進各種服務和活動，能夠創建、存儲、處理、傳輸和顯示以二進制代碼表示的信息。這些技術包括（但不限於）：（1）攝像頭、網絡攝像頭和其他視頻設備；（2）麥克風、耳機和其他音頻設備；（3）電話、智能手機和其他通信設備；（4）筆記本電腦、個人電腦、平板電腦和其他計算機設備；（5）掃描儀、打印機、鍵盤和其他計算機外設；（6）智能手錶、智能眼鏡、虛擬現實

設備和其他可穿戴設備；(7) 硬盤、USB 驅動器和其他存儲設備；(8) 溫度計、血壓計和其他數字測量設備；(9) 機器人、ChatGPT 和其他教育性及生成性人工智能設備（Tulinayo et al., 2018; Wu et al., 2024）。

二、數字使用及其影響

數字使用（Digital use，亦常被翻譯為「數位使用」「數碼使用」）是指個人利用數字技術（如互聯網）進行的各種活動，目的包括個人發展、信息獲取、社交互動、商業交易、休閒和遊戲等（Lissitsa, 2015; Livingstone, 2024）。根據第 53 次《中國互聯網絡發展狀況統計報告》，截至 2023 年 12 月，我國網民規模已達 10.92 億人，較 2022 年 12 月新增 2480 萬網民，互聯網普及率達到 77.5%（CNNIC, 2024）。

如此龐大的使用規模，雖然令人們的生活更便利，但也帶來了不可忽視的影響。首先是對整體社會的影響，例如信息獲取、社交互動、數據隱私和安全等；其次是對全球經濟的影響，如商業模式轉變、就業變化和全球化等；再來是對文化的影響，包括文化傳播和文化消費等；還有對個人生活的影響，如生活方式、健康和福祉等；最後，也是關乎人類未來的，對教育的影響，涉及學習方式轉變和技能要求變化等。每一個方面都關乎人們的生活質量和福祉，積極與消極的影響並存。

三、數字福祉理論

為了更好地觀察這一現象，Büchi（2024）提出了數字福祉理論（Digital well-being theory）。根據該理論，個體的數字實踐通常會帶來同時出現的傷害和益處，這反過來又影響主觀福祉。這些過程可能受到其他因素的調節，例如使用者的個性或使用情境。個體生活在社會網絡和社會結構中，這些結構的趨勢和技術既限制又促進個體的行動。通過這個理論框架，我們可以意識到以下特徵：

（1）數字實踐的雙面性：個體在使用數字技術時，既可能獲得好處（如信息獲取、社交聯繫等），也可能遭受傷害（如網絡成癮、隱私洩露等）。這種雙重影響直接關係到個體的主觀幸福感，即他們對生活質量的感受。

（2）調節因素：個體的數字體驗並不是孤立的，受到多種因素的影響，如個性特徵（外向或內向）和具體情境（社交環境）。這些因素可能增強或減弱數字實踐帶來的影響。

（3）社會網絡嵌入與互動性：個體生活在更廣泛的社會網絡和結構中，影響其行為。例如，社交媒體的普及會限制或促進個體選擇和行動，而個體行為也會反過來影響這些社會結構，形成複雜的互動關係。

（4）微觀層面因素與宏觀社會結構的動態關係：個體的行為和選擇是由多個微觀層面因素共同作用的結果，包括個人經歷、情感狀態和社會互動等。這些微觀過程和宏觀社會結構之間的關係非常複雜，形成一個動態的系統。

四、數字學習

數字學習（Digital learning）指通過有效利用技術和相關教學實踐促進或增強的任何學習。這種學習可以在各個領域中發生，廣泛包括利用各種數字技術、設備和媒體來支持學習體驗。其中，電子學習（E-learning）是指通過數字工具和媒體進行的學習，移動學習（M-learning）則是在移動設備上進行的學習體驗，並通過無線傳輸實現（Kumar Basak et al., 2018）。

隨着教育技術的發展，2018 年中國教育部開始推動《教育信息化 2.0 行動計劃》。通過實施該計劃，到 2022 年基本實現「三全兩高一大」的發展目標，即教學應用覆蓋全體教師、學習應用覆蓋全體適齡學生、數字校園建設覆蓋全體學校，信息化應用水平和師生信息素養普遍提高。其主要任務包括：（1）深入推進「三通兩平台」，實現三個方面的普及應用；（2）持續推動信息技術與教育深度融合，促進兩個方面的水平提高；（3）構建一體化的「互聯網 + 教育」大平台。

五、數字使用與大腦的關係

如前章所述，大腦具備神經可塑性，尤其是出生後的嬰兒大腦。神經可塑性是指人腦神經網絡根據成長、經驗和環境因素變化的能力，涉及微觀（單個神經元和神經迴路）到宏觀（大腦皮層區域和神經網絡）等功能性和結構性改變。基於此，學界關注當前數字使用對兒童及青少年，甚至成人和中老年人的大腦影響。研究顯示，早期數字使用經歷會塑造 0-12 歲兒童的大腦。23 項相關研究中，6 項報告正面效果，15 項報告負面影響，其餘顯示混合結果。其中，Pujol 等（2016）通過縱向研究評估視頻遊戲玩耍對大腦結構和功能的長期影響，發現該經驗可以增強兒童對視覺刺激的反應速度，並導致基底神經節迴路的結構和功能變化，體現為在紋狀體和尾狀核的功能連接性提高。最值得注意的是，數字使用經歷對前額葉產生影響，積極與消極效果皆有，尤其是背外側前額葉皮層（DPFC），其涉及工作記憶、認知靈活性等認知功能。

這一研究引起了各界對於數字使用對不同發展階段的人類大腦造成影響的極大關注，同時也意味着，數字科技和媒體在教育過程中可能帶來的機遇和挑戰。通過深入探討這些內容，我們將更清楚了解科技和媒體如何與神經科學相互作用，對教育領域的變革和創新產生影響，從而為利用科技手段提升教學效果提供有益的參考和建議。

第二節　數字技術環境對大腦發展和功能的影響

一、大腦是如何處理信息的？

人類的大腦使我們能夠時刻對周圍世界作出反應。它是一個龐大而複雜的通信網絡中心，持續尋找並收集來自身體各部分及外部世界的信息。當大腦解釋這些信息時，產生了視覺、聽覺、情感和思想等體驗。其主要功能於身體內部產生變化，包括心臟的規律性跳動以及構成行為的複雜動作。

（一）信息處理

大腦記錄大量信息，但實際上只有極少部分被選中進行處理並進入意識。無法用語言描述的經歷不構成意識。儘管如此，無意識的處理仍會引導並有時啟動行為。

（二）信號傳遞

大腦由約 1000 億個細胞組成，其中約 10% 是稱為神經元的細胞。神經元通過電信號相互連接，但細胞間的信號傳遞是通過神經遞質等化學物質進行的。

（三）模塊與連接

大腦是模塊化的，不同部分負責不同功能。這些模塊間有密集的連接，任何模塊無法在沒有其他模塊和身體部分的支持下獨立工作。一般而言，低級功能（如感知）是高度局部化的，而高級功能（如記憶和語言）則源於大腦區域間的互聯。

（四）個體性

大腦的基本「藍圖」由基因決定，雖有基本結構，但每個人的大腦都是獨一無二的。即使是同卵雙胞胎，從出生起就存在明顯差異，因為大腦對環境極其敏感，個體差異導致不同的個性。

（五）可塑性

大腦組織可以通過鍛煉得到「強化」和「增強」。例如，學習和練習某項技能能使負責該任務的腦區的體積增大，變得更加高效，以便更熟練地完成任務（Marcus, 2009; Mutihac, 2017）。

二、信息輸入如何影響大腦？

科學研究表明，頻繁使用數字技術對大腦功能和行為有顯著影響，包括正面和負面效果。過度的屏幕時間和技術使用可能導致注意力缺失、情感與社交智能受損、技術成癮等問題。然而，合理使用應用程式和視頻遊戲可能對大腦健康有益（Small et al., 2020）。因此，了解數字信息輸入如何影響大腦非常重要。

數字信息輸入影響大腦主要有以下幾個途徑：

（1）激素：智能手機使用與多巴胺的關係表明，應用程式能夠提高抑鬱症患者的多巴胺水平，從而增強動機和行為改變。高頻使用者的褪黑激素水平顯著低於低頻使用者，表明其晝夜節律被打亂。

（2）信息處理：互聯網的普及使獲得信息變得輕而易舉，研究表明，當人們預期未來可訪問信息時，他們實際的記憶率會降低，但對如何找尋信息的記憶會有所增強（Sparrow et al., 2011）。數碼時代使人們在信息處理上經常被動吸收，而主動與設備互動則涉及更高的認知參與。如 Vannest 等（2009）研究所示，被動聆聽與主動回應故事的任務激活了不同的大腦區域，前者激活了主要聽覺皮層，而後者激活了更多的語言處理區域。

（3）認知能力：多媒體學習中的人類信息處理系統包含有限容量的兩個獨立通道——聽覺 / 語言通道與視覺 / 圖像通道。劃分合理的信息處理能夠提高學習效率（Mayer, 2024）。

（4）刺激與獎勵系統：外部或內部刺激通過邊緣系統註冊，產生渴望感；大腦皮層對此作出反應，隨之而來的活動向邊緣系統發送信息，從而生成獎勵和滿足感（Marcus, 2009）。

三、過度數字使用對大腦執行功能的影響

如前所述，在學界關於信息輸入影響大腦的眾多研究中，尤其引人注意的是過度數字使用對大腦執行功能的影響。這是因為多數研究已發現執行功能的得分顯著影響未來學業成就（Perone et al., 2015; Zelazo, 2006）。

執行功能（Executive function, EF）是一組對目標導向、高效與適應性行為至關重要的認知過程，包括抑制控制、工作記憶和認知靈活性。目前關於數字使用對大腦執行功能的影響大多是消極的。例如，McNeill 等（2019）指出，高頻應用程式用戶的抑制控制能力顯著低於低頻用戶。此外，筆者團隊（Wu et al., 2021）對 38 名學齡前兒童進行的近紅外實驗顯示，「非使用者」組在執行功能任務中的正確率顯著高於「重度使用者」組，而其前額葉皮層的激活模式也是正常的。

然而，這項研究存在一些限制。首先，維度轉換卡片分類任務（DCCS）期間可能會受到運動干擾。其次，樣本量較小，因 COVID-19 疫情影響而降低了研究的統計意義。雖然性別分配在總樣本中是平衡的，但不同組別的分配不均也可能是問題之一。

最後，雖然存在異常的大腦激活模式，但並不表明「重度使用者」有任何永久性損害。所有這些限制共同表明，需要進一步使用縱向和其他腦科學數據如 EEG-NIRS 耦合數據研究平板電腦重度使用的後果，從而減少不良數字使用對大腦的傷害並增加數字使用的益處。

第三節　數碼時代對注意力的爭奪

在數字時代，媒體產品通過捕獲人們的注意力來提高點擊率，從而實現盈利。這種現象引發了一系列挑戰，影響着人類的注意力發展，並引起了學術界的關注。

一、成人與兒童的注意力

注意力是人類學習和生活中的核心認知功能。良好的注意力使大腦能夠清晰而生動地專注於某一對象或思維路徑，暫時忽略其他事物，以更有效地處理信息。它由認知過程驅動，使我們能夠選擇、聚焦並持續處理信息（Cohen, 2011）。需要指出的是，注意力是隨着年齡發展的，成人和幼兒的注意力表現存在顯著差異。

Konrad 等（2005）對 8-12 歲兒童和成人的注意力狀況進行

了對比研究，發現成人和兒童的注意力在警覺性、定向與再定向，以及干擾效應（抑制控制）等方面存在顯著差異。研究表明，與成人相比，兒童在注意力重定位和執行控制方面面臨更大困難，反映在關鍵注意力區域的激活減少及非預定義區域的激活增加上。這表明兒童的注意力網絡仍在發展中，專業化程度不如成人。此外，兒童某些大腦區域的較大灰質體積可能與突觸修剪等腦成熟過程有關。

二、注意力與屏幕時間

研究發現，長時間使用觸摸屏設備的兒童更容易出現注意力問題（Lin et al., 2020）。長期使用這種設備與視覺場景的速度及注意力分配控制能力的差異相關。Portugal 等（2021）研究比較了短期與長期使用觸摸屏設備兒童的注意力，結果顯示，長期使用觸摸屏的兒童在視覺搜索反應時間測試中的表現更快，但可能在任務執行中面臨更顯著的干擾。

三、注意力與節目節奏

節目節奏對兒童注意力的影響因研究方法和測量工具的不同而有所差異。一些研究表明，快節奏節目可能加速自下而上的注意力分配，導致頻繁的任務切換；而另一些研究則未能支持這一觀點，甚至發現快節奏節目對兒童注意力存在積極影響。

四、注意力與媒體多任務處理

媒體多任務處理是指同時使用兩個或多個媒體。儘管這種行為可能在短期內提高效率，但實際上會降低注意力的質量和深度。研究表明，頻繁的社交媒體多任務處理與較低的注意力控制和較差的學習成績相關（Kokoç, 2021）。

五、注意力與碎片化閱讀

碎片化閱讀是指讀者在不同新媒體平台上快速轉移注意力，瀏覽短小多樣的內容，特點包括低連續性和高分散性。Cao 等（2024）研究發現，碎片化閱讀中的注意力切換可能損害認知能力，尤其是執行功能和工作記憶。

此外，短視頻作為另一種新型的碎片化模式，迎合了快節奏的生活方式，以豐富、簡短且多樣的內容促進信息傳播。研究顯示，短視頻成癮用戶不僅興趣和注意力較低，還在執行功能任務中表現出更大的注意力缺陷，處理干擾時的集中能力受損（Chen et al., 2023）。

六、注意力與交互設計

儘管數字科技對注意力的爭奪存在負面影響，但它也能促進學習。數字內容通常配備多媒體組件和互動功能，促進兒童的參與感。Richter 與 Courage（2017）發現，兒童在閱讀電子書時的參與度更高，但完成所需時間是紙質書的兩倍。

從學習的角度來看，信息需要通過感官輸入和工作記憶，最終存儲在長期記憶中。沒有注意力，新信息無法進入工作記憶或者得不到足夠處理，進而無法轉化為長期記憶。因此，我們需關注數字科技對人類正常注意力發展的影響，並利用其促進有效學習。

第四節　數碼環境對記憶的影響

一、有利的方面

（一）信息獲取的便利性

數字設備和互聯網的廣泛使用徹底改變了人們與信息的互動方式。其從物理格式轉向數字格式，使得每個人能夠輕鬆訪問龐大的知識庫，從而及時分享全球信息。這種便利性不僅幫助用戶更容易獲取和整合知識，還增強了記憶的廣度與深度。

（二）外部記憶工具的使用

數字技術在信息檢索方面提供了極大的便利，搜索引擎、在線數據庫和數字圖書館的出現使人們獲取、處理和存儲信息的方式發生了質變（Bergman & Whittaker, 2016）。借助外部記憶工具，如數字日曆、提醒器和筆記應用，用戶能夠有效組織信息，確保關鍵細節不會丟失。這些工具減輕了認知負擔，使用戶能夠更專注於重要信息，從而提高了記憶效果。

（三）多元化的信息呈現

在數字環境中，信息可以以文本、圖片和視頻等多種形式呈現。將多種感官線索與事物和經驗聯繫起來是大腦的基本過程，可以提升物體識別與記憶能力。為研究這一神經機制，Zeynep Okray 博士與 Pedro Jacob 博士開發了一種多感官學習範式，讓果蠅學習將氣味、顏色或兩者的組合與獎勵或懲罰相聯繫。研究發現，多個感官共同參與時，學習與後來的記憶提取會得到改善。這項研究表明，多感官學習能夠促進記憶的形成和提取（Okray et al., 2023）。

二、不利的方面

（一）外部依賴與記憶能力

隨着信息通過智能手機和計算機隨時可得，個人對這些設備的依賴加劇，作為外部記憶輔助工具的依賴性逐步增強。這引發了關於外部存儲和檢索機制對記憶鞏固影響的討論（Yasseri et al., 2022）。對數字設備的過度依賴可能導致記憶能力下降，因為用戶未能充分練習和鞏固自己的記憶技能，並且這種依賴往往促進了淺層編碼策略的運用，影響牢固記憶的形成。

（二）信息過載的影響

多媒體環境允許學習者以多種格式獲取信息，但這些信息的多樣性也可能導致認知負擔增加。根據認知負荷理論（van Merriënboer & Sweller, 2005），短期記憶或工作記憶的容量有限，過度的認知負荷會導致理解和記憶效果不佳（Moos & Marroquin, 2010）。

（三）對人際互動與認知過程的影響

數字技術對人際互動方式的深遠影響在虛擬環境中尤為明顯。Greeley 等（2022）的研究探討了虛擬協作中個體和社會記憶的關係，發現在線互動可能影響記憶效果。特別是在實驗條件變化時，個體的回憶能力受到影響，這強調了實驗設計和具體情境在記憶表現中的重要性。

三、應對策略與前景

學界也在積極開發旨在改善記憶的數碼內容與產品。例如，Gazzaley 醫師實驗室與鼓手 Mickey Hart 合作開發的一款音樂節奏遊戲，不僅幫助 60-79 歲的老年人學習打鼓技能，還提高了他們對人臉的記憶能力。該遊戲使用視覺提示訓練玩家在平板電腦上彈出節奏，隨着遊戲推進，提示逐漸消失，促使玩家記住所學的節奏模式（Greeley et al., 2022）。

此外，另一款經過 8 週訓練的遊戲顯示，能夠改善健康老年人的注意力、平衡感和血壓。這表明通過遊戲訓練可以增強老年人逐漸退化的認知能力。諸如「迷宮」的虛擬現實（VR）遊戲在經過 4 週訓練後也為老年人的長期記憶提供了改善的可能性。這些研究均表明，遊戲訓練能夠有效提升認知能力，尤其是在老年人群體中顯著表現出效用。

總之，通過理解數字技術對記憶的有利與不利影響，我們可以尋求更加有效的使用方式，幫助人們在數碼環境中提高記憶力和學習能力。

第五節　數字時代的媒體多任務處理

一、定義與分類

媒體多任務是指個人同時使用兩種或多種媒體的行為。Foehr（2006）指出，這種行為在當今科技日益發展的背景下愈發普遍。Vega（2009）進一步擴展了這個定義，強調多媒體的交互使用。在 Van Der Schuur 等（2015）的定義中，媒體多任務不僅限於多個媒體的同時使用，還包括在進行非媒體活動時，利用媒體進行信息獲取。

媒體多任務可分為兩類：第一類是同時使用不同類型的媒體，例如在看電視的同時使用手機，或在單一設備上進行多項活動，例如同時使用筆記本電腦觀看電影和在線購物；第二類則是在進行其他非媒體活動時，有選擇性地使用媒體，例如在學習時用手機查閱資料（Van Der Schuur et al., 2015）。

二、數字時代的媒體多任務現象

在數字時代，媒體多任務的現象顯著，主要體現在兩個方面。一方面，由於技術的發展，用戶的媒體操作能力顯著提升，使他們能更主動、有效地獲取信息。然而，另一方面，信息量的激增常常超出個體的處理能力，導致所謂的「信息淋浴」現象。信息淋浴是指用戶在使用社交媒體、新聞網站等平台時，被大量信息淹沒，導致選擇和處理信息的能力下降（Stamenković et al., 2018）。

需要注意的是，媒體多任務現象的存在，有多種因素在起作用。媒體因素包括設備的擁有情況和可用性，這與用戶的使用體驗密切相關。同時，受眾特徵，如年齡、性別等人口統計學因素以及心理特徵（例如對刺激的需求），也影響着個體的媒體使用行為。

三、媒體多任務處理對主要認知功能的影響及相關問題

（一）媒體多任務處理對注意力的影響

Kobayashi 等（2020）的研究表明，媒體多任務處理會影響大腦的注意力網絡。高媒體多任務者在處理新任務時，能夠保持較高的腦連接性，表明他們在信息處理上可能表現更優，但長期的認知影響尚待進一步研究。

（二）媒體多任務處理對執行功能的影響

近期的元分析顯示，重度媒體多任務者在抑制控制和工作記憶方面表現不佳，而輕度媒體多任務者則表現較好。Luo 等（2021）的研究也證實，重度媒體多任務者在執行功能測量上整體表現低於輕度媒體多任務者。

（三）媒體多任務處理對心理健康的影響

幸福感不僅與心理健康（如抑鬱和焦慮）有關，還包括個體的自我實現和生活意義感。Xu 等（2022）的研究發現，社交

媒體多任務行為與幸福感之間存在負相關關係。社交媒體使用雖可能增強社交互動，但過度使用同樣會降低個體的工作表現和幸福感。

（四）媒體多任務處理的認知負荷

研究表明，媒體多任務會顯著影響信息的保留率，導致學習效果下降。Örün 與 Akbulut（2019）的實驗證明，在多任務環境下，受試者對信息的保留率顯著降低，且感知的心理努力增加，顯示出認知負擔加重。

（五）信息過載的問題

信息過載是指當信息接收超過個體的工作記憶能力時所引發的現象，研究表明，它與技術使用密切相關。信息的豐富和多樣化雖在一定程度上提升決策質量，但一旦超出處理能力，會導致混亂和更低的效率。在數字時代，信息過載被認為是由技術帶來過多信息引起的，而這種情況因缺乏對信息氾濫的控制感而加劇（Arnold et al., 2023）。為了優化信息處理效率，Sweller（2023）提出了一些教學設計和學習策略來應對信息過載的問題。這些策略包括減少在課堂上使用媒體工具，分階段引入媒體資源，以及優化學習材料的呈現，來減輕學習者的認知負擔。

通過上述各個方面的分析，我們可以看出，數字時代的媒體多任務處理現象在促進信息獲取的同時，也帶來了諸多挑戰，包括注意力分散、執行功能受損、心理健康下降及認知負擔加重。因此，合理利用媒體及有效應對信息過載，將為提升個體的生活質量和學習效果提供必要保障。

第六節　抖音大腦：短視頻與神經獎勵系統

一、短視頻現狀

科技和互聯網的飛速發展深刻改變了人們的生活，最為顯著的便是短視頻應用如 TikTok（抖音）等在全球流行。短視頻是指時長在 15 分鐘以下的視頻，大部分視頻時長在 1-5 分鐘之間，以簡潔明確的主題和鮮明的風格，受到廣泛歡迎。通過抖音和快手等平台，用戶不僅可以捕捉和分享生活中的趣味時刻，還能夠瀏覽、點讚和評論他人的視頻，促進互動與交流（Xie et al., 2023; Yue et al., 2024）。

截至 2024 年 6 月，中國活躍的短視頻用戶已達到 9.89 億（QuestMobile 2024 中國移動互聯網半年報）。舉個例子，自 2016 年推出以來，TikTok 的受歡迎程度迅速提升，用戶總數已超過 15 億，每月訪問量約為 100 億次，其中四分之一的用戶年齡在 20 歲以下。大多數 TikTok 內容創作者年齡在 18-24 歲之間，54.8% 的用戶為女性。這種短視頻的廣泛使用引發了對其對教育及心理健康影響的研究需求不斷上升。

二、短視頻作為學習媒介的優勢

短視頻以其引人入勝且易於消化的形式，促進了學習的多樣化。以下是短視頻在學習方面的幾種重要優勢：

（1）碎片化信息：短視頻允許學習者快速獲取信息，易於掌握簡化的概念而不至於感到信息過載。

（2）視覺學習：結合視覺與音頻的設計有助於增強理解和記憶，滿足不同學習風格的需要。

（3）可及性：短視頻通常在多種平台上可用，使時間有限的受眾能夠隨時隨地獲取信息。

（4）參與度：短視頻的動態特性能夠增強觀眾的參與感，從而提升學習動力和信息的留存率。

（5）主題廣泛：短視頻的覆蓋範圍從學術內容到實用技能，成為一種多功能的學習工具。

（6）社區與互動：許多平台提供評論和討論區域，鼓勵學習者與內容創作者及同齡人進行交流。

（7）靈活性：學習者可以自主決定觀看的節奏，並可重複觀看所需內容，促進自主學習。例如，有一項案例研究報告顯示，通過上傳短視頻來推廣科學內容，建立了一個擁有超過 15 萬粉絲的在線平台，使全球的學習者有機會接觸基於科學的內容（Prindle et al., 2024）。

三、短視頻觀看的潛在風險

儘管短視頻具備多種優勢，但學術界也指出其潛在的風險：

（1）成癮：短視頻的觀看能夠通過激活愉悅感和戒斷感，導致用戶與視頻的成癮行為。用戶為了保持良好情緒或減輕消極情緒而不斷進行短視頻互動，這種模式最終會導致成癮（Tian et al., 2023）。

（2）注意力下降：實證研究發現，相較於非成癮用戶，成癮用戶在觀看短視頻時的興趣更低，注意力更不集中，分心情況更頻繁，且平均注視時間更短（Chen et al., 2023）。

（3）削弱自我控制能力：觀看經過精心策劃的短視頻可能會削弱個體的自我控制能力，並與低頭族行為的增加相聯繫（David & Roberts, 2024）。

（4）社交互動貧乏：研究表明，社交互動焦慮和社交孤立感可能增加對短視頻應用的依賴，個性化和娛樂性內容進一步加重對平台的依戀，這都是成癮的潛在因素（Zhang et al., 2019）。

（5）破壞幸福感：一項對中國青年的研究發現，在控制年齡和性別後，觀看短視頻（被動使用）與生活滿意度和積極情緒下降相關，而發佈內容（主動使用）則與生活滿意度提升相關。此外，觀看與人物或時尚主題相關的視頻預示着生活滿意度降低（Wu et al., 2021）。

四、短視頻如何影響大腦

短視頻的廣泛吸引力部分源於其獨特的特點：

（1）時長短：短視頻允許快速消化和理解信息。

（2）內容豐富：涵蓋多種主題，適合不同興趣和需求。

（3）個性化推薦：應用程式通過算法為用戶提供量身定制的內容推薦，提高觀看體驗。

（4）沉浸式體驗：能夠引導用戶進入內容的狀態，使觀看過程更具吸引力。以 TikTok 為例，其強大的推薦系統利用用戶的瀏覽記錄和視頻標籤，為用戶提供個性化的視頻內容。借助人工智能學習用戶偏好，TikTok 通過反覆觀看、評論、分享和「喜歡」標籤來推送相關視頻（Bobadilla et al., 2013; Chen et al., 2019; Ma & Hu, 2021）。用戶觀看整個視頻的完成率是一個重要指標，將促進算法在未來推薦同類型視頻。然而，長時間持續接觸個性化視聽刺激可能會限制內容多樣性，從而影響個體的信念、行為和腦功能（Pariser, 2011）。

針對短視頻內容對大腦的影響，Su 等（2021）的 fMRI 研究清楚地揭示了個性化推薦的視頻如何在大規模網絡交互中調節用戶的思維過程。該項目的研究目的為探討觀看個性化視頻（PV）、一般化視頻（GV）和短暫休息（Rest）對用戶大腦的影響。研究樣本包括來自浙江大學的 30 名健康學生（14 名女性），所有參與者均為成年人且有使用 TikTok 的經歷。在實驗中，參與者在 fMRI 掃描儀內觀看了 PV 和 GV 視頻剪輯，每種類型的視頻總時長均為 6 分鐘。實驗設計為組塊設計（Block design），包括 PV、GV 與休息三種條件，確保任務順序的隨機性，以減少影響。

研究結果顯示，在觀看 PV 時，VAN（愉悅、動機網絡）與 dMPFC（前額葉皮層）之間的耦合增強，可能表明該神經通路在傳遞視頻刺激的熟悉性和增強自我參照過程方面產生了積極作用。這也意味着個性化視頻能幫助參與者進入更沉浸的觀看狀態。此外，短視頻觀看中的 DAN（背側注意網絡）連接性增強，顯示出用戶對外部刺激的高度關注。同時，FPN（前額葉網絡）與 DAN 及 DMN（默認模式網絡）之間的聯結也有所增強，這表明短視頻的觀看需要更高層次的認知控制。結果表明，PV 與用戶的高度自我相關特徵結合，能促使用戶在處理外部信息時，同時調動內心的自我相關思維。然而，該研究也存在局限性，包括不同視頻特徵的差異以及對注意力測量的缺失，這些都說明了未來研究的必要性。

五、結論

總的來說，短視頻作為一種嶄新的媒體形式，極大地影響着人們的學習方式和生活方式。在其帶來學習便利和社交互動的同時，也伴隨着諸多心理健康和注意力方面的潛在風險。理解這些影響機制，有助我們在享受這種新技術帶來的便利時，也能較好地管理與之相關的風險。

未來的研究應進一步探討短視頻的沉浸體驗如何與人的認知過程、情感體驗相互交織，以尋找提高短視頻內容質量與用戶體驗的有效策略。

第七節　數字公民的挑戰：直面數碼鴻溝

一、數碼鴻溝

數碼鴻溝是指能夠充分獲得信息通信技術（ICT）的人與難以獲得或沒有信息通信技術的人之間的差距（Soomro et al.,

2020）。一些學者更進一步，認為這不僅是技術方面的差異，更是社會發展不均的表現，並在 21 世紀提出了「數字貧困」這一概念（Manduna, 2016; Setthasuravich & Kato, 2020）。

（一）第一層次的數字鴻溝：信息通信技術的獲取

數字鴻溝的概念可以追溯到 90 年代末，最初主要是指擁有計算機和互聯網接入的人與未能接入的人之間的二元劃分（Dewan & Riggins, 2005; Hoffman et al., 2000）。這種接入差距通常被稱為「第一層次數字鴻溝」，涉及到國家內部及國家間對新興信息通信技術的獲取不平等（Yu, 2011）。

在 90 年代末到 2000 年代初，關於數字鴻溝的研究主要集中在信息通信技術的物理獲取上，比如購買計算機或訂閱互聯網的能力。研究通常通過分析收入、教育、地理位置、性別和年齡等人口統計差異來探討數字使用中的不平等現象。然而，最近的研究則結合了教育水平、收入及性別角色等社會屬性，強調這些因素之間的相互聯繫（Fang et al., 2018）。

（二）第二層次的數字鴻溝：技能與使用

隨着對數字鴻溝的理解進一步深入，研究的重點逐漸轉向數字技能和使用的差異，這一轉換被稱為「第二層次數字鴻溝」（Dewan & Riggins, 2005; Hargittai, 2002; Van Dijk, 2005）。第二層次的數字鴻溝主要關注技術手段的使用自主性、使用模式以及技能上的不平等。

Van Dijk 與 Hacker（2003）及 Van Dijk（2005）提到，心理接入在這一層次的數字鴻溝中也扮演重要角色，因為它涉及到阻止個人使用特定技術的動機和願望。這可能與低自我效能、計算機焦慮及其他心理因素密切相關。

例如，Mubarak 與 Suomi（2022）發現，數字鴻溝對老年人在參與數字革命中構成了巨大挑戰。很多老年人在完成諸如購票、續訂公交卡或申請養老金等基本任務時面臨較大困難，因為許多系統已經數字化。另一個顯著的挑戰是，老年人普遍感受到社交網絡中的排斥感，他們需要掌握更多的數字技能才能與同齡人促進聯繫。

（三）第三層次的數字鴻溝：有益結果

然而，並非所有群體都能平等地從互聯網中受益，這種現象與第一層次和第二層次的數字鴻溝息息相關。用戶利用信息通信技術能力的不均等直接影響個人的結果和收益（Ragnedda, 2017）。隨着研究的深入，一個新的關注點興起，在此背景下，第三層次的數字鴻溝被提出，專注於有益結果的差距（Wei et al., 2011）。當數字技能和互聯網使用未能帶來積極效果時，便涉及到了第三層次的數字鴻溝（Van Deursen et al., 2016）。

數字鴻溝的概念經歷顯著的轉變，現已涵蓋信息通信技術的獲取、使用及結果的多重層面（Shakina et al., 2021）。例如，COVID-19 的爆發加速了在線學習在教育中的使用。儘管在線學習確保了在學校教育被打斷時學習的連續性，但實際上這種轉變也給教育不平等帶來了新的挑戰。一項關於疫情期間中國在線教育的研究指出，設備和網絡質量的差異、學生對在線學習的適應能力以及線下學習成果的差異構成了數字鴻溝。來自社會優勢群體的兒童在疫情期間更有可能維持學習表現，而處於劣勢的同齡人則更有可能經歷成果的惡化（Guo & Wan, 2022）。

二、數字鴻溝的影響因素

數字鴻溝的形成是多元因素共同作用的結果，以下是幾個關鍵影響因素：

（一）社會人口和社會經濟因素

社會人口因素包括年齡、種族 / 民族、性別、地理差異、城鄉維度、就業狀態以及收入等（Scheerder et al., 2017）。在這些變量中，教育水平被認為是與數字鴻溝聯繫最為密切的因素。例如，van Ingen 與 Matzat（2018）發現，在使用在線資源解決問題的能力與方式上，存在明顯的教育差異，這不僅影響數字鴻溝的第一層次，也影響第二層次和第三層次。

（二）個人因素

個人因素涵蓋信任、動機、隱私擔憂等，這些因素會影響個體的數字使用行為。Goncalves 等（2018）指出，個體的基本價值觀（如成就感、享樂主義等）對信息通信技術的接受與採用產生顯著影響。

（三）社會支持

社會支持指的是個人之間的幫助和互動（Welser et al., 2019）。研究表明，獲得社會支持與數字技能提升存在正相關，但 Helsper 等（2017）的研究指出，支持的質量比數量更為重要，這直接影響數字鴻溝的第二層次。

（四）技術類型

不同技術類型的使用對數字鴻溝也有重要影響。Correa 等（2020）發現，僅通過手機上網的人往往技能較低，其在線活動種類不如同時使用計算機的人多。Fernandez 等（2020）認為，與掌握更多種類的設備相比，單一借助手機上網的用戶在改善社會經濟狀況上較為乏力，這也構成了數字鴻溝的第三層次。

（五）數字培訓

數字培訓包括技能、ICT 培訓及參與在線學習社區等。

Chohan 與 Hu（2022）研究發現，ICT 培訓項目顯著提升了個體對電子政務應用的自我效能感，這在一定程度上彌補了第二層次的數字鴻溝。

（六）權利

公民自由、政治權利和網絡中立性與數字鴻溝的第一和第二層次密切相關。Pick 等（2021）的研究顯示，拉丁美洲國家公民自由的局限性直接影響了信息通信技術的採用和使用。

（七）基礎設施

與基礎設施相關的因素，如電力供應以及寬頻接入，也顯著影響數字鴻溝的形成。Reddick 等（2020）的研究表明，利潤導向的歧視行為可能導致一些特定地區無法獲得足夠的寬頻服務，而這些地區一般更容易被邊緣化。

（八）大規模事件：COVID-19

疫情的爆發使得許多數字鴻溝相關問題更加突出，例如設備的適用性、共享設備、互聯網流量擁堵等問題顯得尤為緊迫（Beaunoyer et al., 2020）。

三、數字公民的責任與挑戰

數字公民的概念是關於互聯網使用者在數字環境中所承擔的責任。Schuler（2002）將數字公民定義為「真正數字城市的特徵」，而 Mossberger 等（2011）則認為，數字公民是指那些定期有效使用互聯網的人。數字公民的身份與行動緊密相連，它涉及使用互聯網和其他數字技術的技能與知識，以負責任的方式參與社會和公民活動。這種負責任的行為不僅僅體現在個人的日常上網使用，更關乎如何安全、文明地與他人互動。

在學術界對數字公民的研究中，數字素養和數字能力是兩個主要焦點：

（一）數字素養（Digital literacy）

美國圖書館協會將數字素養定義為個體利用信息和通信技術的能力，包括查找、評估、創建和交流信息（Taylor & Jaeger, 2021）。數字素養不僅涉及技能的掌握，更強調安全性和有效性，需關注兒童和青少年的年齡與文化背景（Cao & Li, 2023）。Eshet-Alkalai（2012）提出的數字素養框架將其劃分為六個類別，包括視覺思維、實時思維、信息思維、分支思維、再現思維和社會情感思維。

（二）數字能力（Digital competence）

數字能力指的是在學習、工作及社會參與中自信、批判性和負責任地使用數字技術的能力。它不僅包括信息和數據素養、媒體素養，還涉及安全、解決問題和批判性思維（例如 DigComp 框架）。DigComp 框架為個人在各發展階段的能力發展提供了指導，確保個體能夠適應數字社會的要求。

拉闊數字公民概念的視野，不僅幫助我們理解數字鴻溝的多維性，也在一定程度上揭示了社會經濟發展與個體福祉之間密不可分的關係。因此，面對日益擴大的數字鴻溝，數字公民的培養與實踐顯得尤為重要，只有這樣，才能確保在技術迅猛發展的背景下，實現可持續的社會發展。

第八節　利用大腦特點的數字技術在教育領域的應用

隨着信息技術的飛速發展，我們生活中發生了翻天覆地的變化。從最終用戶的角度來看，我們已經經歷了三波主要的技術創新浪潮：個人電腦的推廣、互聯網的建設以及移動設備的普及。現在，技術的第四波浪潮正在圍繞沉浸式技術展開，其中虛擬現實（VR）和增強現實（AR）等新興技術變得愈加重要和普遍（Mystakidis, 2022）。

一、元宇宙

（一）概念定義

元宇宙這一詞由「Meta」（希臘語前綴，意為「後」「超越」）和「宇宙」兩部分組成，意指一個超越現實的宇宙，是一個持續存在的多用戶環境，融合了物理現實與數字虛擬世界的元素。該詞在 2021 年逐漸走入公眾視野，成為社交媒體與傳統媒體熱議的話題，並在《咬文嚼字》評選的年度十大流行語中榜上有名。元宇宙的概念最初出現在 1992 年美國作家尼爾・斯蒂芬森的科幻小說《雪崩》中。在這部小說中，斯蒂芬森描繪了一個與現實世界平行的虛擬世界——「元界」。在這個世界中，現實生活中的人們通過虛擬分身進行社交競爭，以提升自身的社會地位。

來自清華大學的沈陽教授認為，元宇宙是多種新技術整合而成的一種新型虛實相融合的網絡應用和社會形態。它基於擴展現實技術提供沉浸式體驗，並通過數字孿生技術構建現實世界的數字鏡像。此外，區塊鏈技術的應用使得虛擬世界與現實世界在經濟、社交及身份等方面緊密結合，允許用戶參與內容的生產與編輯。

「元宇宙」技術的核心特徵包括——（1）沉浸感：提供完全沉浸式體驗，讓用戶感受到身臨其境的感覺。（2）持久性：虛擬世界能夠持續不間斷地運行，使用戶能隨時進入。（3）互操作性：允許跨平台的數據和資產轉移。（4）社交互動：支持大規模的社交活動，用戶可以在虛擬空間中進行互動。（5）創造性：用戶不僅是內容的消費者，還能夠主動生成和管理活動。

（二）「元宇宙」技術如何改變教育

在教育領域，元宇宙被視為一個由相關技術增強的教育環境，融合了虛擬與現實教育的元素。通過社交 VR 的在線學習方式，更廣泛地應用基於遊戲的學習模式成為可能。這些提升學習動力的方法包括趣味設計、遊戲化教學與嚴肅遊戲，均可運用於在線課程的微觀、中觀或宏觀層面。

（1）宏觀層面：涵蓋整個課程的設計與評估，注重整體性與系統性。

（2）中觀層面：聚焦單個課程單位或特定項目，例如，可通過特定領域語言術語、比喻和美學元素增強趣味性，使課程內容更具吸引力。

（3）微觀層面：具體到一節課或學習活動（如作業），旨在提升學生的參與感和興趣。

總括而言，元宇宙技術利用趣味設計，可以營造輕鬆和富有創造性的學習文化，促進容納、主動性和實驗精神。在虛擬世界中，整個在線課程可被遊戲化並以多用戶在線遊戲的形式組織。基於現實模擬與密室逃脫的複雜認知遊戲可以在 VR 中開發，作為有效的補充資源與練習活動。VR 中的模擬與遊戲化體驗為學習者提供了實踐理論知識、應用設備與訓練複雜技能的機會，讓學習者能夠在錯誤中學習，而不需要承擔現實世界中可能出現的重大不良後果。

（三）元教育

元宇宙的教育創新潛力不可忽視。實驗室模擬（如安全培訓）、程序性技能發展（如手術）以及 STEM 教育是最早受益於 AR 和 VR 支持的教學領域之一。在這些領域，元宇宙展現了對培訓速度、表現與知識保留的顯著提升。

憑藉其能夠捕捉 360 度全景照片和體積球形視頻的能力，元宇宙在沉浸式新聞報道中的應用，使得大眾能夠準確客觀地了解遠程地點的情況和事件。此外，元宇宙支持的遠程教育新模式突破了傳統 2D 平台的限制，通過 3D 虛擬校園提供豐富的混合正式與非正式主動學習體驗。在這類環境中，學生不僅是虛擬空間的共同所有者，還能共同參與靈活且個性化課程的創造。

新的元教育模式 —— 由元宇宙推動的在線遠程教育，不僅能在 3D 虛擬校園中提供豐富的學習體驗，還能夠打破社交連接與非正式學習之間的界限。在元宇宙中，教室的物理存在不再是教育體驗的特權，虛擬環境中的參與者可以通過虛擬形象展現肢體語言與面部表情，使互動同樣高效。通過社交混合現實，元宇宙還能實現混合主動教學法，促進更深層次和持久的知識獲取。這一模式更重要的是，有望推動教育的民主化，使全球參與者在平等的基礎上，參與學習而不受地理限制的束縛。

二、腦機接口

腦機接口（BCI）技術是直接將大腦信號轉化為行動指令的技術，開放了與外部設備（如計算機和機械肢體）之間的直接通信。BCI 技術打破了傳統視覺、運動和語言交互方式的限制，實現了人類與物理環境之間的深度交互（Maiseli et al., 2023）。該技術提供了一種非肌肉的通訊方式，幫助獲取、操控、分析和轉換大腦信號以控制外部設備或應用程式。

BCI 系統由三個基本部分組成：信號採集、信號處理與應用。這些組成部分相互連接，協同工作，使得大腦信號能夠有效傳遞至 BCI 應用程式，從而實現目的。

（1）思維解碼：某些情緒或狀態變化如憤怒、呼吸頻率等可以通過身體表情顯現，但大部分思維則僅在內部表現。然而，當前技術尚無法準確解碼個體思維。在某些情況下，BCI

技術有望在提高測謊儀性能方面發揮作用，以解碼特定的思維狀態。

（2）擴展人類記憶：BCI 有潛力將人類思維上傳到計算機，以便更快地處理信息。科學家們發現大腦信號可以提取並轉換為反映人類預期行為的數據。未來的研究可能探索如何利用腦機接口獲取人類的行為和特徵。

（3）心靈感應通信：BCI 技術的另一潛力是實現無身體互動的交流，即心靈感應通信。雖然這一技術仍處於開發階段，但未來將在科學研究和工程領域找到更多應用。未來還需要進一步研究如何將腦機接口技術、物聯網技術與其他通信模式（如心智和心機接口）相結合，以探索人機通信的更多能力和功能。不過在取得所有這些技術進步的同時，還應堅持人道倫理原則。

（4）自動化和控制：BCI 技術在自動化和控制行業也顯示出巨大潛力。特別是在家庭自動化領域，BCI 能夠幫助身體有缺陷的人獨立生活，提升其日常活動的自主性。

（5）智能共享：BCI 技術是否能夠重新編程大腦，實現個人智能的共享仍待進一步研究。這需要對大腦的本質與功能有更深入的理解。

（6）大腦能量採集：人腦消耗約 20% 的全身能量預算，目前探索如何利用 BCI 技術從中提取能量供外部設備使用。

（7）局部腦機接口：為了提高信號處理的準確性，未來有可能依託 BCI 技術，聚焦於特定區域的信號採集，提升系統性能。

三、神經網絡與人工智能

人工神經網絡以生物神經網絡為基礎，通過連接的人工神經元模擬人腦學習過程。連接的強度可以通過學習進行調整，權重則在學習過程中依據監督反饋或獎勵信號而變化（Hasson et al., 2020）。

人工智能運用神經網絡的學習策略主要有：（1）機器學習，即專注於開發能夠從數據中學習和改進的算法，無需編程即可實現自動學習；（2）深度學習，即利用多層人工神經網絡模擬大腦的學習過程，能夠自動從原始數據中提取特徵。二者區別在於：機器學習更適用於結構化數據分析和統計預測，適合在較小數據集上學習；深度學習則在圖像識別、語音識別等領域應用多樣，適合處理海量數據。

總結來看，數字技術的不斷創新及與大腦特點的深入融合，正為教育領域帶來翻天覆地的變化。元宇宙的理念、腦機接口的應用以及人工智能的策略，共同構成了教育技術的新時代。將來的教育將不僅僅限於課堂的四面牆，而是跨越了地理與時間的限制，成為一場充滿挑戰與機遇的終身學習旅程。

章末小結

本章總結了數字時代科技、神經科學與教育之間的深刻關聯，揭示了如何在信息爆炸的背景下，優化學習過程並提升教育效果。數字技術的普及，既為學習提供了便利，也帶來了挑戰，尤其是在注意力、記憶力和認知能力方面。

首先，數字技術的飛速發展改變了我們獲取和處理信息的方式。儘管這些技術提升了教育的可及性和靈活性，但同時也暴露出過度依賴數字設備可能導致的認知負擔。例如，碎片化閱讀和多任務處理的行為，雖然在短期內看似提高了信息獲取的效率，卻可能損害深度學習和理解的能力。因此，了解數字技術的雙面性，對於教育工作者來說至關重要。

其次，注意力、記憶以及執行功能是人類有效學習的核心元素。本章探討了數字時代各種因素如何影響我們的注意力、記憶以及執行功能，包括節奏、設計和內容呈現等。為了應對這些挑戰，我們需要探索更有效的教學策略，例如採用基於項目的學習和互動式教學，以吸引學生的注意力，並促進深度理解。此外，利用數字工具設計沉浸式學習體驗，可以激發學生的學習興趣，使他們在主動參與中獲得知識。

再者，數字鴻溝作為教育領域的重大挑戰，也在本章中得到了強調。由於接入、技能和效益的差異，許多學生可能無法充分利用數字技術的優勢。教育者應關注如何縮小這一鴻溝，通過更為靈活和包容的教育策略，使所有學生都能在數字時代中獲得成功。這不僅關乎技術的培訓，也包括培養學生的批判性思維和媒體素養，使其能夠在信息豐富的環境中做出明智的選擇。

最後，我們展望了元宇宙、腦機接口和人工智能等前沿技術在教育中的潛在應用。這些技術有可能重塑學習體驗，為學習者提供個性化、互動式的教育方式。隨着技術的不斷演進，教育者需緊跟潮流，探索新的教學模式，以適應不斷變化的學習需求。

參考文獻

Arnold, M., Goldschmitt, M., & Rigotti, T. (2023). Dealing with information overload: A comprehensive review. *Frontiers in Psychology, 14*. https://doi.org/10.3389/fpsyg.2023.1122200

Beaunoyer, E., Dupéré, S., & Guitton, M. J. (2020). COVID-19 and digital inequalities: Reciprocal impacts and mitigation strategies. *Computers in Human Behavior, 111*, 106424. https://doi.org/10.1016/j.chb.2020.106424

Bergman, O., & Whittaker, S. (2016). *The Science of Managing Our Digital Stuff*. The MIT Press.

Bobadilla, J., Ortega, F., Hernando, A., & Gutiérrez, A. (2013). Recommender systems survey. *Knowledge-Based Systems, 46*, 109-132. https://doi.org/10.1016/j.knosys.2013.03.012

Büchi, M. (2024). Digital well-being theory and research. *New Media & Society, 26*(1), 172-189. https://doi.org/10.1177/14614448211056851

Cao, J., Luo, J., Zhou, J., & Jiang, Y.. (2024). Attention switching through text dissimilarity: A cognition research on fragmented reading behavior. *Frontiers in Human Neuroscience, 18*.

Cao, S., & Li, H. (2023). A scoping review of digital well-being in early childhood: Definitions, measurements, contributors, and interventions. *International Journal of Environmental Research and Public Health, 20*(4), 3510. https://doi.org/10.3390/ijerph20043510

Chen, Y., Li, M., Guo, F., & Wang, X. (2023). The effect of short-form video addiction on users' attention. *Behaviour & Information Technology, 42*(16), 2893-2910. https://doi.org/10.1080/0144929X.2022.2151512

Chen, Z., He, Q., Mao, Z., Chung, H.-M., & Maharjan, S. (2019). A study on the characteristics of douyin short videos and implications for edge caching. *Proceedings of the ACM Turing Celebration Conference - China*, 1-6. https://doi.org/10.1145/3321408.3323082

Chohan, S. R., & Hu, G. (2022). Strengthening digital inclusion through e-government: Cohesive ICT training programs to intensify digital competency. *Information Technology for Development, 28*(1), 16-38. https://doi.org/10.1080/02681102.2020.1841713

Correa, T., Pavez, I., & Contreras, J. (2020). Digital inclusion through mobile phones?: A comparison between mobile-only and computer users in internet access, skills and use. *Information, Communication & Society, 23*(7), 1074-1091. https://doi.org/10.1080/1369118X.2018.1555270

David, M. E., & Roberts, J. A. (2024). TikTok brain: An investigation of short-form video use, self-control, and phubbing. *Social Science Computer Review*. https://doi.org/10.1177/08944393241279422

Dewan, S., & Riggins, F. J. (2005). The digital divide: Current and future research directions. *Journal of the Association for Information Systems, 6*(12), 298-337.

Eshet-Alkalai, Y., & Soffer, O. (2012). Guest editorial - navigating in the digital era: Digital literacy: Socio-cultural and educational aspects. *Educational Technology & Society, 15*(2), 1-2.

Fang, M. L., Canham, S. L., Battersby, L., Sixsmith, J., Wada, M., & Sixsmith, A. (2018). Exploring privilege in the digital divide: Implications for theory, policy, and practice. *The Gerontologist, 59*(1), e1-e15.

Fernandez, L., Reisdorf, B. C., & Dutton, W. H. (2020). Urban internet myths and realities: A Detroit case study. *Information, Communication & Society, 23*(13), 1925-1946. https://doi.org/10.1080/1369118X.2019.1622764

Foehr, U. G. (2006). *Media Multitasking among American Youth: Prevalence, Predictors and Pairings.* Henry J. Kaiser Family Foundation.

Goncalves, G., Oliveira, T., & Cruz-Jesus, F. (2018). Understanding individual-level digital divide: Evidence of an African country. *Computers in Human Behavior, 87*, 276-291. https://doi.org/10.1016/j.chb.2018.05.039

Greeley, G. D., Peña, T., & Rajaram, S. (2022). Social remembering in the digital age: Implications for virtual study, work, and social engagement. *Memory, Mind & Media, 1*, e13. https://doi.org/10.1017/mem.2022.3

Guo, C., & Wan, B. (2022). The digital divide in online learning in China during the COVID-19 pandemic. *Technology in Society, 71*, 102122.

Hargittai, E. (2002). Second-level digital divide: Differences in people's online skills. *First Monday, 7.*

Hasson, U., Nastase, S. A., & Goldstein, A. (2020). Direct fit to nature: an evolutionary perspective on biological and artificial neural networks. *Neuron, 105*(3), 416-434.

Helsper, E. J., & van Deursen, A. J. A. M. (2017). Do the rich get digitally richer? Quantity and quality of support for digital engagement. *Information, Communication & Society, 20*(5), 700-714. https://doi.org/10.1080/1369118X.2016.1203454

Hoffman, D. L., Novak, T. P., & Schlosser, A. (2000). The evolution of the digital divide: How gaps in Internet access may impact electronic commerce. *Journal of Computer-Mediated Communication, 5*(3).

James, W. (1890). *The Principles of Psychology*, Volume 1. Henry Holt and Co, Inc.

Kobayashi, K., Oishi, N., Yoshimura, S., Ueno, T., Miyagi, T., Murai, T., & Fujiwara, H. (2020). Relationship between media multitasking and functional connectivity in the dorsal attention network. *Scientific Reports, 10*(1), 17992.

Kokoç, M. (2021). The mediating role of attention control in the link between multitasking with social media and academic performances among adolescents. *Scandinavian Journal of Psychology, 62*(4), 493-501.

Konrad, K., Neufang, S., Thiel, C. M., Specht, K., Hanisch, C., Fan, J., Herpertz-Dahlmann, B., & Fink, G. R. (2005). Development of attentional networks: An fMRI study with children and adults. *NeuroImage, 28*(2), 429-439.

Kumar Basak, S., Wotto, M., & Bélanger, P. (2018). E-learning, M-learning and D-learning: Conceptual definition and comparative analysis. *E-Learning and Digital Media, 15*(4), 191-216.

Li, H., Wu, D., Yang, J., Luo, J., Xie, S., & Chang, C. (2021). Tablet use affects preschoolers' executive function: fNIRS evidence from the dimensional change card sort task. *Brain Sciences, 11*(5), 567. https://doi.org/10.3390/brainsci11050567

Lin, H.-P., Chen, K.-L., Chou, W., Yuan, K.-S., Yen, S.-Y., Chen, Y.-S., et al. (2020). Prolonged touch screen device usage is associated with emotional and behavioral problems, but not language delay, in toddlers. *Infant behavior & development, 58*, 101424.

Lissitsa, S. (2015). Digital use as a mechanism to accrue economic capital: A Bourdieusian perspective. *Innovation: The European Journal of Social Science Research, 28*(4), 464-482. https://doi.org/10.1080/13511610.2015.1081557

Livingstone, S. (2024). Reflections on the meaning of "digital" in research on adolescents' digital lives. *Journal of Adolescence, 96*(4), 886-891.

Luo, J., Li, H., Yeung, P. sze, & Chang, C. (2021). The association between media multitasking and executive function in Chinese adolescents: Evidence from self-reported, behavioral and fNIRS data. *Cyberpsychology, 15*(2), 1-19. https://doi.org/10.5817/CP2021-2-8

Ma, Y., & Hu, Y. (2021). Business model innovation and experimentation in transforming economies: ByteDance and TikTok. *Management and Organization Review, 17*(2), 382-388. https://doi.org/10.1017/mor.2020.69

Maiseli, B., Abdalla, A. T., Massawe, L. V., Mbise, M., Mkocha, K., Nassor, N. A., Ismail, M., Michael, J., & Kimambo, S. (2023). Brain-computer interface: Trend, challenges, and threats. *Brain Informatics, 10*(1), 20.

Manduna, W. (2016). Empirical Study of Digital Poverty: A Case Study of a University of Technology in South Africa. *Journal of Communication, 7*(2), 317-323.

Marcus, G. (2009). How does the mind work? Insights from biology. *Topics in Cognitive Science, 1*(1), 145-172. https://doi.org/10.1111/j.1756-8765.2008.01007.x

Mayer, R. E. (2024). The past, present, and future of the cognitive theory of multimedia learning. *Educational Psychology Review*, *36*(1), 8. https://doi.org/10.1007/s10648-023-09842-1

McNeill, J., Howard, S. J., Vella, S. A., & Cliff, D. P. (2019). Longitudinal associations of electronic application use and media program viewing with cognitive and psychosocial development in preschoolers. *Academic Pediatrics, 19*(5), 520-528. https://doi.org/10.1016/j.acap.2019.02.010

Moos, D. C., & Marroquin, E. (2010). Multimedia, hypermedia, and hypertext: Motivation considered and reconsidered. *Computers in Human Behavior, 26*(3), 265-276.

Mossberger, K., Tolbert, C. J., & McNeal, R. S. (2011). *Digital Citizenship: The Internet, Society, and Participation*. The MIT Press.

Mubarak, F., & Suomi, R. (2022). Elderly forgotten? Digital exclusion in the information age and the rising grey digital divide. *INQUIRY: The Journal of Health Care Organization, Provision, and Financing, 59*, 00469580221096272.

Mystakidis, S.. (2022). Metaverse. *Encyclopedia, 2*(1), 486-497.

Okray, Z., Jacob, P. F., Stern, C., Desmond, K., Otto, N., Talbot, C. B., Vargas-Gutierrez, P., & Waddell, S. (2023). Multisensory learning binds neurons into a cross-modal memory engram. *Nature, 617*(7962), 777-784. https://doi.org/10.1038/s41586-023-06013-8

Örün, Ö., & Akbulut, Y. (2019). Effect of multitasking, physical environment and electroencephalography use on cognitive load and retention. *Computers in Human Behavior, 92*, 216-229.

Pariser, E. (2011). *The Filter Bubble: What the Internet is Hiding from You.* Penguin Press.

Perone, S., Molitor, S. J., Buss, A. T., Spencer, J. P., & Samuelson, L. K. (2015). Enhancing the executive functions of 3-year-olds in the dimensional change card sort task. *Child Development, 86*(3), 812-827. https://doi.org/10.1111/cdev.12330

Pick, J., Sarkar, A., & Parrish, E. (2021). The Latin American and Caribbean digital divide: A geospatial and multivariate analysis. *Information Technology for Development, 27*(2), 235-262. https://doi.org/10.1080/02681102.2020.1805398

Portugal, A. M., Bedford, R., Cheung, C. H. M., Mason, L., & Smith, T. J. (2021). Longitudinal touchscreen use across early development is associated with faster exogenous and reduced endogenous attention control. *Scientific Reports, 11*(1), 2205. https://doi.org/10.1038/s41598-021-81775-7

Prindle, C. R., Orchanian, N. M., Venkataraman, L., & Nuckolls, C. (2024). Short-form videos as an emerging social media tool for STEM edutainment. *Journal of Chemical Education, 101*(3), 1319-1324. https://doi.org/10.1021/acs.jchemed.3c01185

Pujol, J., Mart í nez-Vilavella, G., Macià, D., Fenoll, R., Alvarez-Pedrerol, M., Rivas, I., Forns, J., Blanco-Hinojo, L., Capellades, J., Querol, X., Deus,

J., & Sunyer, J. (2016). Traffic pollution exposure is associated with altered brain connectivity in school children. *NeuroImage, 129*, 175-184. https://doi.org/10.1016/j.neuroimage.2016.01.036

Radu Mutihac (2017). Essentials in brain connectivity. *Journal of Neurology and Clinical Neuroscience,1*(1), 9-15.

Ragnedda, M. (2017). *The Third Digital Divide: A Weberian Approach to Digital Inequalities*. Abingdon: Routledge.

Reddick, C. G., Enriquez, R., Harris, R. J., & Sharma, B. (2020). Determinants of broadband access and affordability: An analysis of a community survey on the digital divide. *Cities, 106*, 102904. https://doi.org/10.1016/j.cities.2020.102904

Richter, A., & Courage, M. L. (2017). Comparing electronic and paper storybooks for preschoolers: Attention, engagement, and recall. *Journal of Applied Developmental Psychology, 48*, 92-102. https://doi.org/10.1016/j.appdev.2017.01.002

Scheerder, A., van Deursen, A., & van Dijk, J. (2017). Determinants of Internet skills, uses and outcomes. A systematic review of the second- and third-level digital divide. *Telematics and Informatics, 34*(8), 1607-1624. https://doi.org/10.1016/j.tele.2017.07.007

Schuler, D. (2002). Digital cities and digital citizens. In *Digital Cities II: Computational and Sociological Approaches* (Lecture Notes in Computer Science, vol. 2362, pp. 71-85).

Setthasuravich, P., & Kato, H. (2020). The mediating role of the digital divide in outcomes of short-term transportation policy in Thailand. *Transport Policy, 97*, 161-171.

Shakina, E., Parshakov, P., & Alsufiev, A. (2021). Rethinking the corporate digital divide: The complementarity of technologies and the demand for digital skills. *Technological Forecasting and Social Change, 162*, 120405.

Small, G. W., Lee, J., Kaufman, A., Jalil, J., Siddarth, P., Gaddipati, H., Moody, T. D., & Bookheimer, S. Y. (2020). *Brain health consequences of digital technology use. Dialogues in Clinical Neuroscience, 22*(2), 179-187.

Soomro, K. A., Kale, U., Curtis, R., Akcaoglu, M., & Bernstein, M. (2020). Digital divide among higher education faculty. *International Journal of Educational Technology in Higher Education, 17*(1), 1-16.

Sparrow, B., Liu, J., & Wegner, D. M. (2011). Google effects on memory: Cognitive consequences of having information at our fingertips. *Science, 333*(6043), 776-778.

Stamenković, I., Đukić, T., & Aleksić, D. (2018). The phenomenon of media multitasking in the digital media era. *Facta Universitatis, Series: Teaching, Learning and Teacher Education, 2*(1), 71-83.

Su, C., Zhou, H., Wang, C., Geng, F., & Hu, Y. (2021). Individualized video recommendation modulates functional connectivity between large scale networks. *Human Brain Mapping, 42*(16), 5288-5299.

Sweller, J. (2023). The development of cognitive load theory: Replication crises and incorporation of other theories can lead to theory expansion. *Educational Psychology Review, 35*(4), 95.

Tian, Y., Yang, M., Zhang, L., Zhang, Z., Liu, Y., Xie, X., Que, X., & Wang, W. (2023). View while moving: Efficient video recognition in long-untrimmed videos. *Proceedings of the 31st ACM International Conference on Multimedia*, 173-183. https://doi.org/10.1145/3581783.3612035

Tulinayo, F. P., Ssentume, P., & Najjuma, R. (2018). Digital technologies in resource constrained higher institutions of learning: a study on students' acceptance and usability. *International Journal of Educational Technology in Higher Education, 15*(1), 1-19.

Van Der Schuur, W. A., Baumgartner, S. E., Sumter, S. R., & Valkenburg, P. M. (2015). The consequences of media multitasking for youth: A review. *Computers in Human Behavior, 53*, 204-215.

Van Deursen, A. J., Helsper, E. J., & Eynon, R. (2016). Development and validation of the Internet Skills Scale (ISS). *Information, Communication & Society, 19*(6), 804-823.

Van Dijk, J. A. (2005). *The Deepening Divide: Inequality in the Information Society.* Sage Publications.

Van Dijk, J., & Hacker, K. (2003). The digital divide is a complex and dynamic phenomenon. *Information Society, 19*(4), 315-326.

van Ingen, E., & Matzat, U. (2018). Inequality in mobilizing online help after a negative life event: The role of education, digital skills, and capital-enhancing Internet use. *Information, Communication & Society, 21*(4), 481-498. https://doi.org/10.1080/1369118X.2017.1293708

van Merriënboer, J. J. G., & Sweller, J. (2005). Cognitive load theory and complex learning: Recent developments and future directions. *Educational Psychology Review, 17*(2), 147-177.

Vannest, J. J., Karunanayaka, P. R., Altaye, M., Schmithorst, V. J., Plante, E. M., Eaton, K. J., Rasmussen, J. M., & Holland, S. K. (2009). Comparison of fMRI data from passive listening and active-response story processing tasks in children. *Journal of Magnetic Resonance Imaging, 29*(4), 971-976.

Vega, V. (2009). Seminar on the impacts of media multitasking on children's learning & development. Report from a research seminar. Palo Alto, CA: Stanford University.

Wei, K. K., Teo, H. H., Chan, H. C., & Tan, B. C. (2011). Conceptualizing and testing a social cognitive model of the digital divide. *Information Systems Research, 22*(1), 170-187.

Welser, H. T., Khan, M. L., & Dickard, M. (2019). Digital remediation: Social support and online learning communities can help offset rural digital inequality. Information, *Communication & Society, 22*(5), 717-723. https://doi.org/10.1080/1369118X.2019.1566485

Wu, D., Dong, X., Liu, D., & Li, H. (2024). How early digital experience shapes young brains during 0-12 years: A scoping review. *Early Education and Development, 35*(7), 1395-1431.

Wu, Y., Wang, X., Hong, S., Hong, M., Pei, M., & Su, Y. (2021). The relationship between social short-form videos and youth's well-being: It depends on usage types and content categories. *Psychology of Popular Media, 10*(4), 467-477. https://doi.org/10.1037/ppm0000292

Xie, J., Xu, X., Zhang, Y., Tan, Y., Wu, D., Shi, M., & Huang, H. (2023). The effect of short-form video addiction on undergraduates' academic procrastination: a moderated mediation model. *Frontiers in Psychology, 14*, 1298361.

Xu, S., Wang, Z., & David, P. (2022). Social media multitasking (SMM) and well-being: Existing evidence and future directions. *Current Opinion in Psychology, 47*, 101345.

Yasseri, T., Gildersleve, P., & David, L. (2022). Collective memory in the digital age. In S. M. O'Mara (Ed.), *Progress in Brain Research* (vol. 274, pp. 203-226). Elsevier. https://doi.org/10.1016/bs.pbr.2022.07.001

Yu, L. (2011). The divided views of the information and digital divides: A call for integrative theories of information inequality. *Journal of Information Science, 37*(6), 660-679. https://doi.org/10.1177/0165551511426246

Yue, H., Yang, G., Bao, H., Bao, X., & Zhang, X. (2024). Linking negative cognitive bias to short-form video addiction: The mediating roles of social support and loneliness. *Psychology in the Schools*.

Zelazo, P. D. (2006). The Dimensional Change Card Sort (DCCS): A method of assessing executive function in children. *Nature Protocols, 1*(1), 297-301. https://doi.org/10.1038/nprot.2006.46

Zhang, X., Wu, Y., & Liu, S. (2019). Exploring short-form video application addiction: Socio-technical and attachment perspectives. *Telematics and Informatics, 42*, 101243. https://doi.org/10.1016/j.tele.2019.101243

中華人民共和國教育部（2018 年 4 月 18 日）。教育部關於印發《教育信息化 2.0 行動計劃》的通知。中華人民共和國教育部。取自 http://www.moe.gov.cn/srcsite/A16/s3342/201804/t20180425_334188.html

中國互聯網絡信息中心（CNNIC）（2024 年 3 月 22 日）。第 53 次《中國互聯網絡發展狀況統計報告》發佈 互聯網激發經濟社會向「新」力（大數據觀察）。中央網絡安全和信息化委員會辦公室。取自 https://www.cac.gov.cn/2024-03/25/c_1713038218396702.htm

第八章

教育神經科學研究、數據分析與報告

吳丹丹

本章導讀

本章主要探討教育神經科學的研究方法、數據分析及結果報告的重要性與實踐。教育神經科學研究旨在揭示大腦在學習過程中的活動模式，提供基於科學的證據，幫助優化教育實踐與學習環境。從腦部活動的神經機制到有效的教學策略，研究者通過各種途徑尋求了解大腦如何對不同的學習任務作出反應。

章節提到，Roediger 等在其著作中將神經科學與教育結合比喻為一座「遙遠的橋」，強調需要多層面的基礎結構以促進這一領域的發展。這一理論為教育者提供了分析與應用神經科學研究成果的框架，以增強教學效果和學生的學習經驗。本章進一步強調，從提出研究問題到進行數據分析與結果報告的完整流程，包括倫理審查在內的各個方面都是保證研究有效性與科學性的關鍵要素。

通過結合多種數據收集方法，如行為實驗、腦成像技術（fMRI、EEG 等），以及問卷調查等，研究者能夠全面了解學習過程中大腦的變化與活動。但是，數據收集過程中的倫理問題顯得尤為重要，尤其是在涉及兒童及脆弱群體的研究中，確保參與者的知情同意和隱私保護是不可忽視的基本原則。

本章的具體內容涵蓋了研究問題的提出、假設的構建，以及數據的詳細分析方法，提倡研究者通過規範的學術訓練提升他們的研究能力與寫作水平。除了理論探討，章末還通過示例說明教育神經科學研究的實際應用場景，展示其如何推動教育實踐的發展和改進。綜上所述，教育神經科學的研究不僅為我們提供了深刻的理論洞見，更為教育實踐的實際應用提供了堅實的理論支持和科學依據。

第一節　教育神經科學研究中的研究問題與假設

在教育神經科學研究中，提出有意義的問題是研究成功的關鍵步驟，因為它直接影響研究的方向、設計以及最終的科學貢獻。首先，有意義的問題為研究提供了明確的方向，使研究者能夠集中精力解決特定的問題。這一特性有助於避免研究過程中的迷失與資源浪費。例如，當研究者清晰地界定研究主題與目標時，所耗費的時間和人力將被有效利用，資源的配置也會顯得更加合理。在教育神經科學這個交叉學科的研究中，研究者常常處於知識的邊緣，面對教育實踐與神經科學理論之間的鴻溝，有意義的問題能幫助他們找到立足點，使他們集中注意力在特定的領域，有助於避免研究方向的偏離。

其次，有意義的問題能夠有效指導研究設計。研究問題不僅決定了研究的總體架構，還影響到具體的操作細節，包括選擇甚麼樣的數據收集工具和分析方法。例如，如果研究問題明確指出需要使用功能性磁共振成像（fMRI）技術來觀察大腦活動，那麼這將直接影響實驗的設計、受試者的選擇，以及數據分析的處理流程（De Smedt, 2018）。這樣的指導作用使得研究者在不同階段都能夠依據研究問題進行合理的決策，從而增強研究的科學性與系統性。

再者，有意義的問題通常與實際的教育實踐緊密相關，能夠直接解決教育中的具體問題。例如，如何利用神經科學技術提高學生的學習效果，這不僅有助於理論的發展，一旦這些理論獲得實驗支持，還能為教育實踐提供科學依據（Howard-Jones, 2014）。確立與教育實踐密切關聯的研究議題，能夠使研究成果得以迅速轉化為可實施的教育策略，為教育工作者提供實質性的支持，包括如何更好地設計課程、選擇有效的教學方法以及創造促進學習的環境。

最後，通過提出和回答有意義的問題，研究者可以檢驗與發展現有理論，推動學術的進步。例如，研究雙語教育對認知靈活性的影響，可以對關於雙語優勢的理論進行驗證和擴展（Bialystok, 2011）。這種形式的反饋不僅有利於理論的鞏固，還能夠為新的研究方向提供啟示，推動學科的不斷演進。同時，通過對特定問題的深入研究，能夠打開新的研究視角，促使研究者重新審視已有的理論框架，產生新的假設與研究問題。

一、教育神經科學中研究問題的特點

（一）跨學科性

教育神經科學研究結合了教育學和神經科學的知識，這一特色使得研究問題往往涉及這兩個領域的交叉點。例如，如何利用神經科學的技術來提升學生的學習效果（Howard-Jones, 2014），這樣的研究不僅可以解釋教育現象，更能通過神經科學的視角揭示學習的生物基礎。跨學科的性質使得研究者必須具備一定的專業知識，能夠了解和整合來自不同領域的信息和觀點。

（二）實際應用性

研究問題應具有實際應用價值，能夠解決教育實踐中的具體問題。例如，研究雙語教育對學生認知靈活性的影響（Li et al., 2023），不僅關注理論的發展，更為教育實踐帶來切實影響。這類研究問題使得研究者能夠關注教育中存在的實際困難，提供科學的解決方案。在實踐中，研究者還可以通過與教育工作者的密切合作，實時反饋研究問題的相關性與重要性，從而增強研究結果的實際應用價值。

（三）明確性與具體性

研究問題需要明確且具體，避免過於寬泛或模糊。優秀的研究問題能夠清晰地指向研究的核心內容與目標（Thomas et al., 2019），例如，一個針對特定年齡段的學生群體設計的研究問題，將比泛泛而談的問詢更具指導意義。明確具體的研究問題有助於定義研究的範圍，確保研究的目標清晰，避免在研究過程中出現方向性偏差。

（四）可操作性

研究問題應具備可操作性，能夠通過實驗或觀察進行驗證。比如，研究學生在不同教學方法下的大腦活動變化（De Smedt, 2018）可以通過參與者的腦成像技術加以驗證，這種可操作性確保研究者能夠在實際的研究中獲取數據支持與驗證研究假設，使研究結果更加具可信性與可靠性。

（五）基於理論與文獻

研究問題應根植於已有的理論和文獻基礎之上，確保其科學性與合理性。通過閱讀與分析已有的研究成果，研究者能夠及時了解該領域中的研究熱點與空白，為研究的設計提供理論依據。例如，文獻對雙語教育的潛在益處的探討，為研究者設立新的研究問題提供了有力支持。

（六）創新性

研究問題應具備創新性，能夠填補現有研究的空白或提出新的視角。探討新興神經科學技術在教育中的應用，可能引領新的發現和突破（Thomas et al., 2019），這樣的創新性不僅體現在問題的提出上，更在於通過實驗方法或技術手段的創新提升研究的深度和廣度。

二、研究主題的確定

確定研究主題是教育神經科學研究的第一步。研究者在選擇研究主題時，應基於多個因素進行綜合考量：

（1）個人興趣和專業背景：研究者應選擇自己感興趣且具備一定專業知識的領域。這不僅有助於保持研究工作的動力，還能利用已有的知識基礎（De Smedt, 2018）。例如，如果研究者對學習能力與認知功能的關係感興趣，他們可能會更傾向於從神經科學角度探討這一主題，從而在研究過程中保持積極的狀態與高效的生產力。

（2）文獻綜述：通過系統的文獻綜述，研究者能夠了解當前研究的熱點與空白，從而確定具有學術價值和實際意義的研究主題（Thomas et al., 2019）。這種方式不僅能夠幫助研究者收集現有理論的相關信息，也能夠激發新的研究思路，使其能夠在已有理論的框架內開展更加深入的探討。

（3）教育實踐需求：研究主題應與教育實踐緊密相關，能夠解決實際教學中的問題。例如，研究如何利用神經科學技術提高學生的學習效果（Howard-Jones, 2014），這樣能夠確保研究成果具備較強的現實意義，能夠直接為教育工作者提供實用的指導和建議。

三、研究問題的定義與重要性

研究問題是研究者在研究過程中試圖回答的具體問題。明確的研究問題是成功開展研究的前提，它有助於引導整個研究過程，包括研究設計、數據收集和數據分析。研究問題的重要性體現在以下幾個方面：

（1）明確研究方向：研究問題為研究提供了明確的方向，使研究者能夠集中精力解決特定的問題（Thomas et al., 2019）。這一點在教育神經科學研究中顯得尤為重要，研究者常常需要在教育及神經科學理論與方法之間進行選擇，因此，明確的研究問題可以幫助他們在決策時保持聚焦。

（2）指導研究設計：研究問題決定了研究的方法與設計，包括選擇何種數據收集工具和分析方法（De Smedt, 2018）。研究者在設計實驗時，必須考慮研究問題的特性，以確保所設定的實驗是合理且有效的。

（3）提高研究的實用性：一個好的研究問題應具有實際應用價值，能夠為教育實踐提供科學依據（Howard-Jones, 2014）。這使得教育神經科學不僅僅是理論的探討，更是對實際教育實踐產生積極影響的重要途徑。

四、基於研究問題提出合理的研究假設

在教育神經科學研究中，假設是一種關於研究問題的暫時性解釋或預測，是研究者基於已有知識和理論提出的待驗證的陳述。有效的假設在研究中具有多重作用：

（1）指導研究設計：假設為研究設計提供了方向，使研究者能夠選擇合適的研究方法和數據分析技術（Kumar, 2023）。研究者在制定研究計劃時，需依據假設決定所採用的數據收集和分析方式，以確保研究的系統性和嚴謹性。

（2）提供驗證標準：假設為研究結果的驗證提供了標準，使研究者能夠通過數據分析驗證假設的正確性（Campbell, 2011）。通過對數據的分析，研究者可將實驗結果與假設進行對比，檢驗預設的學術理論。

（3）促進理論發展：通過驗證假設，研究者可以檢驗和發展現有理論，推動學術進步（Howard-Jones, 2014）。科研工作者在不斷驗證假設的過程中，可以發現理論中的不足之處，從而提出新的理論框架。

五、如何構建有效的假設

構建有效的假設需要遵循以下幾個步驟：

（1）明確變量：假設應明確指出研究中的自變量和因變量。例如在探討雙語教育對認知靈活性的影響時，自變量是教育類型（雙語或單語），因變量是認知靈活性（Kumar, 2023）。

（2）基於理論和文獻：假設應基於已有的理論與文獻，確保其科學性、合理性。例如，基於已有研究，假設雙語教育能夠提高學生的認知靈活性（Bialystok, 2011），這種建立在前人基礎之上的假設，能夠確保提出的研究假設具備專業性與實證基礎。

（3）可測試性：假設應具有可測試性，能夠通過實驗或觀察進行驗證。例如，假設雙語者在認知轉換任務中的表現優於單語者，可以通過實驗進行驗證（Li et al., 2023），可操作性的假設使得研究者能夠在實驗設計中將其明確為研究目標。

六、預測的制定與驗證

預測是基於假設對研究結果的具體預期。制定與驗證預測的步驟如下：

（1）制定預測：基於假設，研究者應明確具體的預測。例如，假設雙語教育能夠提高認知靈活性，預測雙語者在認知轉換任務中的表現優於單語者（Howard-Jones, 2014）。

（2）設計實驗：設計實驗以驗證預測，實驗設計應包括對照組和實驗組，以確保數據的可靠性與有效性（De Smedt, 2018）。

（3）數據收集與分析：通過實驗收集數據，並使用適當的統計方法進行分析。例如，可以使用獨立樣本 t 檢驗比較雙語組和單語組在認知轉換任務中的表現（Li et al., 2023）。

（4）驗證預測：根據數據分析結果驗證預測。如果數據支持預測，假設則成立；反之，則需要修正或重新提出假設（Kumar, 2023）。驗證這一過程不僅有助於檢驗假設的有效性，更在一定程度上推動了新理論的形成與發展。

總結而言，在教育神經科學研究中，研究問題與假設的制定是整個研究過程的基礎。通過明確的問題設定與假設構建，研究者能夠有效地進行教學實踐的探討，推動教育方法的改進與提升。隨着教育神經科學技術的進一步發展，未來的研究將更加依賴科學的理論框架與實證支持，為教育實踐的探索打開新的視角與可能性。

第二節　教育神經科學研究的數據收集

人類腦神經科學研究中的數據收集方法多種多樣，涵蓋了從行為實驗到先進的腦成像技術。教育神經科學研究的數據收集，主要目的是通過腦成像技術來記錄與學習有關的生物證據。這些技術能夠捕捉並可視化大腦活動，為我們理解學習過程提供重要的生理基礎。

一、數據收集的特點

教育神經科學研究的數據收集需要滿足以下幾個主要特點：

（一）高空間分辨率

腦成像技術，如功能性磁共振成像（fMRI）和正電子發射斷層掃描（PET），具有高空間分辨率，能夠精確定位大腦中不同區域的活動。這種能力使得研究人員可以觀察到特定學習任務激活的腦區，從而了解這些區域在學習過程中的作用。例如，通過 fMRI，研究者可以識別在閱讀或計算時哪些腦區域活躍，進而分析這些區域與學習能力之間的關係。

（二）高時間分辨率

腦電圖（EEG）和腦磁圖（MEG）等技術具有高時間分辨率，能夠捕捉大腦活動的快速變化。這對於研究學習過程中瞬時的神經活動非常重要，例如在記憶形成或問題解決時的腦電波變化。EEG 可以在毫秒級別捕捉大腦反應，對於理解學習過程中的動態變化至關重要。

（三）非侵入性技術

大多數腦成像技術都是非侵入性的，不會對被試造成傷害。這使得研究人員可以在自然和安全的條件下進行長期研究，觀察學習過程中的大腦變化。這樣的非侵入性特性也使得研究者能夠在真實的教育環境中進行實驗，增加研究結果的外部有效性。

（四）多模態數據整合

教育神經科學研究中的一個重要發展是多模態數據整合。通過結合不同的腦成像技術，研究人員可以獲得更全面的腦活動數據。例如，將 fMRI 的高空間分辨率與 EEG 的高時間分辨率結合，可以同時了解大腦活動的具體位置和時間動態。這種方法能更好地揭示學習過程中的複雜神經機制，有助於形成更全面的理論模型。

（五）生物標誌物識別

腦成像技術可以識別與學習相關的生物標誌物，如特定腦區的血氧水平變化或神經遞質的分佈。這些生物標誌物提供了直接的證據，幫助研究人員理解學習如何在大腦中實現，並驗證不同教學方法的有效性。這種識別能力使得教育神經科學研究能夠朝着更精細化的方向發展。

（六）實時監測與反饋

一些腦成像技術，如近紅外光譜（NIRS），可以實時監測大腦活動，並提供即時反饋。這對於研究動態學習過程、即時調整教學策略非常有用。例如，教育工作者可以根據學生在課堂學習過程中的腦活動設定適應性教學策略，提高教學效果。

二、主要的數據收集方法及其應用

在教育神經科學研究中，常用的數據收集方法包括以下幾種：

（一）行為實驗

行為實驗是神經科學研究中最基礎的方法之一。通過設計特定的任務和實驗，研究人員可以觀察和記錄被試的行為反應。比如，在研究學習策略時，可以設計要求被試完成不同類型的任務，通過比較不同任務下的反應時間、準確率及錯誤類型來分析學習效率。這些實驗通常在受控環境下進行，以確保數據的可靠性和有效性。行為實驗不僅有助於理解大腦功能的生理基礎，也能為教學實踐提供實際指導。

（二）問卷調查

問卷調查是一種常見的自我報告方法，用於收集被試的主觀體驗和感受。問卷可以評估情緒、認知狀態、生活質量等多個方面。在教育神經科學的研究中，問卷調查可以用來了解學生在學習過程中的情感反應及其對學習策略的看法，幫助研究者獲取大量的定量數據。儘管問卷調查的數據可能受到被試主觀因素的影響，但它仍然是獲取大規模數據的有效手段。

（三）腦電圖

腦電圖（EEG）是一種記錄大腦電活動的技術。通過在頭皮上放置電極，EEG 能夠捕捉到大腦在不同任務和狀態下的電信號。EEG 的高時間分辨率使其適合研究動態認知過程（Luck,

2014）。例如，研究人員可以通過 EEG 觀察學生在解決數學問題時的腦電波變化，分析其中的認知過程。雖然 EEG 設備相對便攜、成本較低，但其空間分辨率較低，難以精確定位信號來源，因此通常與其他技術結合使用，以提高結果的準確性。

（四）功能性磁共振成像

功能性磁共振成像（fMRI）是一種非侵入性腦成像技術，通過檢測腦血流變化來反映大腦活動。fMRI 具有較高的空間分辨率，可以準確定位大腦活動區域，因此廣泛應用於研究大腦的功能區域（Logothetis, 2008）。例如，fMRI 技術可以用於研究不同學習任務如語言理解與數學運算時，大腦特定區域的激活情況。不過，由於 fMRI 的時間分辨率較低，且設備昂貴、操作複雜，通常用於靜態任務的研究，因此在動態學習過程中，研究者往往需要結合其他技術來獲得更全面的結果。

（五）近紅外光譜

近紅外光譜（NIRS）是一種利用近紅外光穿透頭皮和顱骨來測量腦血氧變化的技術。相對於 fMRI，NIRS 具有便攜性強、操作簡便的優點，因此適用於嬰幼兒和行動不便的被試。NIRS 在教育神經科學中的應用，特別適用於探討學習過程中的大腦活動，因為它能夠在相對輕鬆的環境中進行數據收集。然而，NIRS 的空間分辨率和信號穿透深度有限，主要用於研究大腦皮層的活動。

（六）正電子發射斷層掃描

正電子發射斷層掃描（PET）是一種通過注射放射性示蹤劑來測量腦代謝和神經遞質活動的技術。PET 可以提供大腦功能的詳細圖像，尤其適用於研究神經傳遞物質的減弱、腦部疾病或特定的神經功能障礙。然而，由於涉及放射性物質，PET 的應用受到一定限制，通常在臨床研究和疾病診斷中使用。儘管 PET 在教育神經科學中的應用相對較少，但它對於理解大腦中更複雜的生物過程仍具有重要價值。

（七）腦磁圖

腦磁圖（MEG）是一種記錄大腦磁場活動的技術，憑藉其高時間和空間分辨率，能夠精確定位和實時監測大腦活動。MEG 的獨特優勢在於它可以提供較為完整的腦活動圖譜，使研究人員能夠深入了解大腦的功能連接及相互作用。這種技術雖然設備昂貴且操作複雜，但在研究大腦功能連接和神經網絡方面具有獨特的優勢。MEG 特別適用於揭示大腦各區域之間的時間同步性，對於理解學習和行為的神經機制具有重要的研究價值。

（八）皮膚電反應

皮膚電反應（GSR）是一種測量皮膚電導變化的技術，反映了自主神經系統的活動，尤其是與情緒和生理狀態相關的變化。GSR 常用於研究情緒和應激反應。通過記錄皮膚電導的變化，研究人員可以推測被試的情緒狀態和心理反應。在教育神經科學研究中，GSR 可用於了解學生在面對考試或評估時的情緒和壓力水平，幫助教育者識別學生的情感需求。

（九）眼動追蹤

眼動追蹤技術通過記錄眼球運動軌跡來研究視覺注意和信息處理。這種技術可以提供關於注視點、注視時間和眼球運動模式的數據（Holmqvist et al., 2011）。廣泛應用於認知心理學、市場研究和人機交互等領域的眼動追蹤，是教育神經科學探討學生注意力與學習效果之間關係的重要工具。例如，通過分析學生閱讀時的眼動模式，研究人員能夠了解哪些文本結構對學習更有效，從而改進教材的設計。

（十）多模態數據整合

在現代神經科學研究中，單一數據收集方法往往無法全面揭示大腦的複雜功能。因此，研究人員常常採用多模態數據整合的方法，將不同技術的數據結合起來，以獲得更全面和深入的理解。例如，將 EEG 和 fMRI 結合使用，可以同時獲得高時間分辨率和高空間分辨率的數據，從而更準確地描述大腦活動。這種綜合性方法特別適合研究教育系統中的複雜現象，如學生在學習過程中的情緒變化如何影響認知負荷與學習效率。

三、倫理問題與數據質量控制

在進行數據收集時，倫理問題和數據質量控制是教育神經科學研究中不可忽視的重要環節。研究者應確保所有參與者在自願的基礎上參與研究，並取得知情同意，尤其是在針對兒童的研究中，必須有監護人的同意。此外，數據的匿名性和安全性也應在研究設計階段予以重視。此外，有效的數據質量控制措施，如校準和標準化的設備設置和實驗環境，以及數據處理和分析的規範操作，能確保獲取的數據既準確又可靠，有助於提高研究的科學性。

隨着技術的不斷進步，腦神經科學研究中的數據收集方法也在不斷發展。例如，便攜式腦成像設備的出現，使得在自然環境中進行研究成為可能；而人工智能和機器學習技術的應用，提升了數據分析的效率和準確性。未來，數據收集方法將更加多樣化和智能化，為腦神經科學研究帶來新的機遇和挑戰。同時，人們對教育方法與學習過程之間關係的理解將更加深入，相關研究結果可能在教育實踐中產生積極影響，為實現個性化教育提供科學依據。

綜上所述，人類腦神經科學研究中的數據收集方法多種多樣，各有其獨特的優勢與應用場景。教育神經科學的研究人員應根據具體研究問題和目標，選擇合適的技術手段進行數據收集，以獲得全面和深入的研究數據。未來的研究將致力於在科學與教育實踐之間架起更為穩固的橋樑，推動教育質量的提升與創新發展。

第三節　教育神經科學研究數據收集的倫理考慮

在進行人類腦神經科學研究時，倫理問題至關重要。和所有與人類被試相關的研究一樣，教育神經科學研究開始前必須確保被試的知情同意，保護其隱私和數據安全。此外，對於涉及脆弱群體（如兒童、老年人或精神疾病患者）的研究，需特別注意倫理審查和保護措施。本節介紹教育神經科學研究中的常見問題與風險管控、基本的倫理審查機制，以及具體案例分析。

一、教育神經科學研究中的常見問題和風險管控

在教育神經科學研究中，倫理審查過程涉及多個具體問題和風險管控措施，以確保研究的安全性和有效性。以下是一些關鍵方面的詳細討論：

（一）身體風險

身體風險主要涉及使用腦成像技術時可能對被試造成的生理影響。儘管功能性磁共振成像（fMRI）和腦電圖（EEG）等技術通常是非侵入性的，但仍需確保設備的安全性和操作規範。例如，fMRI 使用強磁場，研究人員必須確保被試沒有金屬植入物，並在實驗前進行詳細的安全檢查（Cohen Kadosh et al., 2018）。此外，研究人員應在實驗過程中監控被試的生理狀態，及時應對任何不適或緊急情況。

（二）心理風險

心理風險涉及被試在參與研究過程中可能經歷的心理壓力或不適。特別是在涉及情緒和認知任務的研究中，被試可能會感到焦慮或疲勞。研究人員應設計合理的實驗任務，避免過度複雜或長時間的操作，並在實驗過程中提供適當的休息時間（Illes & Bird, 2006）。此外，研究團隊應包括心理學專業人員，以便在需要時提供心理支持和諮詢服務。

（三）社會和教育風險

社會和教育風險主要涉及研究結果的應用和解釋。教育神經科學研究的發現可能會影響教育政策和教學方法，因此，研究人員必須謹慎處理數據，避免過度解讀或誤用研究結果。例如，研究結果可能會導致對某些學生群體的標籤化或歧視，這需要通過嚴格的倫理審查和數據保護措施來防止（Stein et al., 2010）。研究人員應確保數據匿名化，並在報告結果時避免使用可能導致負面社會影響的語言。

（四）兒童或弱勢群體參與的研究

兒童作為脆弱群體，與其他弱勢群體（如自閉症患者）一樣，參與研究需要特別注意倫理問題。研究人員必須獲得監護人的知情同意，並確保研究過程對兒童的身心健康無害。例如，在研究兒童虐待時，研究者必須特別小心，因為這些兒童可能已經經歷過創傷。研究者需要確保研究過程不會對兒童造成進一步的心理傷害，並且必須獲得監護人的知情同意。

二、教育神經科學研究的基本倫理審查機制

為了有效管控這些風險，研究人員應建立全面的倫理審查機制，包括定期的倫理培訓和審查程序。研究團隊應包括倫理學專家，確保所有研究活動符合倫理標準和法律法規。此外，研究人員應與被試保持透明溝通，及時解決任何倫理問題和風險，確保研究的科學性和倫理性（Knowland, 2020）。具體措施包括：

（一）知情同意

知情同意是研究倫理的基石，教育神經科學研究也不例外。研究人員必須向被試詳細說明研究的目的、方法、潛在風險和收益，確保被試在充分了解的情況下自願參與。知情同意過程應包括簽署書面同意書，並提供足夠的時間讓被試考慮是否參與。

（二）隱私保護

在數據收集和處理過程中，保護被試的隱私至關重要。研究人員應採取措施確保數據匿名化或去標識化，防止個人信息洩露。此外，數據存儲和傳輸應採用加密技術，確保數據安全。

（三）脆弱群體的保護

對於涉及兒童、老年人或精神疾病患者等脆弱群體的研究，需特別注意倫理審查和保護措施。研究人員應確保這些群體是自願參與的，並且能夠理解研究的內容和潛在影響。對於兒童，需獲得監護人的同意，並確保研究過程對其身心健康無害。

（四）合理的實驗設計

實驗設計在教育神經科學研究中至關重要，因為它直接影響數據的質量和研究結果的可靠性。設計合理的實驗任務，應避免過度複雜或長時間的操作，並保證被試能夠在實驗過程中得到適當的休息時間。以下是一些具體的實驗設計策略和考慮因素，以確保研究的科學性和倫理性：

1. 任務設計

任務設計應根據研究目標和被試的特徵進行定制。任務應具有明確的目標和結構，避免過於複雜或模糊。例如，在研究兒童的閱讀能力時，任務可以包括簡單的單詞識別或短文閱讀，而不應涉及過於複雜的文本（Cohen Kadosh et al., 2018）。任務的難度應適中，既能激發被試的參與興趣，又不會導致過度的認知負荷。

2. 實驗時長

實驗時長是影響被試體驗和數據質量的重要因素。過長的實驗可能導致被試疲勞，從而影響其表現和數據的可靠性。研究人員應合理安排實驗時長，並在必要時設置休息間隔。例如，在長時間的 fMRI 實驗中，可以在每個任務塊之間安排短暫的休息，以減輕被試的疲勞感（Illes & Bird, 2006）。

3. 環境控制

實驗環境的控制對於確保數據質量至關重要。研究人員應確保實驗室環境安靜、舒適，避免外界干擾。光線、溫度和噪音水平應保持穩定，以減少對被試的影響。例如，在 EEG 實驗中，實驗室應配備隔音設備，以防止外界噪音干擾腦電信號的記錄（Stein et al., 2010）。

4. 被試培訓

在實驗開始前，研究人員應對被試進行充分的培訓，使其熟悉實驗流程和任務要求。培訓可以包括任務示範、練習任務和答疑環節，以確保被試在正式實驗中能夠順利完成任務。例如，在研究兒童的數學能力時，可以通過簡單的練習題讓兒童熟悉實驗任務和操作流程（Fisher et al., 2013）。

5. 數據收集的一致性

為了確保數據的一致性和可比性，研究人員應嚴格遵循標準化的實驗流程和數據收集方法。所有被試應在相同的條件下進行實驗，使用相同的設備和程序。例如，在多中心研究中，應確保各研究中心的設備校準和實驗流程一致，以避免數據偏差（Knowland, 2020）。

6. 倫理考慮

在實驗設計中，研究人員必須考慮倫理問題，確保被試的安全和權益。所有實驗設計應經過倫理委員會的審查和批准，確保符合倫理標準和法律法規。研究人員應獲得被試的知情同意，並在實驗過程中保護其隱私和數據安全。例如，在涉及兒童的研究中，研究人員應獲得監護人的書面同意，並確保實驗任務對兒童的身心健康無害（Cohen Kadosh et al., 2018）。

7. 反饋和調整

在實驗過程中，研究人員應及時收集被試的反饋，並根據反饋對實驗設計進行必要的調整。例如，如果被試普遍反映某個任務過於困難或不適，研究人員應考慮簡化任務或調整實驗流程，以提高被試的參與度和數據的可靠性（Illes & Bird, 2006）。

通過這些具體的實驗設計策略，研究人員可以有效控制風險，確保教育神經科學研究的科學性和倫理性，從而獲得高質量的數據和可靠的研究結果。

（五）心理支持

在研究團隊中納入心理學專業人員，以便在需要時提供心理支持和諮詢服務。這些專業人員可以幫助被試應對實驗過程中可能出現的焦慮、壓力或其他心理不適，確保他們在整個研究過程中的心理健康和安全。心理學專業人員還可以為研究團隊提供關於如何設計和實施實驗的建議，以最大限度地減少對被試的心理影響。

在包含兒童被試的研究中，特別需要在研究團隊中納入幼兒教育專業人員，如合資格或註冊的幼稚園老師。這些專業人員不僅能夠幫助兒童理解和參與實驗，還可以在實驗過程中提供情感支持和指導，確保兒童在一個安全和舒適的環境中進行實驗。此外，幼兒教育專業人員可以協助研究人員設計適合兒童的實驗任務和材料，確保實驗過程對兒童的身心健康無害，並符合其認知和情感發展水平。通過在研究團隊中納入心理學和幼兒教育專業人員，研究人員可以更好地保護被試的心理健康，確保研究過程的倫理性和科學性。這種多學科的合作不僅有助於提高研究的質量和可靠性，還能為被試提供全面的支持和保障。

（六）數據質量控制

為了確保數據的可靠性和有效性，研究人員需要在數據收集過程中進行嚴格的質量控制。這包括設備校準、實驗環境控制、數據預處理等步驟。高質量的數據是進行有效分析和得出可靠結論的基礎。這包括以下幾個方面：（1）設備校準。設備校準是數據質量控制的第一步。研究人員應定期校準腦成像設備（如 fMRI、EEG 等），確保其準確性和穩定性。校準過程應包括檢查設備的硬件和軟件，確保其在最佳狀態下運行。（2）實驗環境控制。實驗環境的控制對於數據質量至關重要。研究人員應確保實驗室環境安靜、舒適，避免外界干擾。此外，應嚴格控制實驗條件，如光線、溫度和噪音水平，以減少對被試的影響。（3）數據預處理。數據預處理是數據分析前的重要步驟。研究人員應對原始數據進行清洗和整理，去除噪音和偽影，確保數據的準確性和完整性。常見的數據預處理方法包括濾波、去噪和標準化處理。

三、具體的教育神經科學研究例子

案例 1：閱讀能力的神經機制研究

在一項關於閱讀能力的神經機制研究中，研究人員使用 fMRI 技術觀察不同年齡段兒童在閱讀任務中的腦活動。研究發現，優秀讀者和有閱讀困難的兒童在閱讀過程中激活的腦區存在顯著差異。優秀讀者主要激活左側顳葉和頂葉區域，而有閱讀困難的兒童則更多依賴右側腦區。這一發現為開發針對閱讀困難兒童的干預措施提供了神經科學依據。為了確保倫理合規，研究團隊首先向家長和兒童詳細解釋了研究目的和過程，並獲得了書面同意。在數據收集過程中，研究人員採取了嚴格的隱私保護措施，確保所有數據匿名化處理。此外，研究團隊還安排了心理諮詢師，以便在需要時為兒童提供心理支持（Tan et al., 2023）。

案例 2：數學學習的腦成像研究

在一項關於數學學習的腦成像研究中，研究人員使用腦電圖（EEG）技術記錄被試在解決數學問題時的腦電活動。為了確保數據質量，研究團隊首先對 EEG 設備進行了嚴格的校準，確保其靈敏度和準確性。在實驗過程中，研究人員控制了實驗室的光線和噪音水平，確保被試在安靜、舒適的環境中完成任務。數據收集後，研究團隊對原始 EEG 數據進行了預處理，去除了肌電偽影和環境噪音，確保數據的清潔和可用性（Ren & Libertus, 2023）。

案例 3：雙語教育的神經科學研究

雙語教育的神經科學研究表明，學習第二語言可以增強大腦的認知靈活性和執行功能。研究人員使用 fMRI 技術觀察雙語者在語言任務中的腦活動，發現雙語者在執行任務時前額葉皮層的活動顯著增強。這一發現支持了雙語教育對認知能力的積極影響，並為教育政策的制定提供了科學依據。在倫理審查方面，研究團隊確保所有參與者都簽署了知情同意書，並對數據進行了嚴格的匿名化處理（Kroll & Mendoza, 2022）。

案例 4：情緒與學習的關係研究

情緒對學習的影響是教育神經科學的重要研究領域。研究人員使用 fMRI 和 EEG 技術觀察被試在不同情緒狀態下的學習表現，發現積極情緒可以增強大腦的注意力和記憶功能，而消極情緒則會抑制這些功能。這一發現提示教育工作者應注重課堂氛圍的營造，通過積極的情緒體驗促進學生的學習效果。在倫理審查過程中，研究團隊特別注意保護被試的隱私，並確保所有參與者都自願參與研究（Tyng et al., 2017）。

總括而言，教育神經科學研究通過揭示人類學習過程中的腦區活動和神經機制，為優化教學方法和學習環境提供了科學依據。在數據收集過程中，研究人員必須嚴格遵守倫理規範，確保被試的知情同意和隱私保護，特別是對於脆弱群體的研究更需注意倫理審查和保護措施。同時，數據質量控制是確保研究結果可靠和有效的關鍵，研究人員應在設備校準、實驗環境控制和數據預處理等方面採取嚴格措施。通過具體的研究案例，我們可以看到教育神經科學在理解和改善學習過程中的重要作用，為教育實踐提供了寶貴的指導。

第四節　教育神經科學數據分析方法及數據解讀

在教育神經科學的研究中，數據分析是一個至關重要的環節。它不僅涉及到大量複雜的數據處理，還旨在揭示大腦活動與學習過程之間的關係。有效的數據分析使研究人員能夠理解學生的學習方式、學習策略，以及如何通過教學方法優化學習效果。本節將詳細討論教育神經科學中的數據分析方法、分析流程，以及如何解讀數據並將其應用於教育實踐中。

一、教育神經科學研究中的數據分析方法

（一）常用的數據分析軟件

教育神經科學研究中使用的分析軟件涵蓋了從基礎統計到複雜計算的多種需求，以下是幾種常用的軟件：

SPSS（Statistical Package for the Social Sciences）：一種廣泛使用的統計分析軟件，適用於各種類型的數據分析，包括描

述性統計、推斷統計和多變量分析。SPSS 用戶界面友好，適合初學者和高級用戶（Field, 2013）。其強大的統計功能使研究者能夠快速而有效地分析數據，得出結論。

MATLAB（Matrix Laboratory）：一種強大的編程語言和環境，廣泛用於信號處理、圖像處理和數據分析。它特別適合處理大規模數據集和複雜的數學計算（MathWorks, 2023）。在教育神經科學中，MATLAB 經常被用於腦成像數據的分析，尤其是信號處理。

R：一種開源編程語言和軟件環境，專門用於統計計算和圖形展示。R 擁有豐富的統計和圖形功能，適合進行高級數據分析和可視化（R Core Team, 2023）。由於其強大的包生態，研究者可以使用 R 進行各種複雜的統計分析。

Python：一種通用編程語言，具備強大的數據分析庫，如 NumPy、Pandas 和 SciPy。這些數據分析庫使得教育神經科學研究者能夠進行數據預處理、統計分析和機器學習（Van Rossum & Drake, 2009）。Python 靈活的編程特性也使得研究者可以輕鬆進行數據抓取和清洗。

EEGLAB：一個基於 MATLAB 的開源工具箱，用於處理和分析腦電圖（EEG）數據。該工具箱提供了豐富的功能，包括數據預處理、獨立成分分析（ICA）和時頻分析（Delorme &

Makeig, 2004）。EEGLAB 的出現極大地方便了對 EEG 數據的深入分析。

（二）數據分析的步驟與流程

數據分析通常包括幾個關鍵步驟，這些步驟確保數據的有效性和可靠性：

數據預處理：數據分析的第一步是數據預處理，其目的是清理和準備數據，以確保分析的準確性和可靠性。常見的預處理步驟包括去除或修正缺失值、異常值和噪音數據。此外，數據標準化和轉換也是重要步驟，例如對數轉換或平方根轉換，有助於滿足統計分析的前提假設（Van den Broeck et al., 2005）。

描述性統計分析：描述性統計分析用於總結和描述數據的基本特徵，包括均值、中位數、標準差、方差和頻數分佈等統計指標。這些指標幫助研究人員了解數據的總體趨勢和分佈情況（Field, 2013）。通過描述性統計，研究人員可以初步認識到數據的模式和特徵。

推斷統計分析：推斷統計分析用於從樣本數據推斷總體特徵，並檢驗研究假設。常用的推斷統計方法包括 t 檢驗、方差分析（ANOVA）和回歸分析。在進行這些統計分析時，研究者能夠得出更具廣泛性和適用性的結論（Cohen et al., 2003）。

例如，通過方差分析可以比較不同教學方法對學生學習成績的影響。

多變量分析：多變量分析用於同時分析多個變量之間的關係。常見的多變量分析方法包括主成分分析（PCA）、因子分析及聚類分析（Tabachnick & Fidell, 2013）。這些分析方法幫助研究者識別數據中的潛在結構，並發現變量之間的複雜關聯。

時間序列分析：時間序列分析關注隨時間變化的數據，常用於研究大腦活動的動態變化。常用的時間序列分析方法包括自回歸移動平均模型（ARIMA）和頻譜分析（Hamilton, 1994）。這些方法對於理解學習中的動態過程及神經活動有重要意義，能夠分析學習過程中時間上的依賴性。

機器學習：近年來，機器學習方法在教育神經科學研究中越來越受到青睞，主要用於模式識別和預測分析。常見的機器學習算法包括支持向量機（SVM）、隨機森林和神經網絡（Bishop, 2006）。這些算法能夠處理複雜的非線性關係，深入挖掘數據中的有用信息。

二、教育神經科學研究的數據解讀

數據解讀是所有科學研究中的重要環節，其目的是從分析結果中得出有意義的結論。在教育神經科學中，數據解讀不僅涉及統計意義的分析結果，還需要結合教育理論與實踐進行全面的理解。

（一）數據解讀的基本原則

客觀性：數據解讀需基於客觀的分析結果，而非研究者的主觀假設或期望。研究人員需要避免過度解讀或誤解數據，以確保研究結果的真實可靠（Gelman & Hill, 2007）。

一致性：數據解讀必須與研究假設和理論框架保持一致。研究人員需要確保分析結果與已有理論和文獻相符，或合理解釋任何存在的不一致之處（Shadish et al., 2002）。這種一致性對於維護研究的科學性至關重要。

透明性：數據解讀的過程應儘可能透明，研究人員需詳細報告他們的分析方法和結果，以便他人能夠驗證和重複研究（Simmons et al., 2011）。透明性增強了研究的可信度，有助於推動科學界的同伴評審。

（二）從數據中得出結論的步驟

總結主要發現：研究人員應首先總結數據分析的主要發現，包括關鍵的統計指標和顯著性結果。例如，在比較兩組學生學習成績時，可以明確報告均值差異和相關的 t 檢驗結果（Field, 2013）。

解釋結果的含義：研究人員應解釋分析結果的含義，並將其與研究假設和理論框架聯繫起來。比如，如果結果顯示某種教學方法顯著提高了學生的學習成績，研究者需要討論該方法的潛在機制以及如何有效應用（Cohen et al., 2003）。

討論局限性：研究人員應討論研究的局限性，包括樣本量不足、數據質量問題和分析方法的限制等。這能夠幫助讀者理解研究結果的適用範圍和可靠性（Shadish et al., 2002）。例如，參與者的特徵可能影響結果的外推，研究者應清晰描述這些潛在不足。

提出未來研究方向：基於研究結果和局限性，研究人員應提出未來研究的方向和建議。例如，研究可以考慮不同教學方法對不同學生群體的效果，以驗證和擴展當前發現（Gelman & Hill, 2007）。

三、教育神經科學研究的報告解讀：案例展示

在教育神經科學研究中，具體案例為理解數據解讀過程提供了很好的示範。

案例：雙語者執行功能的神經關聯研究

1. 解讀研究背景

Li 等（2023）的研究旨在探討雙語者在認知轉換任務中的執行功能是否比單語者更有效。研究假設雙語者在執行功能任

務中表現出更高效的神經活動，尤其是在與認知轉換相關的腦區，如前額葉皮層。

2. 解讀研究設計

被試招募：研究團隊招募了 60 名參與者，其中 30 名為雙語者（實驗組），30 名為單語者（對照組）。所有參與者均簽署了知情同意書，以確保倫理合規性。

任務設計：參與者完成了維度轉換卡片分類任務（DCCS）。該任務要求參與者根據顏色或形狀對卡片進行分類，此過程被分為預轉換階段和後轉換階段，研究者關注參與者在這兩個階段的表現與大腦活動。

數據收集：使用功能性近紅外光譜成像（fNIRS）技術記錄參與者在完成任務時的腦活動。實驗在安靜舒適的環境中進行，每個參與者的實驗時長約為 45 分鐘，確保數據收集的有效性。

數據預處理：對 fNIRS 數據進行預處理，包括去除偽影、運動校正和標準化處理。採用 NIRS-SPM 軟件對數據進行深入分析，保證數據的準確性。

數據分析：研究採用獨立樣本 t 檢驗比較兩組參與者在不同任務階段的腦活動差異，重點分析前額葉皮層的激活情況。t 檢驗是一種常用的推斷統計方法，能夠有效識別組間的顯著差異。

主要發現：數據分析結果顯示，雙語組在任務轉換階段前額葉皮層的激活水平顯著高於單語組（$p<0.01$），這表明雙語者在認知轉換任務中具有更高效的神經活動。

結果解釋：這些結果支持了研究假設，即雙語者在執行功能任務中展現出更高效的神經活動。前額葉皮層的高激活水平可能反映了雙語者在認知轉換和抑制干擾方面的優勢，同時與既有文獻一致，進一步驗證了雙語優勢理論（Bialystok, 2011）。

3. 案例分析的總結與反思

總結：通過本研究的具體案例展示，教育神經科學研究的完整過程，包括研究設計、數據收集、數據預處理和數據分析顯得至關重要。研究結果表明，雙語者在認知轉換任務中的表現更為出色，尤其是在前額葉皮層的腦活動上，這些發現為理解雙語優勢的神經機制提供了重要的科學依據。

反思：儘管本研究取得了有意義的結果，仍存在一些局限性。首先，樣本量較小，可能影響結果的普遍性，未來研究應擴大樣本量，納入更多不同背景的參與者。此外，研究僅使用了 fNIRS 技術，未來可以結合其他腦成像技術，如 fMRI 和 EEG，以獲取更全面的腦活動數據。最後，未能控制其他可能影響執行功能的因素，如教育背景和社會經濟地位，未來的研究應考慮這些變量，以提高研究結果的可靠性和適用性。

通過這一案例分析，我們可以看到教育神經科學研究在揭示學習過程中的大腦活動和神經機制方面的重要作用。這不僅有助於理解學生的學習過程，還為優化教學方法和學習環境提供了科學依據。未來，隨着數據分析技術的不斷進步和教育需求的變化，教育神經科學的研究將更加深入與豐富，進一步推動教育理論與實踐的發展。

章末小結

本章圍繞教育神經科學的研究方法、數據分析及倫理考量進行了深刻的探討。在當今教育改革和科學技術迅猛發展的背景下，教育神經科學逐漸成為教育研究與實踐的重要領域。通過結合神經科學與教育理論，教育者能夠理解更為精確的學習機制，從而優化教學方法，提升學生的學習效果。

首先，我們強調了教育神經科學研究的重要性。通過先進的腦成像技術，研究者得以實時觀察大腦在學習過程中的活動。這種方法為分析不同教學策略對學生大腦的影響提供了可能，幫助教育者明確如何在實際課堂中實施更為有效的教學法。能明顯增強大腦特定區域活躍度的教學策略，將成為推動學生學習的重要工具。因此，對教學法的選擇不僅應考慮其傳統有效性，也需關注神經科學研究的最新發現。

在研究設計方面，提出明確且有意義的研究問題是至關重要的。有效的研究問題能夠指導研究的整個過程，包括設計實驗、選擇數據收集工具以及分析方法。通過深入文獻綜述和理論基礎，研究者可以從不同角度思考如何科學地探討特定的教育現象。例如，針對雙語教育對學生認知能力的影響，研究者設計多維度的研究問題，不斷驗證和發展相關理論，這不僅能夠提升研究質效，還能為教育實踐提供切實的指導。

在數據收集和分析部分，本章詳細介紹了各種方法的優缺點，包括行為實驗、問卷調查、腦電圖、功能性磁共振成像等。這些技術各具特性，為研究者提供了多樣化的選擇。需要注意的是，數據質量的控制是確保研究可靠性不可或缺的一環，研究者必須嚴格執行倫理規範，保護研究對象的隱私與權利，尤其是涉及兒童或其他脆弱群體的研究。

另一方面，本章還探討了數據分析的過程和方法。描述性統計和推斷統計為分析提供了基本框架，而基於現代技術的各種計算工具，如 SPSS、R 和 Python，為數據處理與可視化提供了高效解決方案。尤其是數據預處理、描述和推斷分析，它們在提煉和解讀研究結果中發揮着核心作用。隨着數據科學技術的不斷進步，教育神經科學研究者正在借助更為複雜的算法和高級分析手段，提高對大腦學習機制的理解精度。

最後，倫理審查的必要性貫穿於整章討論。教育神經科學研究不可避免地涉及人類參與者，確保其知情同意與研究過程的安全性至關重要。只有在倫理考慮周全的基礎上，研究者才能夠開展有效的研究，以保證研究結果的科學性與真實性。通過對具體案例的分析，我們了解到倫理審查在實際操作中必須與科學研究相結合，創造出一個安全、可靠的研究環境。

綜上所述，本章從多維度探討了教育神經科學研究的必要性及其在實踐中的應用潛力。通過科學的方法論和嚴格的倫理規範，教育者和研究者能夠共同推動該領域的進步，最終為優化教育實踐、促進學生全面發展提供理論支撐和實證依據。隨着技術的不斷進步與發展，教育神經科學將繼續創新，與教育實踐相結合，產生更多積極的影響。

參考文獻

Bialystok, E. (2011). Reshaping the mind: The benefits of bilingualism. *Canadian Journal of Experimental Psychology/Revue canadienne de psychologie exp é rimentale, 65*(4), 229-235. https://doi.org/10.1037/a0025406

Bishop, C. M. (2006). *Pattern Recognition and Machine Learning*. Springer.

Campbell, S. R. (2011). Educational neuroscience: Motivations, methodology, and implications. *Educational Philosophy and Theory, 43*(1), 7-16. https://doi.org/10.1111/j.1469-5812.2010.00701.x

Cohen Kadosh, K., Linden, D. E. J., & Lau, J. Y. F. (2018). Plasticity during childhood and adolescence: Innovative approaches to investigating neurocognitive development. *Developmental Science, 16*(4), 574-583. https://doi.org/10.1111/desc.12054

Cohen, J., Cohen, P., West, S. G., & Aiken, L. S. (2003). *Applied Multiple Regression / Correlation Analysis for the Behavioral Sciences* (3rd ed.). Routledge.

De Smedt, B. (2018). Applications of cognitive neuroscience in educational research. *Oxford Research Encyclopedia of Education*. Retrieved from https://doi.org/10.1093/acrefore/9780190264093.013.69

Delorme, A., & Makeig, S. (2004). EEGLAB: An open source toolbox for analysis of single-trial EEG dynamics including independent component analysis. *Journal of Neuroscience Methods, 134*(1), 9-21. https://doi.org/10.1016/j.jneumeth.2003.10.009

Field, A. (2013). *Discovering Statistics Using IBM SPSS Statistics* (4th ed.). Sage.

Fisher, C. B., Kornetsky, S. Z., & Prentice, E. D. (2013). *Ethical Issues in Mental Health Research With Children and Adolescents*. Lawrence Erlbaum Associates.

Gelman, A., & Hill, J. (2007). *Data Analysis Using Regression and Multilevel / Hierarchical Models*. Cambridge University Press.

Hamilton, J. D. (1994). *Time Series Analysis*. Princeton University Press.

Holmqvist, K., Nyström, M., Andersson, R., Dewhurst, R., Jarodzka, H., & van de Weijer, J. (2011). *Eye Tracking: A Comprehensive Guide to Methods and Measures.* Oxford University Press.

Howard-Jones, P. (2014). Neuroscience and education: Myths and messages. *Nature Reviews Neuroscience, 15*(12), 817-824. https://doi.org/10.1038/nrn3817

Illes, J., & Bird, S. J. (2006). Neuroethics: A modern context for ethics in neuroscience. *Trends in Neurosciences, 29*(9), 511-517. https://doi.org/10.1016/j.tins.2006.07.002

Knowland, V. (2020). Educational neuroscience: Ethical perspectives. In M. S. C. Thomas, D. Mareschal, & I. Dumontheil (Eds.), *Educational Neuroscience: Development Across the Life Span* (pp. 474-499). Routledge. https://doi.org/10.4324/9781003016830-24

Kroll, J. F., & Mendoza, G. A. (2022). Bilingualism: A cognitive and neural view of dual language experience. *Oxford Research Encyclopedia of Psychology*. Retrieved from https://doi.org/10.1093/acrefore/9780190236557.013.900

Kumar, P. (2023). Understanding hypotheses in educational research: Definitions and functions. *Teachers Institute Educational Research*. Retrieved from https://teachers.institute/educational-research/educational-research-hypotheses-functions/

Li, H., Wu, D., Yang, J., Xie, S., Chang, C., & Luo, J. (2023). Bilinguals have more effective executive function: Evidence from an fNIRS study of the neural correlates of cognitive shifting. *International Journal of Bilingualism, 27*(1), 22-38. https://doi.org/10.1177/13670069221076375

Logothetis, N. K. (2008). What we can do and what we cannot do with fMRI. *Nature, 453*(7197), 869-878. https://doi.org/10.1038/nature06976

Luck, S. J. (2014). *An Introduction to the Event-related Potential Technique* (2nd ed.). MIT Press.

MathWorks. (2023). MATLAB. Retrieved from https://www.mathworks.com/products/matlab.html

R Core Team. (2023). *R: A Language and Environment for Statistical Computing.* R Foundation for Statistical Computing. Retrieved from https://www.R-project.org/

Ren, X., & Libertus, M. E. (2023). Identifying the neural bases of math competence based on structural and functional properties of the human brain. *Journal of Cognitive Neuroscience, 35*(8), 1212-1228. https://doi.org/10.1162/jocn_a_02008

Shadish, W. R., Cook, T. D., & Campbell, D. T. (2002). *Experimental and Quasi-Experimental Designs for Generalized Causal Inference*. Houghton Mifflin.

Simmons, J. P., Nelson, L. D., & Simonsohn, U. (2011). False-positive psychology: Undisclosed flexibility in data collection and analysis allows presenting anything as significant. *Psychological Science, 22*(11), 1359-1366. https://doi.org/10.1177/0956797611417632

Stein, Z., della Chiesa, B., Hinton, C., & Fischer, K. W. (2010). Ethical issues in educational neuroscience: Raising children in a brave new world. In J. Illes & B. J. Sahakian (Eds.), *Oxford Handbook of Neuroethics* (pp. 803-822). Oxford University Press.

Tabachnick, B. G., & Fidell, L. S. (2013). *Using Multivariate Statistics* (6th ed.). Pearson.

Tan, L. H., Perfetti, C. A., Ziegler, J. C., & McCandliss, B. (2023). Neural bases of reading acquisition and reading disability. *Frontiers in Neuroscience, 17*. https://doi.org/10.3389/fnins.2023.1147156

Thomas, M. S. C., Ansari, D., & Knowland, V. C. P. (2019). Annual research review: Educational neuroscience: Progress and prospects. *Journal of Child Psychology and Psychiatry, 60*(4), 477-492. https://doi.org/10.1111/jcpp.12973

Tyng, C. M., Amin, H. U., Saad, M. N. M., & Malik, A. S. (2017). The influences of emotion on learning and memory. *Frontiers in Psychology, 8*. https://doi.org/10.3389/fpsyg.2017.01454

Van den Broeck, J., Cunningham, S. A., Eeckels, R., & Herbst, K. (2005). Data cleaning: Detecting, diagnosing, and editing data abnormalities. *PLoS Medicine, 2*(10), e267. https://doi.org/10.1371/journal.pmed.0020267

Van Rossum, G., & Drake, F. L. (2009). *Python 3 Reference Manual.* CreateSpace.

□責任編輯：吳黎純　梁潔瑩
□裝幀設計：高　林
□排　　版：楊舜君
□印　　務：劉漢舉

教育神經科學：理論與應用

□
叢書主編
李子建

□
作者
李　輝、陶　沙、盧春明、吳丹丹

□
出版
中華教育
中華書局（香港）有限公司
香港北角英皇道 499 號北角工業大廈 1 樓 B 室
電話：(852) 2137 2338　傳真：(852) 2713 8202
電子郵件：info@chunghwabook.com.hk
網址：http://www.chunghwabook.com.hk

□
發行
香港聯合書刊物流有限公司
香港新界荃灣德士古道 220 - 248 號
荃灣工業中心 16 樓
電話：(852) 2150 2100　傳真：(852) 2407 3062
電子郵件：info@suplogistics.com.hk

□
印刷
美雅印刷製本有限公司
香港觀塘榮業街 6 號海濱工業大廈 4 樓 A 室

□
版次
2025 年 4 月第 1 版第 1 次印刷

□
規格
16 開（210 mm × 153 mm）

□
ISBN
978-988-8912-82-7